Julia Dimitrov

Die Himmelsschrift

Standardwerke der Astrologie

Julia Dimitrov

Die Himmelsschrift

Das alte Wissen der sumerischen und der babylonischen Astrologie

CHIRON VERLAG

Die sumerische Keilschriftserie «Die Himmelsschrift» von Julia Dimitrov, bestehend aus den 12 Tierkreisbildern und verschiedenen Namen der »7 Planeten«, Acryl auf Leinwand, Bildgröße 30/40 cm, entstand in den Jahren 2005 und 2006 in Bern–Eymatt. Die 12 Tierkreisbilder wurden im Jahr 2012 in Mäder Wohnkunst, Kramgasse 54, 3011 Bern zum ersten Mal ausgestellt.

ISBN 978-3-89997-289-4

Fotoaufnahmen der 12 Tierkreisbilder:
Bernhard Jörg Fotografie, CH-Herzogenbuchsee

Fotoaufnahmen der Planetennamen:
Photo Vision Zumstein AG CH-Bern.

Umschlag: Judith Machnow, Tübingen
Druck: SDL, Berlin

Zu beziehen über:
Chiron Verlag, Postfach 1250, D-72002 Tübingen
www.chrion-verlag.de

Inhalt

Eine Einstimmung

Der Traum von der Zikkurat

Al-tuklâ-nišê, tuklâ-šunâtum
Vertraue nicht auf Menschen, vertraue auf Träume.
– Babylonisches Sprichwort in akkadischer Sprache –

Weite Wüste rundherum, sanfter Wind und Sand. Dann plötzlich, von einem Windstoß, wie von einer unsichtbaren Hand getragen, wurde ich in die Höhe gehoben. Dann wurde ich zum obersten Stock eines Stufenturmes hinaufgetragen und daraufgesetzt. Es war eine Zikkurat in Mesopotamien, in Babylonien, habe ich im Traum erkannt. Dann wurde es still und ich sah einen kleinen, fast leeren Raum vor mir, in dem in der Mitte nur ein großer, steinerner Tisch stand. Hinter ihm, an der Wand gelehnt, ein paar Instrumente aus Holz, ähnlich anzusehen wie große Dreistäbe[1], mit deren Hilfe man den Himmel messen und beobachten konnte. Ich trat in den Raum ein. Dann erschien ein älterer Mann, anzusehen wie ein Priester aus uralten Zeiten, in einem dunkelblauen, weiten Gewand gekleidet, im Raum vor mir. Sein weißes, leicht zerzaustes Haar, fiel bis auf die Schulter hinab. Er schaute mich an und sagte: »Früher waren wir hier, aber jetzt sind wir dort, wo du bist. Gehe in die Stadt des Großen Bären, dort wirst du uns wieder finden. Dort liegen Briefe für dich von meinen Brüdern, die deine Fragen beantworten werden.«

Dann verschwand der Priester zusammen mit dem Turm, der aus sieben großen Stufen, wie Terrassen, gebaut war, und ich erwachte … in der Stadt des Großen Baren.

Damals als ich diesen Traum träumte, war ich noch sehr jung,

[1] Der Dreistab, auch Triquetrum genannt, ist ein altes astronomisches Goniometer (Winkelmeter) zur Messung von Zenitdistanzen der Sterne und der Parallaxe, d.h. der »Veränderung bzw. des Hin- und Herbewegens« des Mondes.

war erst frisch nach meiner Berufsausbildung von Zürich nach Bern zurückgekehrt, verstand nicht Träume zu deuten und mein Astrologiestudium stand erst noch bevor, was ich auch noch nicht wusste.

Ein paar Jahre später, als ich zufällig ein Inserat in der Zeitung las, in dem ein Vortrag über Traumdeutung von einem Berner Psychologen angekündigt wurde, der in den Räumlichkeiten der Astrologie-Schule Bern stattfinden sollte, hat *alles* begonnen.

Der transitierende Jupiter, das habe ich erst viel später in Metagnose[2] mit einem Schmunzeln festgestellt, lief damals durch das *9. Haus* in meinem Geburtshoroskop. Nach der Lehre der Zyklen der Planeten geschieht das beim Jupiter alle zwölf Jahre. So habe ich selbst erlebt und dann auch gelernt, dass Träume keine »Schäume« sind, sondern ein Schauen im Bereich dessen, was der Dichter »zwischen Himmel und Erde« nannte.[3] Und dieses »Etwas» übrigens, »zwischen Himmel und Erde«, hatte bei den Sumerern und den Babyloniern einen bestimmten Namen. Denn alles hatte bei ihnen einen Namen. Sonst existierte es nicht. Aber davon später. Von nun an begann die Suche nach den »Brüdern« und nach ihren »Briefen«.

Nachdem ich mein Grundstudium in Astrologie abgeschlossen hatte, begannen die praktischen Prüfungen und Aufgaben, die einem nicht ein Lehrmeister oder Lehrmeisterin stellte, sondern das Leben selbst. Und diese waren doppelt so schwierig wie alle bisher mir bekannten astrologische Prüfungen und Tests, die ich aus dem Schulunterricht kannte. Bei diesen »Lehrmeistern« muss man sich nicht darum bemühen ein Diplom, einen Bachelor oder Master in Astrologie zu bekommen, sondern man muss im täglichen Leben stets zeigen und beweisen, dass man die Gesetze der Natur und des

---

[2] Im Gegensatz zur Prognose, die künftige Entwicklungen beschreibt, ist die Metagnose eine Rückschau auf das, was in der Vergangenheit passiert ist. So ist die astrologische Geschichtsforschung und Biografiearbeit zum Beispiel eine metagnostische Untersuchung und Analyse, bei der wichtige Planetenzyklen und -konstellationen mit bedeutenden Geschehnissen in Verbindung gebracht werden.

[3] »Es gibt mehr Dinge zwischen Himmel und Erde, Horatio, als Eure Schulweisheit sich träumen lässt. « Shakespeare, Hamlet, 1. Akt, 5. Szene.

Lebens gelernt und verstanden hat. Aber nicht nur das, man muss zeigen, dass man diese Gesetze auch anwenden kann. Wenn nicht, würde man bei den Prüfungen durchfallen, und das kann sehr weh tun, nicht nur dem Körper, sondern auch der Seele – *ihr* erst recht. Aus diesem Grund hat einer der bedeutendsten Astrologen in Europa, William Lilly,[4] sich nie als Meister, sondern stets als Schüler der Astrologie, »Student in astrology«, empfunden und benannt.

So setzte ich von nun an mein Astrologiestudium fort, als Schülerin der Astrologie und Forscherin, aber auch als Künstlerin weiter, die Astrologie ist eine Kunst, eine Muse – die große Muse Urania.[5] Und dieses Studium dauert bis heute an.

Ein Zufall hat es mir im Jahre 1993 ermöglicht, während eines Jahres Astrologie-Unterricht bei Gret Baumann-Jung,[6] in Meilen am Zürichsee zu besuchen. Sie hat schon als junge Frau ihrem Vater, Carl Gustav Jung, Horoskope berechnet, die er für seine psychologische Forschungsarbeit als zusätzliches Hilfsmittel verwendete.[7] Mit ihrer moralischen Unterstützung wagte ich den selbstständigen Schritt zur Erforschung der Bilder und Symbole der

---

[4] William Lilly (1602–1681) war ein englischer Astrologe, Autor des großen astrologischen Werks CHRISTLICHE ASTROLOGIE.

[5] Urania, altgriechisch Οὐρανία *Uranía*, ist eine der neun Musen in der griechischen Mythologie. Ihr Vater ist Jupiter. Urania ist die Muse der Sternkunde. Ihre Attribute sind Himmelkugel und Zeigestab.

[6] Gret Baumann-Jung (1906–1995) war die zweitälteste Tochter von Carl Gustav Jung und zeitlebens eine der bekanntesten Astrologinnen im Raum Zürich.

[7] In einem Brief vom 6.9.1947 an Prof. B.V. Raman aus Bangalore, Indien, schrieb Carl Gustav Jung: »Sie möchten meine Auffassung über Astrologie erfahren: Seit über 30 Jahren interessiere ich mich für dieses Anliegen des menschlichen Geistes. Als Psychologe interessiert mich vor allem die Frage, wie gewisse Charakterkomplikationen durch das Horoskop erklärt werden können. Bei schwierigen psychologischen Diagnosen lasse ich meist ein Horoskop stellen, um einen anderen, neuen Gesichtspunkt zu gewinnen. In vielen Fällen enthielten die astrologischen Angaben eine Erklärung für bestimmte Tatsachen, die ich sonst nicht verstanden hätte. Aus solchen Erfahrungen zog ich den Schluss, dass die Astrologie für den Psychologen von besonderem Interesse sei.« (C.G. Jung, Briefe II, Walter Verlag, Olten 1989, S. 94.)

Astrologie sowie zum Kontakt mit Menschen als astrologische Beraterin.

Auf diesem Weg, ganz indirekt, durch die Muse Urania geführt, bekam ich auch die Möglichkeit, in die Welt der Träume und der Mythologie einen Blick zu werfen, der damals noch nur die Oberfläche dieses unendlichen Weltenozeans zu streifen vermochte. Richtig *schwimmen* musste man erst noch lernen und *tauchen* erst recht.

Erste Lektionen im Neptuns Reich

Als ich ein kleines Mädchen war, erzählte mir meine Mutter, um mir Angst vor dem Meer zu machen[8], Märchen von schrecklichen Meeresköniginnen und Königen und ihren unzähligen schönen Töchtern mit grünen Augen und blonden Haaren, die Menschen in die Tiefen rissen und sie in ihre Paläste aus Glas entführten. Das hatte aber den gegenteiligen Effekt. Etwas älter geworden, warf ich mich freiwillig in die kommenden Wellen, bevor sie sich gedreht haben, um unter Wasser nach den »Palästen aus Glas« der Meereskőniginnen zu suchen. Man konnte zwar keine Paläste dort sehen, aber man hörte von weitem her wie auf Distanz durch das Wasser das Geschrei der Menschen an der Oberfläche und am Land, den Donner der Welle, das Zischen und Schäumen des Wassers, vermischt mit dem aufgewirbelten Sand und den Meerespflanzen. Das war das Reich Eas, das Reich Neptuns, das Reich der Seele, unendlich, tief, faszinierend und auch gefährlich.

---

[8] Ich habe meine frühe Jugend in Warna am Schwarzen Meer in Bulgarien verbracht.

Astronomie auf dem Dach

Zu dieser Zeit erhielt ich auch meine erste Lektion in Astronomie von meinem Onkel. Er war Bauingenieur und machte verschiedene geologische Messungen im Land. Eines Tages kam er in unsere Stadt zu Besuch und trug ein großes Teleskop mit sich. Auf der Dachterrasse unseres Hauses montierte er dieses und in einer Vollmondnacht durfte ich durch das Teleskop die Krater auf dem Mond sehen.

Interessanterweise spricht man immer vom »Mann im Monde«. Aber ich konnte weder damals noch später einen solchen auf dem Mond erblicken. Von der Erde aus betrachtet sah ich eine große Frau, in einem langen Rock bekleidet, die auf ihren Schultern zwei große Behälter, an einer großen Stange gehalten, mit Quellwasser gefüllt, trug, wie sie diese in alten Zeiten die Frauen in Bulgarien auf dem Land trugen. Das war für mich immer die »Wasserfrau«. Erst später erfuhr ich vom Sternbild des »Wassermanns«. Der »Wassermann« war der sumerische Gott der Weisheit Enki/Ea, der das Schicksal der Götter und der Menschen kannte. Denn er besaß die Schicksalstafel (akkadisch – ṭuppi šimāti). Dieser trug auch Quellwasser für die Menschen, das »Wasser des Lebens«. Der Mondgott war ihm aber ähnlich. In der mesopotamischen Mythologie ist der Mond männlich, wie in der deutschen Sprache, er hat aber eine Gemahlin, wie alle sumerischen Götter, und diese Gemahlin hieß Nin-Gal – die »Große Herrin«, »Die große Göttin«. Das war also die »Große Wasserfrau«, die ich damals auf dem Mond gesehen habe!

Auf den Spuren der alten Meister

Mich immer für Entstehungsgeschichten interessierend, begann ich während des praktischen Astrologiestudiums die Geschichte der Astrologie zu studieren. Wie viel spannender ist es, die alten Meister zu lesen, in ihre Zeit, in ihre Welt einzutauchen und zu versuchen, ihre Rechentechniken und Überlegungen zu nachvollziehen. Was haben sie uns heute noch zu sagen? Sehr viel, und das möchte ich hier zeigen. Für das müssen wir aber noch weit auf dem Weg durch die Zeit zurück, in die Vergangenheit zurückschreiten, um sie zu finden und zu hören. Gut, werden Sie sagen, aber wie sollen wir sie verstehen. Sie sprachen und schrieben entweder Altgriechisch, das war die »Muttersprache« der klassischen Astrologie oder in noch älteren Zeiten, als die Astrologie in Mesopotamien entstand, zwei noch schwierigere Sprachen: Sumerisch oder Akkadisch bzw. Babylonisch. Und die Schrift, diese unverständliche Schrift, diese eigenartigen Zeichen, die Keilschrift. Das war die allererste Schrift der Menschheit! Kann sie denn heute überhaupt noch jemand lesen und verstehen? Und sie schrieben auf Tontafeln mit dieser Schrift über Astrologie? Ja, sie schrieben und sprachen über den Himmel, über Astrologie. So war die Himmelsschrift geboren!

Šiṭir šamê (Schitir schame) – »Schrift des Himmels«, so nannten schon die Babylonier die Gestirne! »Die Schrift des Himmels sind die Sterne und Sternbilder am Himmel.«[9] Und MUL, dieses sumerische Bild und Wort, das aus drei Sternen besteht, wird akkadisch mit šiṭru, »Schrift«, übersetzt.[10] Dieses Bild werden wir hier in diesem Buch überall auf den Darstellungen mit den sumerischen Tierkreisnamen antreffen.

»In den Sternen steht's geschrieben« – war eine alte sumerische

---

[9] Peter Jensen (1861–1936), Altorientalist, Die Kosmologie der Babylonier, Studien und Materialien, Strassburg 1890, S. 7.

[10] Alfred Jeremias (1864–1935), Religionshistoriker und Altorientalist, Handbuch der altorientalischen Geisteskultur (HAOG), Walter de Gruyter Verlag, Berlin und Leipzig 1929, S. 41.

Weisheit! »Wo kann man diese Schrift und Sprache heute lernen?« – fragte ich eines Tages die Muse Urania. Sie schaute mich nur mit ihren großen, himmelblauen Augen an, ohne etwas zu sagen, und gab mir ein Zeichen, ihr zu folgen. Dann führte sie mich hinaus und ich schritt hinter ihr her auf der Straße in der Stadt »des Großen Bären«. Das war Bern.

Dann blieb Urania vor einem großen Gebäude bei einem großen Tor aus massivem Holz mit kunstvollen Metallverzierungen stehen. Neben dem Tor stand ein Schild an der Wand: *Institut für Vorderasiatische Archäologie.* Dann lächelte mich Urania an: »Rufe mich, wenn du mich wieder brauchst«, sagte sie, dann hob sie ihre Hand als Zeichen für »Auf Wiedersehen« und flog in den Himmel über den Dächern von Bern. Ich verfolgte mit meinem Blick ihre Spuren im Himmel, die wie Schönwetterwolken aussahen, und rief ihr nach, sodass nur sie mich hören konnte: Danke Urania!

Ich öffnete langsam die schwere Türe und trat scheu in das Gebäude ein. Dann schaute ich mich neugierig um und kletterte langsam die steile Treppe hinauf. Unterwegs sah ich die Fotos und Poster an den Wänden von den Ausgrabungsexpeditionen und die Tafel mit Vorlesungsverzeichnissen und Seminaren. Ganz oben angekommen, öffnete ich unsicher die Türe des Empfangsraumes. Mit einem freundlichen »Guten Tag« kam mir ein älterer Herr mit weißem, leicht zerzaustem Haar entgegen und reichte mir die Hand. So stellt man sich häufig, wenigstens in den Sciencefiction-Filmen die Professoren vor. Ich war beim Anblick erstaunt und überrascht, traute meinen Augen nicht und konnte vor Aufregung zuerst gar nichts sagen. Er sah genauso aus wie der Priester auf der Zikkurat in meinem Traum vor vielen Jahren! Nur, dass er anstatt des langen, dunkelblauen Gewandes ganz normale, moderne Kleider trug. Das war der Professor für Vorderasiatische Archäologie! Jetzt verstand ich, hier war ich am richtigen Ort angekommen. Oder war es nicht die Muse Urania, die mich hierher geführt hatte?

Von nun an ging es immer weiter, ich besuchte Lektionen und Seminare über sumerische und akkadische Sprache, lernte Keilschrift, verbrachte meine Freizeit in den Bibliotheken, kletterte auf

Stühle und Leitern, holte alte, mit dickem Staub bedeckten Bücher aus den höheren Regalen herunter. Manche von ihnen waren vielleicht schon seit Jahrzehnten nicht mehr von einer menschlichen Hand berührt worden. Ich blätterte vorsichtig und las vertieft darin. Meine Augen und mein Herz hauchten ihnen neues Leben ein und so begannen sie zu sprechen. Aber was suchte ich eigentlich? Aufs Mal kam mir wieder der Traum in den Sinn. Die Briefe natürlich, die »Briefe«, von denen der Priester auf der Zikkurat sprach, die Briefe von seinen Brüdern. Und siehe da, da waren sie – die »Briefe«. Ich hatte sie gefunden! Sie waren in all diesen vielen Büchern »versteckt« und warteten darauf daraus herausgeholt und gelesen zu werden. Der Priester hatte recht, er sagte, er und seine Brüder seien früher in Mesopotamien gewesen, aber jetzt, jetzt seien sie hier unter uns. Wollen Sie sehen, liebe Leser, was sie uns zu erzählen haben? Dann lesen Sie weiter.

Dann führte mich der Weg in dieser Geschichte weiter in die Hallen der Museen, dort bewunderte ich die Exponate unter dem schwachen Licht in den Vitrinen, blätterte mit weißen Handschuhen vorsichtig in aus Pergament angefertigten, illuminierten Büchern, richtete dann meinen Blick nach oben, um alte Fresken auf Kuppeln in Palästen und Kathedralen zu bestaunen, spazierte in Galerien vor großen Gemälden von alten Meistern und träumte. Ja, ich sann nach, träumte und dachte: Wie ist es möglich alte Geschichte, Archäologie, Kunstgeschichte, ja sogar christliche Ikonografie zu studieren, ohne Kenntnisse von Astrologie zu haben? Und siehe da, welch eine Überraschung: Auf diesem Weg habe ich auch andere Forscher entdeckt, die schon lange, lange vor mir, ähnlich dachten:

> Man kann unzählige wissenschaftliche Schriften, Dichtungen, Kunst- und Bauwerke aller dieser Jahrhunderte vom Mittelalter bis ins 18. Jahrhundert nicht verstehen, wenn man den astrologischen Untergrund verkennt.[11]

---

[11] Franz Boll, Sternglaube und Sterndeutung, unter Mitwirkung von Carl Bezold Teubner Verlag, Leipzig und Berlin 1931, S. 37.

Die »singenden Keile«

Eines Tages fuhr ich in die Stadt Jena zum *Institut für Sprachen und Kulturen des Vorderen Orients* der Friedrich-Schiller-Universität. Ich wollte zu der berühmten Hilprecht-Sammlung, um dort zu lernen, wie man Keilschriftzeichen aus Tontafeln kopiert.

Als ich eines Morgens dort in einem kleinen Zimmer, an einem Tisch saß und in meiner Hand ein kleines Tontäfelchen hielt, das einige Tausend Jahre alt war und worauf sogar noch Spuren von Fingerabdrücken des Schreibers sichtbar waren, hielt ich den Atem an. Die Keile, die ähnlich wie Vögel im Flug aussahen, begannen zu singen. Sie glauben das nicht? Ja, die Keile haben richtig gesungen. Ich soll sie malen, die Tierkreisbilder und die Planeten der Sumerer und Babylonier, sangen sie, in Keilschrift solle ich sie malen, sobald ich wieder zu Hause wäre, auf einer Leinwand! Auf einer Leinwand? Ja, auf einer Leinwand, auf einem aus Sand und Modelliermasse mit einer Spachtel gemischten Grund, mit einem Keil gepresst und graviert und mit einem Pinsel schwarz übermalt. So werden sie auf neue Weise zu den Menschen zu sprechen beginnen, diese »Dolmetscher der Götter«. So sangen die kleinen Keile aus der Tontafel der Hilprecht-Sammlung aus dem Brief eines Unbekannten Schreibers aus Mesopotamien, während ich sie in der Hand hielt.

Ich habe das Lied der Keile nicht vergessen. Zurück in Bern machte ich mich an die Arbeit. Es war Herbst. Zuerst mussten alle alten sumerischen Namen der Tierkreisbilder und der Planeten gefunden werden. Und sie waren so viele, v.a. die der Planeten, der »wilden Schafe«! Aber die Namen waren sehr wichtig. »Nomen est Omen« sagten die alten Römer, aber diesen Spruch, haben sie, wie ich später erfahren habe, nicht selbst erfunden. Daran glaubten und dies sagten die alten Sumerer Jahrtausende vor den alten Römern schon. Was aber diese Aussage *wirklich* für eine Bedeutung hatte, habe ich erst jetzt begriffen.

Die astrale Weltanschauung des Ostens, die Philosophie von der Beziehung zwischen Makrokosmos und Mikrokosmos, zwischen

Himmel und Erde, die sich den alten Sumerern im 3. Jahrtausend »offenbarte« und von den Babyloniern übernommen wurde, die diese wiederum den alten Griechen und Römer weitergaben, beflügelte die Geister im alten Europa. Die Welt dachte »astrologisch«!

Und so eilen auf der Bühne des Lebens und im Horoskop »Herolde« dem Eintritt des Königs voraus, »Speerträger« schreiten nach vorne. Auch der »Wagenlenker«, der den Wagen des Königs lenkt, hält die Zügel fest in der Hand und aufrecht stehend, richtet er seinen scharfen Blick auf die Pferde.[12] Planetengötter sitzen auf ihrem Thron in ihren Palästen oder sie werden in fremde Länder verbannt. Und wer ist dieser »König«, dem man folgt und den man begleitet durch den Kreis des Lebens, durch den Zodiak?

Der König im Horoskop ist unsere Sonne, ohne die wir nicht leben können. Der Stern in unserer Welt, unser Stern! Der König ist das Lebensfeuer, das in uns brennt, der Ofen in unserem Herzen.

Und warum ist die Sprache so archaisch, so symbolisch, ja, so aristokratisch?[13] Was ist das für ein Spiel, was ist das für eine Sprache, könnte man sich fragen?

Es ist ein Spiel in Bildern und Metaphern. Es ist ein Spiel im Horoskop. Das ist das Spiel des Lebens!

Um diese Sprache zu verstehen, sollte man die klassische bzw. antike Astrologie kennen. Auf diese und ähnliche Weise unterhielten sich und schrieben die alten griechischen und römischen Meister ihre Kompendien. So schrieben und so sprachen die »Soldaten des

---

[12] Hier ist die Rede von der sogenannten astrologischen Lehre der Doryphorie. (vgl. Susanne Denningmann, Die astrologische Lehre der Doryophorie, Eine soziomorphe Metapher in der antiken Planetenastrologie, Beiträge zur Altertumskunde, K. G. Sauer Verlag, München und Leipzig 2005.

[13] Hier kommt mir eine Aussage des Schweizer Psychologen C. G. Jung in den Sinn, der in einem Beitrag über Psychoanalyse und Seelsorge folgendes schrieb: »Als Schweizer und darum als eingefleischter Demokrat bekenne ich trotzdem, dass die Natur aristokratisch, und mehr noch, dass sie esoterisch ist.« In: C. G. Jung, Über die Beziehung der Psychotherapie zur Seelsorge, 1932, in: Gesammelte Werke, Bd. 11, Walter Verlag, Solothurn und Düsseldorf, (S. 355–376) 1963, hier S. 375.

Fatums«, die »Soldaten des Schicksals« (altgriechisch: στρατιῶται τῆς εἱμαρμένης) – die Astrologen des Altertums, wie Vettius Valens[14] diese und sich selbst nannte. Sie alle übernahmen die Fachterminologie von den alten Sumerern und Babyloniern ebenso wie von den alten Ägyptern.

Dieses »Spiel des Lebens«, diese »königliche Kunst« – die Astrologie – lernten die alten Griechen und Römer von den Babyloniern. Und die alten Babylonier schrieben sumerisch und akkadisch, in Keilschrift. Ihre Denkart und Ausdrucksweise wurde während der Zeit des Hellenismus Bestandteil der griechischen Astrologie, sie fand auch Einzug in die abendländische Mythologie. Sie fasste auch in den abendländischen Philosophieschulen Fuß, v.a. im Stoizismus, der ohne das kosmologische Weltbild des Vorderen Orients nicht wirklich verstanden werden könnte.

Diese Erkenntnisse und dieses Wissen möchte ich den Suchenden weitergeben, jenen, die ihren Blick nach oben, zum Himmel richtend, die Sterne und die Planeten grüßen.

Und da liegt sie nun, unsere Geschichte von der *Himmelsschrift*, sie liegt vor uns als eine alte himmlische Geschichte. Und sie beginnt wie alle Geschichten, mit dem alten bekannten Spruch:

»Es war einmal, und es war in Sumer!«

---

[14] Vettius Valens, geboren 120 n. Chr. in Antiochia, gestorben 184 n. Chr., war ein Astrologe und Vertreter der spätantiken bzw. klassischen Astrologie. Sein Hauptwerk: Anthologiae. Text auf Altgriechisch in: Vettii Valentis Antiocheni anthologiarum libri novem, David Pingree, B. G. Teubner Verlag, Leipzig 1986, Buch V, 7 (9), S. 210; Auf Deutsch: Vettius Valens, Blütensträusse, übersetzt von Otto Schönberger und Eberhard Knobloch, Scripta Mercaturae Verlag, St Katharinen 2004, Buch 5, Kapitel 7 (9), S. 213.

Geschichte beginnt mit Sumer

Aus der Geschichte der Vorderasiatischen Archäologie

Im Jahr 1756 nimmt Carsten Niebuhr (1733–1815) an einer Expedition im Nahen Osten teil, die vom dänischen König Friedrich V. finanziert wird. Dabei entdeckt Niebuhr die Ruinen des Palastes der persischen Könige in Persepolis (im heutigen Iran).

Er nimmt Kopien von den Inschriften auf den Palastmauern, und im Jahr 1772 publiziert er seine Reiseberichte. Entziffert werden die altpersischen, keilförmigen Inschriften, die Niebuhr kopiert hatte, schließlich vom deutschen Gymnasiallehrer Georg Friedrich Grotefend (1775–1853).

1835 entdeckt der Engländer Henry Rawlinson (1810–1895) in der Nähe des Städtchens Behistun in Persien monumentale Felsreliefs und Inschriften in Keilschrift. Die Sprache, in der diese Texte geschrieben sind, stellt sich als babylonisch heraus – ein später Dialekt der akkadischen Sprache, in dem zum ersten Mal ein semitisches Volk aus dem 3. Jahrtausend schriftlich dokumentiert ist, das in Nachbarschaft mit den Sumerern in Mesopotamien gelebt hat. Die Übersetzungen der babylonischen Texte aus Behistun publiziert Rawlinson 1851. Wie sich später herausstellt, sind es die wichtigsten Texte für die Entzifferung der akkadischen Sprache.

Im Jahr 1843 entdeckt der französische Konsul in Mosul (Nordirak), Paul-Emile Botta (1802–1870), in der Nähe der Siedlung Khorsabad die Reste eines alten Palastes. Es ist Dur Scharukkin, im 7. Jh. v. Chr. Hauptstadt des assyrischen Königs Sargon II. Botta entdeckt hier riesige Statuen, Flachreliefe und Inschriften. Zwei Jahre später gräbt der Engländer Austen Henry Layard (1817–1849) in Nimrud die Reste von acht Palästen der assyrischen Könige aus. 1849 beginnt Layard Ausgrabungen auf dem Hügel Kujundschik.

Es stellt sich heraus, dass die legendäre Stadt Ninive unter diesen Ruinen liegt. Die Bibliothek des assyrischen Königs Assurbanipal wird entdeckt, einem der gelehrtesten assyrischen Könige aus dem 7. Jh. v. Chr. Die Bibliothek zählt 25000 Tafeln mit Texten, geschrieben in Keilschrift.

1877 macht der französische Diplomat Ernest de Sarzek (1832–1901), Stellvertreter des Konsuls in Barsa, in der Siedlung Tello, 250 km südöstlich von Bagdad, eine Entdeckung. Die Stelle, die Sarzek ausgräbt, erweist sich als Stadt, die dem Volk zugehört, das in wissenschaftlichen Kreisen allmählich als »Sumerer« bekannt wird. Diese Stadt heißt Girsu.

Aus dem Sand des Nahen Ostens tauchten Bewässerungskanäle, Paläste, Tempel (Zikkurate), Gärten und Verteidigungseinrichtungen auf, die ruhmreiche Schlachten und Brände überstanden hatten. Aus der Tiefe der Geschichte Mesopotamiens tauchten Sumer und Akkad auf. Ganze Verwaltungsarchive und Bibliotheken wurden entdeckt, wie jene in der hethitischen Hauptstadt Hattuša (Hattuscha), aus dem 2. Jahrtausend v. Chr. oder die Bibliothek des assyrischen Königs aus dem 7. Jh. v. Chr., Assurbanipal, die 25000 Keilschrifttexte enthielt. Die Lagerräume der europäischen Museen wie auch jener in Übersee füllten sich mit Bergen von Tontäfelchen, beschriftet mit Keilschrift. Was wurde auf ihnen erzählt? – Alles!

Sie enthielten Belletristik aus dem frühen Altertum, theologische und philosophische Traktate, wissenschaftliche Werke in Astronomie, Recht, Diplomatie, Medizin, Mathematik und »pythagoreische« Theoreme. Es stellte sich heraus, dass sogar die Legenden über die Weltschöpfung, über Noah (sum. Utnapischtim aus der ersten und elften Platte des Gilgameschepos), die Arche Noah und die durch den Willen der Götter herbeigeführte Sintflut von den alten Sumerern noch um die Mitte des 3. Jahrtausends v. Chr. in Keilschrift geschrieben wurden.

Die Ausgrabungen in Khorsabad, Nimrud, Ninive, Girsu, Babylon und Ur verändern die damalige Vorstellung von der Geschichte und der Herkunft der geistigen Kultur der Menschheit radikal. Aufgrund dieser Ausgrabungen entsteht eine neue Wissenschaft: die

Altorientalistik oder die Assyriologie. Ihre Hauptgebiete sind die Sumerologie, die Akkadistik und die Hethitologie. Die Assyriologie beschäftigt sich nicht nur mit Assyrien, sondern allgemein mit den Sprachen, der Geschichte und Kultur des antiken Vorderasiens. Da die ersten großen Textfunde aus dem antiken Assyrien stammen, wird die Altorientalistik auch als Assyriologie bezeichnet.

Wollen wir etwas über die Geschichte der »Himmelsschrift« erfahren, führt uns der Weg weit in die Zeit zurück – in das Land zwischen den großen Strömen Tigris und Euphrat – in das Land des ehemaligen Paradieses: Mesopotamien. Die Geschichte der »Himmelsschrift« beginnt mit Sumer!

Kiengi – die Heimat der Korngöttin Nisaba

Es war einmal ein fleißiges und lebenslustiges Volk. Es lebte vor langer, langer Zeit in einem fernen Land, im Garten Eden. Dieses Volk nannte sein Land Kiengi(r) und sich selbst »Saggiga« – »die Schwarzköpfigen«.

Ihre Nachbarn, die Akkader, nannten sie viel später, nachdem sie sie erobert hatten, *Šumer (Schumeru)* und das Land *māt Šumerim.* Der Name Sumer geht also auf eine jüngere. aus dem 2000 v. Chr. stammende Herrschaftsbezeichnung zurück, als die Vertreter der sogenannten Ur-III-Dynastie Könige sich Könige von Sumer und Akkad, das heißt von Süd- und Nordbabylonien, nannten. Aufgrund dieses Herrschaftstitels der akkadischen Könige hat Julius Oppert[15] den Begriff »Sumer« bzw. »Sumerer« als Name dieses Volkes, an dessen Existenz man zuerst gezweifelt hat, und die Sprache als »Sumerisch« in die Wissenschaft eingeführt.

Eden war nicht das Paradies, wie viele glauben, sondern es war ein sumerisches Wort und bedeutete *Steppe* oder *Wüste.* Aber durch die unermüdliche Arbeit seiner Bewohner, der Sumerer, wurde

---

[15] Julius Oppert (1825–1905), deutsch-französischer Altorientalist und Assyriologe.

dieses Land zu einem richtigen Paradiesgarten, zum einem »Garten *in* Eden« gemacht. Das war im Süden Mesopotamiens. So nennen wir heute diesen Teil unserer Erde, wegen der zwei großen Flüsse, die dort durch das Land fließen und am Schluss in den Persischen Golf münden. Den Namen haben wir von den alten Griechen, Mesopotamien (Μεσοποταμία, μέσο ποταμοι »zwischen den Flüssen«). Zuerst wurde der Süden dieses Landteils »Sumer« genannt, dann wurde es als »Babylonien« bekannt. Weil hier die frühesten bekannten Ackerbauern und Viehzüchter siedelten und der älteste Nachweis von Städten weltweit erbracht werden konnte, sprechen die Forscher von der »Wiege der Zivilisation«.

Woher kamen die Sumerer? Diese Frage ist bis heute von den Archäologen und den Historikern nicht beantwortet worden. Allgemein wird die Einwanderung der Sumerer aus dem Osten angenommen. Ob sie aber übers Land, übers Wasser oder über den Persischen Golf in das Land zwischen den großen Strömen gekommen sind, weiß man bis heute nichts mit Sicherheit. Die Sumerer haben den Süden des Zweistromlandes bis Nippur (180 km südlich von Bagdad) besiedelt. Nur bis dort konnte sich auch ihre Sprache durchsetzen.

Ihre eigene Sprache nannten die Sumerer eme-gi(r), was vielleicht »einheimische Sprache« bedeutet. Sumerisch wurde von vor 3000 bis 1500 v. Chr. in Südbabylonien gesprochen.

Sie ist eine nicht-indoeuropäische Sprache, auch nicht semitisch wie die akkadische, die Sprache der alten Babylonier, die in unserer Geschichte von der »Himmelsschrift« auch oft erwähnt wird. Die Erforschung der sumerischen Kultur erfolgt immer zusammen mit den anderen mesopotamischen Kulturen, v.a. mit jener der Akkader bzw. der Babylonier.

Von den Sprachforschern wird die Sprache der Sumerer wegen ihrer Struktur als eine »agglutinierende Sprache« bezeichnet.[16]

[16] Das Wort *agglutinieren* stammt aus dem Lateinischen und bedeutet *verklumpen* oder auch *verkleben*. In den agglutinierenden Sprachen wird die grammatische Funktion, z.B. Person, Zeit, Kasus, durch das Anfügen von Affixen, von

Agglutinierende Sprachen sind z.B. in Europa Finnisch, Ungarisch und die Türksprachen in Asien. Die sumerische Sprache konnte aber mit keiner dieser oder anderen Sprache als verwandt identifiziert werden, darum wurde sie als »isoliert« bezeichnet. So nennen die Sprachwissenschaftler die Sprachen, die sie nirgendwo einordnen können.

Die Akkader, die nördlichen Nachbarn der Sumerer, haben die sumerische Keilschrift übernommen und passten sie ihrer semitischen Sprache an. Sie haben viele sumerische Wortzeichen in der ursprünglichen Wortbedeutung als »Ideogramme« beibehalten. Für die Fachbegriffe der Mathematik und der Astronomie z.B. wurden solche Ideogramme benutzt. Auch die Zahlenschrift haben die Akkader von den Sumerern übernommen. Die akkadische Sprache selbst ist die älteste schriftlich überlieferte semitische Sprache und zugleich die am besten dokumentierte Keilschriftsprache. Das Akkadische als eine semitische Sprache unterschied sich deutlich von Sumerisch. Unter Sargon, dem Begründer des ersten altorientalischen Großreiches (ca. 2340–2290 v. Chr.), wurde das nach seiner Residenzstadt Akkade benannte »Akkadisch« zur offiziellen Schriftsprache. Zu der Eroberung Sumers von Sargon schreibt der Archäologe Barthel Hrouda:

> Den Kriegserfolg verdankten die Akkader nicht nur der Energie Sargons, sondern auch einer neuen Kampftechnik. Die mit Wurfspeer, Pfeil und Bogen bewaffneten Einzelkämpfer waren der schwerbeweglichen sumerischen Phalanx mit ihren Lanzen überlegen. Die sumerischen Städte wurden nun von akkadischen Statthaltern regiert, und das Akkadische trat als offizielle Sprache an der Stelle des Sumerischen.[17]

Sumerisch war für die Akkader eine wichtige Literatursprache, die bis in die hellenistische Zeit hinein eine wichtige Rolle spielte.

---

angehängten Silben, kenntlich gemacht. Das nennt man Agglutination. Affixe haben meist keine lexikalische, sondern grammatische Bedeutung, sie dienen vor allem zur Wortbildung. Oder einfacher ausgedrückt: Der Wortstamm wird nicht gebeugt, sondern an den Stamm werden Vor- und Nachsilben angehängt (agglutiniert), wenn grammatische Formen ausgedrückt werden sollen.

[17] Barthel Hrouda, Mesopotamien, C. H. Beck Verlag, München 1997, S. 26.

Mit den semitischen Akkadern gingen die Sumerer nach und nach eine Symbiose ein, sie wuchsen mit der Zeit trotz der Spannungen und Kämpfen zu einer Kulturgemeinschaft zusammen und befruchteten einander. Sie haben dabei gegenseitig ihre grundverschiedenen Sprachen beeinflusst. Zahlreiche Lehn- und Fremdwörter, überwiegend Sachwörter, haben beide Sprachen bereichert.

Das Sumerische wurde in Südmesopotamien bis etwa 1700 v. Chr. gesprochen, bis es dann als gesprochene Sprache gänzlich ausgestorben ist. Nach ihrem Aussterben als Alltagssprache wurde die sumerische Sprache in ganz Mesopotamien bis ins 1. Jahrhundert v. Chr. als Literatur-, Wissenschafts- und Sakralsprache verwendet. Sumerisch war als Literatursprache und als Kirchensprache in Babylonien wie das Lateinisch für das europäische Mittelalter. Somit umfasst die Periode der schriftlichen Überlieferung einen Zeitraum von fast 3500 Jahren.

Die Wissenschaft geht davon aus, dass die sumerische Hochkultur wahrscheinlich aus der Notwendigkeit heraus, durch künstliche Bewässrung fruchtbares Land für Getreide- und Gemüsebau zu gewinnen, entstanden ist. Wegen der geringen Niederschläge im Süden Mesopotamiens war anders als im Norden, nur auf diese Weise ein ertragreicher Feldbau möglich. Eine solche Leistung konnte aber nur eine differenzierte Gemeinschaft unter gewissenhafter Führung erbringen.

Die sumerische Gesellschaft, die in Stadtstaaten lebte, war von lokalen Priesterfürsten (EN-SI, Ensi bzw. PA-TE-SI, Patesi) gut organisiert und geführt. Etymologisch wird der Titel des Stadtfürsten »Ensi« oder Patesi als »Herr des Ackerlandes« begründet.

Gegen Ende des 4. Jahrtausends wurde die künstliche Bewässerung noch notwendiger, da das Niveau des Persischen Golfes zurückging und die Fließgeschwindigkeit der großen Flüsse sich erhöhte. Die Gegend zwischen Tigris und Euphrat trocknete immer mehr aus. Um die weitere Existenz zu sichern, bildeten sich an den Ufern der Flüsse größere Gemeinschaften, die in der Lage waren, die Einrichtungen für die Bewässerung der Felder zu bauen. Unter der Führung fähiger Persönlichkeiten wuchsen die Gemeinschaften allmählich zu »Städten« heran. Das Wasser war das Lebenselixier der mesopotamischen Siedlungen. Versiegte das Wasser durch Veränderungen des Flusslaufes oder durch feindliche Zerstörungen der Kanäle, bedeutete das dies Ende für eine Siedlung oder eine Stadt. Eine große staatliche Organisation der Sumerer in Form eines sumerischen Reiches gab es nicht. Die politische Form der Regierung bei den Sumerern blieb in den Händen der einzelnen Lokalfürsten und der Städte. Die Gesellschaft war hierarchisch aufgebaut nach bestimmten Berufen und beruhte auf die Weizenproduktion.

Ihr Reichtum und die legändere Fruchtbarkeit des Bodens verdankten die Sumerer ihrer unermüdlichen Arbeit auf den Feldern, die mit Weizen, Emmer, Gerste und anderen Getreidesorten bebaut wurden, und einem ausgeklügelten Kanäle-System, durch das auch während Trockenperioden bewässert werden konnte. Dieses fleißige Volk glaubte nämlich, dass die Götter die Menschen erschaffen hätten, damit sie arbeiteten. Der Hauptsinn ihres Lebens bestand also in der Arbeit. Der Überschuss aus der Agrarwirtschaft bildete die Grundlage für einen regen Handel. Die Sumerer exportierten nicht nur landwirtschaftliche Produkte wie Getreide, Gemüse, Zwiebel und Knoblauch, sondern auch Keramik und Metallgefäße. Was besonders beliebt und geschätzt war bei ihren Handelspartnern, das waren domestizierte Tiere. Aufgrund der Entwicklung des Rades durch die Sumerer hat man die Erkenntnis gewonnen, dass domestizierte Tiere nicht nur für Nahrung und Rohstoffe nützlich waren, sondern auch als Zugtiere und Arbeitstiere dienen konnten (Pflug, Wagen).

Angelockt durch den Reichtum und den wirtschaftlichen Fortschritt der sumerischen Kultur und Gesellschaft wanderten ab 3000 v. Chr. nach und nach Nomadenstämme aus dem Norden in das südliche Mesopotamien ein, in das Land Kiengi, wo, wie sich herumgesprochen haben soll, »Milch und Honig« floss. Die Königslisten berichten um diese Zeit, ca. um 2800 v. Chr., symbolhaft über eine »Sintflut«. Man arrangierte sich, schreiben einige Historiker über diese Entwicklung im Lande, wobei der Süden Babyloniens stärker von der alteingesessenen Bevölkerung, der Norden mehr von den Neuankömmlingen geprägt war. Eine gewisse Spannung muss es aber gegeben haben, denn es wird über zahllose Kriege zwischen den einzelnen Stadtstaaten berichtet.[18] »Es ist verständlich«, schreibt der Archäologe Barthel Hrouda,

> dass dieses Paradies in der Wüste die Aufmerksamkeit der Anrainer auf sich und in deren Folge kriegerische Auseinandersetzungen anzog. Die gesamte Geschichte Mesopotamiens ist in der Tat eine Aufeinanderfolge von Völkern und Stämmen, die die Herrschaft an sich brachten, einander durchdrangen und austauschten und wieder weichen mussten: Sumerer, Akkader, Amurriter, Kassiten, Hurriter, Aramäer, Perser, Griechen, Parther und Sassaniden.[19]

Nach diesen Ereignissen ist die Einheit zwischen der weltlichen und geistigen Macht im Land der Sumerer zerbrochen. Religion und Staat wurden sozusagen werden voneinander getrennt, der weltliche Herrscher bleibt aber dem En, dem Oberpriester, unterstellt. Die neuen Machthaber nannten sich Könige oder »große Menschen« – auf Sumerisch Lugal. Neben den Kultbauten, den Tempeln, wurden Paläste gebaut, die den Herrschern als Wohnsitz und Verwaltungsgebäude dienten. Vom König Gudea von Lagasch, der in der 1. Hälfte des 3. Jahrtausends lebte, wird erzählt, dass er eine politische und religiöse Restauration im südlichen Teil des Landes Kiengi durchgeführt habe. Gudea behielt den bescheidenen Titel Ensi (Fürst), anstatt sich Lugal (König), Großmensch zu nennen. Es ging ihm um die Wiederherstellung der alten Ordnung des sumerischen Stadtfürstentums, wobei er eine Großraumpolitik, aber gewaltlose Oberherrschaft über das ganze Land Sumer anstrebte. Er wollte die anderen Ensis nicht entmachten, die Unabhängigkeit der einzelnen Städte belassen, aber unter seiner Oberherrschaft zu gemeinsamen wirtschaftlichen, baulichen und künstlerischen Aktivitäten verpflichten. Es ging ihm um die Wiedergeburt Sumers, die er mit friedlichen Mitteln erreichen wollte. Was

---

[18] Barthel Hrouda, Mesopotamien, C. H. Beck Verlag, München 1997, S. 24

[19] Barthel Hrouda, S. 10.

Sargon I. von Akkad als Herrscher mit seinen Truppen erobert hatte, verstand Gudea mit Hilfe der Diplomatie und des Handels erneut zurückzugewinnen.[20]

Mit König Ibbisin, etwa 100 Jahre nach Gudeas Versuch der Restauration des sumerischen Stadtstaates, endet Sumer. Ein anderer alter Feind des Landes Kiengi erscheint am Osthorizont – die Elamiter. Sie führen im vierundzwanzigsten Jahr der Regierung Ibbisins den entscheidenden Schlag gegen die Stadt Ur. Das bedeutet das Ende der letzten sumerischen Dynastie. Es ist um das Jahr 2000 v. Chr. Ibbisin wird als Gefangener nach Elam gebracht. Die Stadt Ur wird völlig zerstört. Ein sumerischer Dichter beweint die Geschehnisse und die Stimmung in dieser Zeit, als er durch die zerstörte Stadt des Mondgottes Ur geht. Der Historiker und Literaturwissenschaftler Helmut Uhlig schreibt dazu: »Die Verse erinnern an deutsche Barocklyrik während des Dreißigjährigen Krieges.«

Der böse Sturmwind hat, die Zeit zu ändern
Und das Gesetz zu tilgen, ein Orkan, gewütet.
Er stürzte Sumers alte, rechte Ordnung,
Die Zeit des guten Herrschers ist dahin.
In Trümmern liegen nun des Landes Städte,
Und öde sind die Hürden, sind die Pferche.
Wo sind die schweren Rinder hinterm Gatter,
Wo sind die Schafe, die hier Lämmer warfen?
Das Wasser der Kanäle wurde bitter,
Und schüttres Gras deckt das Getreidefeld;
Die Steppe bringt nur »Wehkraut« hervor.
Die Mutter heget keine Kinder mehr,
Nicht ruft der Vater zärtlich nach der Gattin,
Noch jauchzet die Liebste an des Mannes Brust.
Das Knie der Mutter wiegt die Kinder nicht,
Verstummt sind auch der Amme Schlummerlieder.

---

[20] Helmut Uhlig (1922–1997), Historiker, Die Sumerer, Volk am Anfang der Geschichte, C. Bertelsmann Verlag, München 1976, S. 269–270.

An fremdem Ort steht nun der Königssitz,
Wo mag man da gerechten Schiedsspruch finden?
Die Herrschaft wanderte in fremdes Land,
Auf das man mit gebeugtem Rücken schaut.
Der Götter Spruch hob die Gesetze auf,
Denn An sah seine Länder zornig an,
Und Enlils Blick fiel huldvoll auf die Feinde.
Man trieb die Menschen aus der Heimat fort
Und führt' sie in der Feinde Länder weg,
Gen Abend höhnt der Subaräer sie,
Elam im Osten deckt mit Schmach sie zu.
Des Euphrat und des Tigris öde Ufer,
Die lassen wachsen nur noch böses Kraut.
Es wagt kein Mensch, die Straßen zu begehen,
Verängstigt hockt er in der Trümmerstadt,
In der nur Not und Tod noch Wohnung hat.
Der Hacke rastet überm Ackerland,
Der Hirte führt die Schafe nicht ins Feld,
Leer sind die Hürden, da die Rinder standen,
Nicht Milch noch Fett trägt man aus ihnen her,
Das Mutterschaf vergaß des Werfens ganz.
Tot ist das Wild, das durch die Steppe sprang,
Der Teich ist ausgeraubt und rings das Rohr.
Zertreten sind die wohlgehegten Beete,
Es welkt der Obstbaum und der Gärten Pracht.
O Sumer, Land der Furcht, da Menschen zagen:
Der König ging, und seine Kinder klagen. [21]

---

[21] Helmut Uhlig, S. 289.

Das Volk mit den 3600 Göttern

Die sumerische Religion ist eine der ältesten der bekannten Religionen. Sie gilt als Vorbild für spätere Religionen in Mesopotamien und den angrenzenden Gebieten. Neben den Haupt- und Urgöttern verehrten die Sumerer jeweils ihre Stadtgötter.

»Wie ist es denkbar, dass man über dem kleinen Raum von Babylonien eine so große Zahl von Göttern wirksam glaubte« – schreibt der Assyriologe Wolfram von Soden verwundert.[22]

Diese hohe Zahl geben die Sumerer selbst an. Beim Studium der sumerischen Götterwelt fällt tatsächlich auf, dass überall in ihrem Leben die Götter beteiligt sind. Und sie waren so viele, dass die Sumerer ganze Götterlisten angefertigt haben. Die älteste Götterliste ist aus Fāra (Šuruppak (Schuruppak) – die Stadt der Götter im Gilgamesch-Epos) und beginnt mit den Hauptgöttern des sumerischen Pantheons, An, Enlil, Inanna, Enki, Sonne und Mond. Neben diesen führenden Hauptgöttern stand die Muttergöttin als Göttin der Fruchtbarkeit für Menschen und Tiere. Sie wurde unter vielen verschiedenen Namen in den verschiedenen Städten verehrt. In späteren Zeiten wird die Rolle dieser »Allmutter«, der »Madonna«, auch in Babylon in all ihren Erscheinungsformen von der Göttin Inanna/Ištar übernommen. Bezüglich der Zahl 3600 könnten lange theologische, numerologische und mathematische Diskussionen geführt werden. Eins ist aber sicher: Die ersten Erwähnungen von Zahlen und Rechnungen, d.h. die ältesten Zeugnisse schriftlich überlieferte Mathematik, stammen von den Sumerern. Aus sumerischer Zeit stammt ein leistungsfähiges Maßsystem. Seit 2600 v. Chr. sind Multiplikationstabellen, geometrische und arithmetische Aufgaben nachgewiesen. Was hat die Mathematik aber mit den Göttern zu tun? Für die Sumerer war die Mathematik eine von der Korngöttin Nisaba »offenbarte« Wissenschaft. Von ihr wird gesagt, dass sie »die Zahlen kennt« sowie die »guten Sterne«. Sie hat den

---

[22] Wolfram von Soden, Einführung in die Altorientalistik, Wissenschaftliche Buchgesellschaft Darmstadt 1985, S. 166.

Menschen das Wissen von den Zahlen, die Schrift und die Astrologie geschenkt. Die Astrologie aber braucht als Grundlage die Mathematik. In Europa nannte man darum die Astrologen noch bis ins Mittelalter »Mathematiker«. Zu der Zahl 3600 der sumerischen Götter ist nur Folgendes zu sagen: Die Zahl 60 ist die Zahl des obersten Himmelsgottes Anu. 60 mal 60 ergibt 3600. Zu diesem Thema möchte ich nur andeuten, dass das Sexagesimalsystem, das auf der Zahl 60 des Himmelgotts Anu beruht, von den Sumerern erfunden wurde. Weitere Überlegungen über die höhere Zahl 3600 überlasse ich den Lesern. Das ist »höhere Mathematik« und »sumerische Theologie«!

Jede sumerische Stadt hatte einen Schutzgott. Diesen Schutzgöttern wurde eine Art Hofstaat zugeordnet, in dem ähnliche Funktionsträger gab wie in einem Palast der irdischen Stadtfürsten. Es gab Verwalter der Ämter, Personal bzw. Angestellte und sogar göttliche Handwerker. Die sumerische Gesellschaft war gut organisiert, genauso ihre Götterwelt. Die irdische Ordnung wurde also auf die himmlische Welt übertragen, auf die Götter, denen je nach Rang mehr oder weniger wichtige Funktionen zugeschrieben wurden. Umgekehrt hatte der Stadtfürst, der ein Stellvertreter des Schutzgottes der Stadt auf Erden war, eine besondere Würde. Die sumerischen Könige oder genauer gesagt Fürsten waren Priesterfürsten. Bei dieser »ideologischen Vielfalt« angesichts der vielen Götter, war es für die Sumerer selbstverständlich auch die Götter anderer Völker zu respektieren und zu achten. Die religiöse Toleranz der Sumerer war sprichwörtlich. Von den Sumerern haben später auch die Babylonier die religiöse Toleranz den Göttern benachbarter Völkern gegenüber übernommen, die dann oft mit eigenen gleichgesetzt wurden.

Ein persönlicher Schutzgott – der sumerische Schutzengel

Für den einzelnen Menschen waren die »großen Götter« nicht direkt anzusprechen, da diese eine andere, übergeordnete Aufgabe hatten und keine Zeit, sich mit den kleinen Sorgen und Problemen der Erdbewohner zu beschäftigen.

Gebete, auch von den Fürsten, hatten sich zunächst an den persönlichen Schutzgott oder an die Familiengötter zu richten. Solche Schutzgötter waren die meisten untergeordneten Götter, die im Dienst der Stadtgötter standen. Sie waren Mächte der Fürsorge sowie Fürsprecher bei den »großen Göttern«. Zeugnisse dieses sumerischen »Schutzengels« oder persönlichen Seelsorgers sind die vielen Tausend Rollsiegelbilder aus neusumerischer und altbabylonischer Zeit, die zeigen, wie ein Betender vom Schutzgott vor den großen Gott geführt wird. Der Name des Betenden ist häufig in den Inschriften beigefügt. Offenbar konnten die Schutzgötter nicht alle Wünsche erfüllen und nicht alle Sorgen der Menschen lösen und so bedurften die »Schutzengel« selbst der Hilfe der »größeren Götter«. In der mittelbabylonischen (1580–1200 v. Chr.) und späteren Zeit, als die Götterzahl immer mehr schrumpfte, übernahmen die Gemahlinnen der großen Götter die Vermittlerrolle.[23] In dieser Zeit verloren die vielen untergeordneten Götter der Sumerer ihre Bedeutung als Schutzgötter, aber fast alle Völker des Nordens haben die anderen sumerischen Götter übernommen oder mit ihren eigenen gleichgesetzt. Die alten Ideen also wurden übernommen und unter anderen Namen weitergepflegt.

---

[23] Dietz Otto Edzard, Mesopotamien, Die Mythologie der Sumerer und Akkader, in: Wörterbuch der Mythologie, Teil I., Ernst Klett Verlag, Stuttgart 1965, S. 124, Schutzgott.

Am Anfang war der Keil – Die Entstehung der Keilschrift

Körper und Stimme leiht die Schrift dem stummen Gedanken,
durch der Jahrhunderte Strom trägt ihn das redende Blatt.[24]
– Friedrich Schiller –

Die Keilschrift ist ein Schriftsystem, das im Vorderen Orient zum Schreiben mehrerer Sprachen ab etwa 3500 v. Chr. bis ins 1. Jh. n. Chr. verwendet wurde. Wegen der Grundelemente dieser Schrift, der vertikalen, horizontalen und der schrägen Keile, wurde sie Keilschrift genannt.

Dass diese Keilschrift heute so genannt wird, ist auf Engelbert Kämpfer zurückzuführen. Der deutsche Arzt und Forschungsreisende Engelbert Kampfer (1651–1716) hat auf einer Reise in Persien die Ruinen von Persepolis besucht und studierte die Täfelchen mit Schriftzeichen. Er gab ihnen den Namen »Keilschrift«. Mit ihm taucht zum ersten Mal der Begriff »litterae cuneatae.« Die erstmalige Bezeichnung »Keilschrift« (inscriptiones cuneatae) ist im Göttinger Gelehrten Anzeiger 1802 zu finden.[25]

Das Studium der Keilschrift und der Sprache der Sumerer begann in der Mitte des 19. Jahrhunderts, als Tontäfelchen aus dem damaligen Osmanischen Reich von europäischen Archäologen für Museumssammlungen erstanden wurden. Es dauerte aber lange, bis etwa 1950, bis umfassende Übersetzungen der alten Texte vorlagen.

Der bedeutende Durchbruch in der Erforschung der sumerischen Kultur und Sprache brachte 1802 die Entzifferung der Behistun-Inschrift durch Georg Friedrich Grotefend. Es handelte sich dabei um eine dreisprachige Inschrift in Altpersisch, Elamisch und Altbabylonisch, die fast so entscheidend für die Entzifferung der Keilschrift war wie der Stein von Rosette für die Hieroglyphen.

Die sumerische Sprache konnte anhand von vielen weiteren zweisprachigen Texten entziffert werden. Denn obwohl die

[24] Friedrich Schiller, Der Spaziergang Gedicht, geschrieben 1795.

[25] Göttinger Gelehrte Anzeiger 1802, S. 1481.

sumerische Sprache noch lange nach dem Untergang der sumerischen Kultur im Gebrauch war, konnten nur noch die Gelehrten diese Sprache lesen. Für ihr Studium fertigte man entsprechende Wortlisten, Übersetzungen und Übungstexte an, die den heutigen Wissenschaftlern die Entzifferung des Sumerischen und damit der sumerischen Kultur ermöglichten.

»Und sie schrieben auf Ton«

Die Träger der Texte sind Tontafeln, die durch das Eindrücken eines Schreibgriffels in den weichen Ton beschrieben wurden. Ursprünglich war die Keilschrift eine Bilderschrift. Die Erfinder des ältesten bis jetzt bekannten Schriftsystems, der Keilschrift, sind die Sumerer. Die Erfindung dieses Schriftsystems kann als eine der genialsten Taten des menschlichen Geistes gelten, genau wie ihre Entzifferung.

»So kamen wohl kurz vor 3000 v. Chr. in Uruk Sumerer auf die Gedanken«, schreibt Wolfram von Soden, »Hunderte von teilweise abgekürzten neuen Bildzeichen und viele Zeichen für Zahlen und Masse zu schaffen, die mit Griffel in Tontafel eingetieft, Aufzeichnungen nicht nur für den Augenblick, sondern auch für die Archivierung ermöglichen sollten. Zunächst einige Zeichen für Adjektive, Verben und abstrakte Begriffe kamen noch dazu.«[26]

Die Keilschrift hat also zuerst mit Bildern begonnen, die von Tempelbuchhaltern erfunden worden sind. Es sind die Symbolzeichen entstanden. Ein Zeichen ähnelte z.B. einer Getreideähre. Dieses Zeichen steht für »Gerste«. Ein anderes Symbol, z.B. ein Mund und ein Brot bedeutete »essen«. Mit der Zeit verschwinden die Bilder, sie werden immer mehr und mehr abstrakter und sehen aus wie Keile. Dann wurden diese Keile um 90 Grad quergestellt, damit man schneller schreiben kann. So entwickelte sich allmählich die

---

[26] Wolfram von Soden, Einführung in die Altorientalistik, Wissenschaftliche Buchgesellschaft Darmstadt 1985, S. 30.

Keilschrift. Geschrieben wurde zuerst von oben nach unten, und seit 2400 v. Chr. von links nach rechts.

Die Idee, dass es möglich sei, Gedanken und Sprache schriftlich festzuhalten, verbreitete sich auf dem Weg des Handels nach Ost und West. Ungefähr 200 Jahren nach den Sumerern haben die Ägypter ihr eigenes Schriftsystem entwickelt, die ägyptischen Hieroglyphen. Die Idee des Schreibens ging dann weiter auch nach Indien, wo dann später die Indusschrift entstand, und dann weiter nach China.

Anfänglich diente die neue Schrift der Sumerer den buchhalterischen Erfordernissen der Tempelwirtschaft. Die sumerischen Bauer arbeiteten für die Allgemeinheit bzw. für den Tempel, der die Ernte sammelte und verwaltete. Diese Art der Vorratshaltung brachte verwaltungstechnische Probleme mit sich, die zur Erfindung der Schrift führten. Die frühesten Formen der Keilschrift entstanden in der sogenannten Uruk-IV-Epoche um 3300 v. Chr.

Um die Kunst des Schreibens zu erlernen, gab es in Sumer Schulen. Das ist schon für die Zeit um 3000 v. Chr. bezeugt. Das Schreiben auf Ton erforderte eine lange Schulung. Die sumerische Schule hieß Edubba – »Haus des Tafels«. Die Schulen lagen in der Nähe der großen Tempel. In den Ruinen der Städte wurden Schülertafel, eine Art »Lehrbücher« und Übungstafel gefunden. Die Frauen in Sumer waren gleichberechtigt und wurden auch ausgebildet.

Die Schrift der Sumerer war eine Wortschrift. Das heißt, dass jedes Zeichen für ein bestimmtes Wort steht. Dieses System führte mit der Zeit zu einer großen Zahl von Zeichen, die unmöglich zu behalten waren. Darum gab man den Zeichen verschiedene Bedeutungen. Sie wurden für gleichlautenden andere Wörter gebraucht, so z.B. das Zeichen *ti* »Pfeil« auch für *ti(l)* »Leben«. Oder das Zeichen, dargestellt durch einen achtzackigen Stern bedeutete »Gott«, aber auch »Himmel«. Viele Zeichen hatten also einige oder mehrere Wort- und Lautwerte, also Bedeutungen. Mit der Hilfe von sogenannten Determinativen[27] für Sachgruppen wie Gegenstände aus

[27] Ein Determinativ ist in antiken Schriftsystemen (Hieroglyphen, Keilschrift) ein

Holz, Orte, Flüsse, Personen, Götter usw. konnte man die Mehrdeutigkeit und den Textumfang reduzieren und die Verständigung erleichtern.

So hat sich im Laufe der Zeit die Zahl der Zeichen etwa auf 600 reduziert. Dann wurden die Bildzeichen immer mehr vereinfacht und die Zeichenformen wurden abstrakt geometrisch. Später, nachdem sie überall in Mesopotamien, in Babylonien, Assyrien, Syrien und in Kleinasien verbreitet waren, haben die meisten Zeichen verschiedene Formen angenommen.

Im dritten Jahrtausend v. Chr. wurde die sumerische Keilschrift durch die semitischsprachigen Akkader übernommen. Mit der Keilschrift wurde in vielen Ländern Vorderasiens geschrieben, auch außerhalb des babylonisch-assyrischen Sprachgebiets.

Anmerkungen zur Schreibweise

Bei der Schreibung der sumerischen Wörter wird in diesem Buch zur Vereinfachung auf die Angaben der unterschiedlichen Keilschriftzeichen verzichtet. Es wird eine normalisierte Form ohne Akzente und Indizes bzw. Zahlen zur Differenzierung des Zeichens verwendet. Für Leser, die mit der Keilschrift nicht vertraut sind, erleichtert das wesentlich das Verständnis.

Da es eine ganze Reihe gleichklingender Wörter (Homophonie) gab und die Mehrdeutigkeit vieler Silben, die eine unterschiedliche

---

stummes Zusatz- oder Deutzeichen, das der Kennzeichnung einer Begriffsklasse (etwa Götternamen, Städte, Flüsse, Tiere, Geschlecht) dient. Determinative stehen in der Keilschrift meistens am Wortanfang oder bei Ortsnamen am Schluss mit Ki (Determinativ für Ortschaft). Beispiel: ^{dingir}Inanna = die Göttin Inanna; Unu^{ki} = die Stadt Uruk. Determinative werden nicht mitgesprochen.
Die Bezeichnung »MUL«, bestehend aus drei Sternen, ist ein Determinativ mit Bedeutung für Stern, Tierkreiszeichen oder auch Planet. Die genauere Bezeichnung für Planet aber im Sumerischen ist »Udu Idim« – »wildes Schaf« oder »umherirrende Schafe«. Der achtzackige Stern ist die Bezeichnung für »Gott«, für den sumerischen Himmelsgott Anu oder für Himmel. Dieses Zeichen wird bei den Götternamen vorangestellt.

Bedeutung hatten, führte das zu Verwechslungen und Missverständnissen in der Forschungsarbeit. Um falsche Deutungen zu vermeiden und diese Unterschiede darzustellen, führte man in die Assyriologie bei der Schreibung von sumerischen Wörtern Zahlen oder Akzente ein. Beispiel einer Schreibung beim Tierkreisbild Widder: LU$_2$-ḪUN-GA$_2$.[28]

Da die sumerischen Wörter und Namen aus einzelnen Wörtern und Silben bestehen, werden sie bei den Assyriologen je nach Autor entweder mit Bindestrichen oder Punkten verbunden geschrieben sowie mit Zahlen oder Akzenten differenziert. Außerdem werden die sumerischen Wörter und Namen entweder mit Versalien oder auch, wieder je nach Autor, in der Fachliteratur mit kleinen Buchstaben geschrieben. Beispiel: AN-TIR-AN-NA (AN.TIR.AN.NA), an-tir-an-na – mit Bedeutung für Tierkreis oder Regenbogen. Die akkadi schen Wörter und Namen werden in der Fachliteratur mit kleinen Buchstaben geschrieben. Beispiel: sumerisch UDU-IDIM für »wildes Schaf« (Planet); akkadisch bi-ib-bu (*bibbu*) für Planet. In diesem Buch werden die sumerischen Wörter und Namen mit Bindestrichen geschrieben, entweder mit Groß- oder Kleinbuchstaben dargestellt. Bei den Zitaten wird die Schreibung, einschließlich der Art der Einführungszeichen, so beibehalten wie im angegebenen Originaltext des Autors. Bezüglich der Sprache und der Namen verschiedener Begriffe oder Götternamen wird den Lesern beim Lesen dieses Buchs auffallen, dass diese sehr häufig auf Sumerisch und auch auf Akkadisch angegeben werden. Das ist so, weil die Kultur Mesopotamiens mehrsprachig und die offiziellen Sprachen der Gelehrten und der Administration in den hier behandelten Epochen Sumerisch und Akkadisch waren. In der Assyriologie werden darum gleichzeitig beide Sprachen benutzt und in der Fachliteratur die Begriffe und Namen, wenn bekannt, parallel zueinander in beiden Sprachen angegeben.

[28] Felix P. Gössmann, Planetarium Babylonicum (Sumerisch Babylonische Sternnamen), Roma 1950, in: Sumerisches Lexicon von A. Deimel 4/2, S. 91.

Das astrologische Weltbild der Sumerer

> Astronomie und Astrologie – zwei untrennbare Begriffe im alten Babylonien. Niemals und nirgends ist auf ihrer Grundlage eine Weltanschauung von so großartiger Einheitlichkeit geschaffen worden wie hier. Weltenbild und Himmelsbild sind eins – keine Grundformel eines Systems kann klarer, keine zugleich umfassender sein.[29]
>
> – Ernst Friedrich Weidner –

Die alten Sumerer stellten sich das Universum so vor, als regiert von einem Pantheon, an deren Spitze vier Gottheiten standen. Der oberste Gott war der Himmelsgott An, dann kamen die Erdgöttin Ki, der Sturmgott Enlil und der Wassergott Ea. Feuer, Erde, Luft und Wasser waren die vier Naturgewalten, aus denen die Welt zusammengesetzt war. Der Beginn dieses Denkens und die erste systematische Beobachtung der himmlischen Phänomene sowie der zyklischen Entwicklung der Natur sind in Mesopotamien zu suchen, bei der Kultur der Sumerer.

Das Zeichen, das die Erfinder der Schrift für den obersten Himmelsgott An und für »Gott« überhaupt bildeten, war ein achtzackiger »Stern«! Die dreifache Darstellung dieses achtzackigen Sterns bedeutet Stern oder Planet. Die Himmelskunde war ein wesentliches Element in der sumerischen Weltanschauung. Der Blick nach oben, zum Himmel, hat das Denken und das Leben der alten Bewohner Mesopotamiens von alters her bestimmt. Auch umgekehrt, hatte alles auf der Erde und im Leben dieser Menschen eine Entsprechung im Himmel gefunden. Die astrale Weltanschauung der Sumerer, die Philosophie von der Beziehung zwischen Mikrokosmos und Makrokosmos, war geboren. Wie oben so unten!

---

[29] Ernst Friedrich Weidner (1891–1976), Astronomiehistoriker und Assyriologe, Handbuch der babylonischen Astronomie, Bd. 1, Der babylonische Fixsternhimmel, Hinrich'sche Buchhandlung, Leipzig 1915, S. 1.

Der Tempel der sieben Sphären

> Der Gedanke: Was oben ist, ist auch unten – schreibt Alfred Jeremias – treibt das sumerische Weltgefühl, und zwar in der zweifachen Willensrichtung: Oberes steigt herab; Unteres steige hinauf. Das Raumsymbol dieses Weltgefühls ist der sumerische Stufenturm mit seinen kosmischen Namen wie: »Tempel der 7 Befehlsübermittler des Himmels und der Erde« usw. Die Stufen der Türme entsprechen nach verschiedenen Lehrsystemen den »Sphären« der oberen Welt.[30]

Die Stufentürme der Sumerer, die Zikkurate, die zum Himmel gerichtet sind, sind die sogenannten »Tempel der sieben UB (Zonen)« und »Tempel der sieben UR« (Befehlsübermittler). Das Wort Zikkurat (auch Ziqqurrat) ist akkadisch und bedeutet »Tempelturm«, »hoch aufragend/aufgetürmt, Himmelshügel, Götterberg«. Die sumerische Bezeichnung für diese Tempeltürme war E-U-NIR. Sie hatten aber einzeln viele Namen. Diese Tempeltürme wurden schon seit dem 3. Jahrtausend v. Chr. in Mesopotamien errichtet. Anfänglich wurden Tempel auf Hochterrassen gebaut. Daraus entwickelte sich (etwa 2050–1950 v. Chr.) die charakteristische Form des in mehreren Stockwerken stufenartig ansteigenden Hochtempels neben einem Tieftempel. Die Zikkurat bestand aus ungebrannten Ziegeln und wurde mit einer Schicht gebrannter und später auch emaillierter Ziegel verkleidet. Die Geschichte vom Bau des babylonischen Turmes hat die Erinnerung an die Zikkurat bewahrt, besonders an den Neubau der Zikkurat von Babylon unter Nebukadnezár II (605–562 v. Chr.), die als eines der sieben Weltwunder des Altertums galt und bei einer Grundfläche von 92 Meter Seitenlänge eine Höhe von 90 Metern erreichte. Der zweigeschossigen Marduktempel auf dieser Anlage war mit blauen Ziegeln verkleidet.[31] Heute lassen sich in Mesopotamien für die

---

[30] Alfred Jeremias (1864–1935), Die Weltanschauung der Sumerer, in: Der Alte Orient, Bd. 27, Heft 4, Hinrich'sche Buchhandlung, Leipzig 1929, S. 9.

[31] Erklärendes Wörterbuch zur Kultur und Kunst des Alten Orients, Verlag Werner Dausien, Hanau 1985, S. 488–489.

Periode zwischen 3. und 1. Jahrtausend v. Chr. ungefähr 25 Ruinenstätten von Zikkurat-Bauwerken nachweisen. Die berühmteste Zikkurat, die des Mondgottes Nanna, befindet sich in Ur auf dem Gebiet des heutigen Irak.

Die Zikkurate, also die Stufentempel, hatten, wie erwähnt, auf Sumerisch verschiedene Namen, je nach Kultstätte und Gott. In Eridu hieß der Tempel des Weisheitsgotts Ea E-Zu-Ab (E-Abzu) – »Haus des Ozeans«, in Nippur hieß der Tempel des obersten Gottes Enlil E-Kur – »Haus des Weltbergs«, sowie Dur-An-Ki – »Band des Himmels und der Erde«; in Lagaš (Lagasch) hieß der Tempel E-Ninnu – »Haus der Fünfzig«; in Uruk (Erech) hieß der Tempel des Himmelgottes An und der Göttin Inanna (Venus) E-Anna – »Haus des Himmels«; in Babylon hieß der Tempel E-Temen-An-Ki – »Haus der Fundamente von Himmel und Erde«; der Tempel des Sonnengottes in Sippar und Larsa hieß E-Babbar – »Erleuchtetes Haus« usw.

Und die sieben UB, die Stufen der Zikkurat, sind die Sphären der Planeten, die Sphären der Götter und die Sphären bzw. Stufen des menschlichen Bewusstseins. Die sieben UB haben Entsprechungen im Himmel und auf der Erde. Die oberste, achte Sphäre, ist die der Fixsterne, des obersten Himmelsgottes An. Dort ist sein Thron und dort hält er »alle Fäden« zusammen in der Hand. Er ist der »Götterkönig« oder der »Göttervater«. An ist der personifizierte Himmel. Das Sumerogramm AN bedeutet Gott (sumerisch Dingir) und Himmel zugleich. Sein Wesen (die Anuschaft) stellt die höchste Macht im Götterreich dar, darum sagen die Götter, als sie den babylonischen Gott Marduk zu ihrem Herrscher machen: »Dein Wort ist Anu!« Und wenn sonst von einem Gott gesagt werden soll, dass er der Höchste ist, so wird das so ausgedrückt: Er besitzt die anûtu, die Anuschaft.[32]

Der Himmelsgott An wurde am Fixsternhimmel durch den Polarstern *Alpha Draconis* (sumerisch MU-SIR-KEŠ-DA) gekennzeichnet,

---

[32] Erich Ebeling, Artikel Anu, in: Reallexikon der Assyriologie (RLA), Bd. 1, Walter de Gruyter, Berlin und Leipzig 1932, S. 115.

der ca. 3000 v. Chr. der Nordpol des Himmels war. Auf Akkadisch nannte man diesen Stern Mul [II] Anim, d.h. Stern des Gottes Anu. Der Polarstern MU-SIR-KEŠ-DA wurde von den Priestern angerufen mit dem Spruch: »der da trägt Zepter und Stab«.[33] Er wurde auch als »Joch des Himmels« oder »geflochtenes Joch« bezeichnet. Das Ideogramm des achtzackigen Sterns für den obersten Gott An gibt also den Punkt an in dem die Hauptmeridiane zusammenlaufen. Im babylonischen Weltschöpfungsmythos heißt der Himmelspol deshalb »Verknotung«.[34] Diese kosmische Anschauung der Sumerer und Babylonier und ihr irdisches Dasein und ihre Arbeit als Bauer auf dem Feld wurde vom britischen Archäologen und Assyriologen A. H. Sayce durch die folgende Metapher beschrieben:

> Der Himmel wurde von den Babyloniern als ein zweites chaldäisches Tiefland betrachtet, über welches die Sonne ihre Bahn längs der Ekliptik, der »Furche des Himmels«, pflügte. Der Polarstern war ihr Joch, und Jupiter, der nächste der Planeten an der Ekliptik, war bekannt als *Lubat-Gudibir*, d.i. der Widder oder Planet des Lichtstiers (das ist eben der Sonne). Der Lichtstier *(Gud-bir)* war also selbst der Pflüger der himmlischen Gefilde, der Sonnengott, der seine stetige Bahn durch die Himmelszeichen dahinschritt, gleich dem geduldigen Ochsen, der den Pflug durch die Felder hier unten auf der Erde zieht. Unter diesem speziellen Namen war Merodach, wie versichert wird, eben als der Sonnengott in seiner Bewegung durch die zwölf Tierkreiszeichen des Jahres bekannt.[35]

---

[33] Alfred Jeremias, Artikel Sterne, in: Ausführliches Lexikon der griechischen und römischen Mythologie, Bd. 4, Georg Olms Verlagsbuchhandlung, Hildesheim 1965, Spalte 1499.

[34] Alfred Jeremias, Das Alter der babylonischen Astronomie, Hinrich'sche Buchhandlung, Leipzig, S. 25.

[35] Fritz Hommel, Aufsätze und Abhandlungen, Das babylonische Weltbild (Zitat von Archibald Henry Sayce (1846–1933), britischer Archäologe und Assyriologe) Verlag von Hermann Lukaschik, München 1901, S. 397. Zwischen der Sonne und Jupiter besteht Analogie bezüglich des 12er-Rhythmus. Die Sonne durchwandert den Tierkreis in 12 Monaten, Jupiter durchläuft den Tierkreis in 12 Jahren, indem er 1 Jahr in jedem Tierkreiszeichen verweilt.

Die ersten Übersetzungen von Keilschrifttafeln astronomischen Inhalts sind

Der Himmelsgott An bewohnt den »obersten Himmel« in den man gelangt, wenn man die sieben Stufen (Sphären) des Tierkreises hinaufgestiegen ist. Der Ausdruck, »im siebten Himmel schweben« hat mit dieser Vorstellung zu tun. Auch die Idee von der »Harmonie der Sphären« ist sumerisches Gedankengut. Das himmlische Götterhaus bestehend aus den sieben Sphären hat sein Abbild im irdischen Kultort. So wird dieser siebenstufige Planetenhimmel in den siebenstufigen Tempeltürmen dargestellt.

Der sumerische König Gudea spricht vom Tempel der sieben UB in Lagasch und sagt, dass »dessen Besteigen das Aufsteigen zum Himmel bedeutet und darum ein gottwohlgefälliges Werk ist.«[36] Die Stufenkreise des Tempels der sieben UB haben nach dem Tierkreis zwölf Stationen, wie die Vorstellung von den zwölf Toren am Himmel.

Das sumerische Wortzeichen UB stellt ein Pentagramm dar, die erste Darstellung eines Pentagramms:

Das alte Sumer, ca. 3200 v. Chr. — Šuruppak, ca. 2900 v. Chr. — König Gudea, 2125 v. Chr. — Assyrien 1815 v. Chr. — Babylonien, 1894 v. Chr.

1874 von Robert Holford Macdowall Bosanquet und Archibald Henry Sayce gemacht worden, The Astronomy and Astrology of the Babylonians (Transactions of the Society of Biblical Archaeology, Vol. III, Part. 1, London 1874).

[36] Alfred Jeremias, Das Alte Testament im Lichte des Alten Orients, Hinrich'sche Buchhandlung, Leipzig 1904, S. 12.

Der Tempel der sieben Befehlsübermittler

Die sieben UR, die »sieben Befehlsübermittler« sind die sieben Planeten – »Verkünder des göttlichen Willens«. Jeder der sieben Planeten hatte eine Farbe, die nicht von seinem Aussehen gekommen ist, sondern seinem »göttlichen Wirken« entsprochen hat. Es gibt verschiedene Varianten bei der Überlieferung. Hier ein paar davon:

- Der Sonne entsprach das Gold, dem Mond – das Silber, Saturn – schwarz, Jupiter – gelb, Mars – rot, Venus – weiß, Merkur – blau.[37]
- Nach einer anderen Beschreibung hatten die Planeten folgende Farben: Saturn – schwarz, Jupiter – gelb, Mars – rot, Venus – weiß, Merkur – blau, Mond – grün (Metall – Silber), Sonne – purpurn – nicht bezeugt als Metall – Gold.[38]

Nach Herodot z.B. waren die Zinnen der Mauerringe der Stadt Agbatana zur Zeit des Königs Deiokes mit den Farben der Planeten bemalt: »Die Zinnen des ersten Ringes sind weiß, die des zweiten schwarz, des dritten purpurrot, des vierten blau, des fünften hellrot. Also tragen die Zinnen aller dieser fünf Mauerringe eine farbige Bemalung. Die eine der beiden letzten hat versilberte, die andere vergoldete Zinnen«.[39]

Es wird vermutet, dass mit diesen Farben die Stufen der Zikkurate bemalt wurden. Nach Aussagen des englischen Archäologen und Assyriologen Henry Rawlinson[40] soll er in den Ruinen der Zikkurat bzw. des Tempels Ezida in Borsippa Spuren der Planetenfarben der

[37] Hugo Winckler (1863–1919), Altorientalist, Die Weltanschauung des alten Orients, Preußische Jahrbücher, Bd. 104, Berlin 1901, S. 247

[38] Hugo Winckler, Die Babylonische Geisteskultur, Verlag von Quelle & Meyer, Leipzig 1907, S. 84.

[39] Herodot, Historien, Buch I, 98, Tusculum, Heimeran Verlag, München, 1980, S. 99. Der von Herodot König Deiokes (assyrisch Daiukku) war ein mannäischer König, der ca. um 728 v. Chr. geherrscht haben soll.

[40] Henry Rawlinson (1810–1895), englischer Archäologe und Assyriologe.

sieben Stufen wiedererkannt haben. Borsippa, die Schwesterstadt Babylons war das Kultzentrum des Gottes Nabû-Merkur. Die Farben der Stufen sind von oben nach unten die folgenden: silbern (Mond), dunkelblau (Merkur), weißgelb (Venus), golden (Sonne), rosarot (Mars), braunrot (Jupiter), schwarz (Saturn).[41]

Es gilt historisch als gesichert, dass die Zikkurate in Mesopotamien auch als Sternwarten gedient haben. Dazu Alfred Jeremias:

> Sie stellen ja mit ihrem Sphärenaufbau und ihrer Orientierung geradezu eine ins Architektonische reichende Himmelsschau dar. Ihre vertikale Bauweise entsprach der kosmischen Wirklichkeit. Später wurde das in der Tempelanlage und in der kosmisch-astralen Mauer- und Toranlage der Städte auf der Ebene horizontal projiziert. Aus später Zeit wird die Existenz besonderer Sternwarten direkt bezeugt für Uruk, Nippur, Borsippa, Babylon, Sippar, Akkas, Chursagkalama, Assur, Arbela und Ninive. Bis um die Zeit von Christi Geburt sind in Babylonien selbst Astronomieschulen in Betrieb gewesen. Fast 2000 Jahren blieben die Urkunden verschollen. 1876 hat die Keilschriftforschung auf diesem Gebiete eingesetzt: Epping und Strassmeier, Kugler, Oppert, Sayse, E. F. Weidner, Jensen, Schnabel, Boll-Bezold, Meissner, C. Schoch, Fortheringham haben die Forschung geführt.[42]

---

[41] Alfred Jeremias, Artikel Nebo, in: Ausführliches Lexikon der griechischen und römischen Mythologie, W. H. Roscher, Band 3, B. G. Teubner Verlag, Leipzig 1897–1909, S. 54; Henry C. Rawlinson, On the Birs Nimrud, or the Great Temple of Borsippa, Journal of the Royal Asiatic Society of Great Britain and Ireland, Vol. 18, 1860, S. 1–34 (hier S. 18–23).

[42] Alfred Jeremias, Handbuch der altorientalischen Geisteskultur (HAOG), Walter de Gruyter Verlag, Berlin und Leipzig 1929, S. 250.

Die Entstehung des Tierkreises

Er schuf die Standörter für die großen Götter,
Gestirne, ihnen gleich, die Tierkreisbilder setzte er ein.
Er bestimmte das Jahr, bezeichnete die Grenzen;
zwölf Monate als Gestirne, und in drei Abteilungen setzte er ein,
nach den Tagen des Jahres grenzte er ab Abschnitte.[43]

Šupuk šamê: Das Karussel des Himmels und der himmlische Reigentanz

Der babylonische – oder genauer gesagt der sumerische – Ursprung des Tierkreises ist unbestritten. Für die alten Sumerer und Babylonier galt der Himmel, mit dem Tierkreis und den Planeten (»den wilden Schafen«) als Offenbarungsbuch der Götter. Als *das* Buch! Den schönen Sternenhimmel, den alle Menschen in Mesopotamien bewunderten, nannte man auf Sumerisch KIL (ki-li)-AN und auf Akkadisch *mul šamê*, was »die Fülle des Himmels« bedeutet.[44] Die Sterne waren die »Himmelsschrift«, auf Akkadisch – *Šiṭir šamê* (Schitir schame). Alle Namen der Tierkreisbilder sind sumerisch.

Die Sumerer stellten sich den Weg, auf dem die Sterne und die Planeten »wanderten«, als einen »Dammweg« vor und nannten ihn »Himmelsdamm«. UL-ḪE oder GIR war die sumerische Bezeichnung für den Tierkreis.[45] Der akkadische Ausdruck »Šupuk šamê.« (Schupuk Schame), der sich mit der Zeit anstelle des sumerischen durchgesetzt hat, bezeichnet den Tierkreis, was wörtlich »Aufschüttung« oder »Damm des Himmels« bedeutet. Šupuk ist also ein

[43] Marduk setzt die Sternbilder fest: Aus der fünften Tafel des babylonischen Weltschöpfungsmythos Enūma eliš (»Als da droben ...«) In: Hugo Winckler, Die babylonische Weltschöpfung, Leipzig 1906, Der Alte Orient, Achter Jahrgang, J. C. Hinrich'sche Buchhandlung, Leipzig 1907, S. 32. Neue Übersetzung: Das babylonische Weltschöpfungsepos Enūma elîš, hrsg. von Thomas R. Kämmerer und Kai A. Metzler: Alter Orient und Altes Testament (AOAT), Bd. 375, Ugarit-Verlag, Münster 2012, Tafel V, S. 228.

[44] Alfred Jeremias, Handbuch der altorientalischen Geisteskultur, S. 138.

[45] Alfred Jeremias, S. 139.

»technischer« Begriff und steht für »Damm«, šamê bedeutet »Himmel«. Diese Bezeichnung entspricht dem Land zwischen den großen Strömen Tigris und Euphrat in Babylonien, wo durch Aufschüttungen Straßen für die Häuser gebaut wurden. Im babylonischen Schöpfungsmythos stellt man sich die Entstehung der Erde durch Aufschüttung der Erdmassen und Rohrgeflecht auf dem Wasser vor.

Ein anderes Wort auf Akkadisch für Tierkreis ist lumāšu, was aber genauer »ein Sternbild« bedeutet. Später benutzt man den gleichen akkadischen Ausdruck auch für die Tierkreis*zeichen*.

Auf Sumerisch wird der Tierkreis auch als AN-TIR-AN-NA (Antiranna) bezeichnet.[46] Der Name bedeutet »Wohnung des Himmels«, »Hain des Himmels« oder genauer »der himmlische Wald« und wird als »Götterweg« gesehen. Oft wird diese Bezeichnung auch für den Regenbogen benutzt. Regenbogen und Tierkreis sind in der sumerisch-babylonischen Anschauung Entsprechungen.

> Der Hain des Himmels – schreibt Hugo Winckler – ist das Paradies, in dessen Mitte der Baum des Lebens und der Baum der Erkenntnis stehen, beide in anderen Legenden als Mond (= Leben) und Sonne (= Wissen und Tod) bezeichnet.
>
> Er ist ein Abbild des zweigipfeligen Weltberges oder vielmehr er ist dieser. Dargestellt wird er durch den Tierkreis, über den sich der Nordhimmel mit seinem Mittelpunkt, dem Nordpol, erhebt. Um diesen kreist der »Himmelshain« und auf ihm thront die Gottheit. Das ganze Bild ist das eines Kreisels, der in den Einschnitten die Tierkreisstufen zeigt, über denen sich der Nordhimmel abhebt. Auch die Farben pflegen auf ihn angedeutet zu sein, die Tierkreis und Regenbogen offenbaren.[47]

Der Ring des Tierkreises findet seinen Ausdruck auch beim kultischen Kreistanz. In einem Text aus der Zeit Assurbanipals (7. Jh. v. Chr.) wird bei einer kultischen Feier gesagt, dass die Feiernden sich unter Musikbegleitung gleich AN-TIR-AN-NA um das

---

[46] Alfred Jeremias, S. 139.

[47] Winckler, Hugo, Die Babylonische Geisteskultur, Verlag von Quelle & Meyer, Leipzig 1907, S. 126–127.

Götterbild gedreht haben. Der Schreiber meinte: im Ring, im Kreis. Dieser Tanzkreis bedeutet den Tierkreis, der sich in der Sphärenmusik des Himmels dreht.[48]

Dieser kosmische Tanz wird durch eine andere Erklärung des Zeichens AN verständlich, was den Namen des Himmelsgottes bezeichnet in der Form als achtzackiger Stern. dazu Alfred Jeremias schreibt dazu:

> Das Ideogramm AN (achtstrahlig, mit 16-strahliger Variante) bezeichnet Anu als summus deus, als Inhaber des Nibiru-Punktes,[49] des kosmischen Nordhimmels, der am Fixsternhimmel durch den Polarsterngezeichnet ist.
>
> Dass das Ideogramm ein Bild des Pols ist und der von ihm ausgehenden Himmelsrichtungen, ist mit Recht vermutet worden, das sumerische AN und das entsprechende Ilu (akkadisch) würde dann kosmische Bezeichnung der Gottheit sein, und das Ideogramm würde ganz konkret den Punkt wiedergeben, in dem die Hauptmeridiane zusammenlaufen; im Weltschöpfungsmythos heißt es deshalb *riksu*, Verknotung.[50]

Das ganze kosmische Weltbild wird abgerundet durch die Vorstellung einer Verbindung zwischen Himmel und Erde. Himmel und Erde werden nach der sumerisch-babylonischen Vorstellung durch ein »Band« verbunden, das auf Sumerisch DUR-AN-KI genannt wird und auf Akkadisch markas šamê. Dieses »Band des Himmels und der Erde« wird wie alle Himmelsteile vergöttlicht und personifiziert. Es wird mit dem Gott Enmešarra (Enmescharra) gleichgesetzt. Enmešarra ist der sumerische Herr der Vegetation und wird als Repräsentant des gesamten irdischen Alls gesehen, der

---

[48] Alfred Jeremias, Artikel »Sterne (Tierkreis)«, in: W. H. Roscher, Ausführliches Lexikon der griechischen und römischen Mythologie, Bd. 4, Georg Olms Verlagsbuchhandlung, Hildesheim 1965, Spalte 1448

[49] Vgl. die Bedeutung des Namens *Nibiru* unter »Nibiru–Jupiter« als Überschreiter des Meridians am Südhimmel. Hier wird *Nibiru* als Bezeichnung für den höchsten Punkt am Nordhimmel gebraucht. Über die weitere Bedeutung des Namens bzw. des Termins *Nibiru*, siehe im Kapitel über Jupiter.

[50] Alfred Jeremias, Das Alter der babylonischen Astronomie, Im Kampf um den Alten Orient, Wehr- und Streitschriften, Hinrich'sche Buchh., Leipzig 1909, S. 25.

seine Kraft vom Himmel empfängt. Enmešarra wird darum »Das erhabene Band zwischen Himmel und Erde« genannt.[51]

> Diese zunächst ganz einfache kosmisch-biologische Vorstellung – schreibt Alfred Jeremias – ist der Ausgangspunkt für den in die ganze Welt gewanderten Gedanken von einem kosmischen *Nabel* geworden, der das Obere und Untere verbindet, wie der Nabel die Verbindung von Kind und Mutter bildet. In der kosmischen Geographie wird immer der Punkt, der den Zugang zur oberen Welt angibt, als der Zugang zur himmlischen Welt mit einer Omphalosvorstellung[52] verbunden und oft monumental so dargestellt. [...] Dass die Wurzel auch hier sumerisch ist, sieht man an der Bezeichnung der Metropole des ältesten sumerischen Reiches, Nippur, als DUR-AN-KI, Band des Himmels und der Erde.[53]

Nach dieser uralten Vorstellung und Tradition wurde jede große Hauptstadt und jedes große geistige Zentrum, sich einander abwechselnd, einmal zum »Band des Himmels und der Erde«: Babylon, Delphi, Rom, Jerusalem, Konstantinopel, Bagdad, Mekka, usw. Über die Bedeutung des Gottes Enmešarra ergänzt Alfred Jeremias:

> In der Bibliothek Assurbanipals fand sich ein religiös sehr interessanter Tempelweihtest, in dem unter dem Namen Enmešarra eine Allgottheit

---

[51] In der Keilschriftserie MUL APIN wird der Gott Enmešarra mit dem Sternbild Perseus (sumerisch Šu-Gi) gleichgesetzt. In: Alfred Jeremias, Handbuch der altorientalischen Geisteskultur, S. 231. Der zweithellste Stern des Perseus, Betha Persei – Algol gehört somit zum Enmešarra. Vgl. auch Artikel: Enmešarra am Himmel in: Ernst F. Weidner, Reallexikon der Assyriologie, Bd. 2, Walter de Gruyter Verlag, Berlin und Leipzig 1938, S. 397, In der I. Tafel der Serie Mul Apin, CT XXXIII, Platte I, Zeile 3.
Auch in: Mul.Apin, An Astronomical Compendium in Cuneiform by Hermann Hunger and David Pingree, Archiv für Orientforschung (AfO), Beiheft 24, Verlag Ferdinand Berger & Söhne Gesellschaft M.B.H., Horn 1989, Tablet I, i 3, DIŠ [mul] ŠU.GI [d] En-me-šár-ra, S. 18.

[52] Omphalos (ὀμφαλός auf Griechisch) bedeutet Nabel. In Delphi war das ein Kultstein im Apollon-Tempel. Er war mit Wollgirlanden überzogen und markierte den »Nabel der Welt«. Eine hellenistische oder römische Kopie des Steins befindet sich heute im Archäologischen Museum von Delphi.

[53] Alfred Jeremias, Handbuch der altorientalischen Geisteskultur, S. 141–142.

gepriesen wird, von deren Segnung alles im Naturleben abhängt, der Himmlisches und Irdisches vermittelt, von dem die Natur, wie Tempel und Palast, abhängen und dem sich die höchsten kosmischen Götter beugen: eine Art babylonischer Brahman.[54]

Enmešarra wurde auch als Unterweltsgott verehrt, als der Gott aller Gesetze und Kräfte und der 100 ME (der 100 göttlichen Kräfte). Er und seine Gattin Ninmešarra zählen zu den Urahnen von An und Enlil, denen er die Herrschaft übergeben hat. Somit ist Enmešarra Vertreter der alten kosmischen Ordnung und der alten Weltmacht. Enmešarra und Ninmešarra haben sieben Söhne. Diese sieben Šebettu (akkadisch: die Sieben) bekämpfen die bösen Dämonen. Am sumerisch-babylonischen Himmel offenbart sich der Gott Enmešarra im Sternbild Mul Šu-Gi, das dem Perseus entspricht.[55]

Im Alten Orient gab es anfänglich verschiedene Lehren, wonach die Fixsternbilder am Himmel unterschiedlich angesehen, gezählt und interpretiert wurden. In der zweiten Hälfte des 1. Jahrtausends entstanden neue Formen der Interpretation von Phänomenen als Zukunftsdeutung. Voraussetzung dafür war der Tierkreis, geteilt in 12 Zeichen zu je 30 Bogengrad Länge. Ursprünglich wurde der Tierkreis auch als der »Weg des Mondes« (akkadisch – ḫarrân ilu Sin) entlang von 18 Konstellationen bezeichnet, auf dem die Planeten wanderten. Das ist ein Gürtel von je ca. 10 Bogengrad Breite zu beiden Seiten der Ekliptik, also der Sonnenbahn. Die überragende Bedeutung des Mondes im Vergleicht mit der Sonne in Babylonien macht diese Wahl verständlich. Dann wurde dieser »Weg« in zwölf gleiche Teile von je 30 UŠ (Usch-Bogengrad) geteilt. Diese zwölf gleichen Teile wurden nach den alten Sternbildern benannt, die darin liegen.

Der Grund der Aufteilung des »Wegs des Mondes« war praktischer Natur. Die Grundlage für die Entstehung des Tierkreises war

[54] Alfred Jeremias, Handbuch der altorientalischen Geisteskultur, S. 149.

[55] »Enmešarra wird mehrfach als der Gott genannt, der sich im mul Šu-Gi offenbart« schreibt Ernst F. Weidner, in: Ein astrologischer Kommentar aus Uruk, Studia Orientalia I., Societas Orientalis Fennica, Helsinki 1925, S. 353.

die Landwirtschaft. Für die Bebauung des Ackerbodens war ein Kalender notwendig, um die Zeit des Säens und des Erntens festzulegen. Kalender sind ein Zeichen für eine Hochkultur. Er wird angewendet um das ganze kulturelle, politische und religiöse Leben zu ordnen und zu koordinieren. Um einen Kalender aufzustellen war eine genaue Zeitmessung und Beobachtung der Himmelkörper notwendig. Bereits in sumerischer Zeit gab es verschiedene geordnete Kalenderwesen. Dazu sind astronomische Kenntnisse eine Vorbedingung. Dazu Alfred Jeremias:

> Die Bedürfnisse des Kalenderwesens – schreibt Alfred Jeremias – haben die Himmelsschau in der Richtung zu einer »wissenschaftlichen« Astronomie weitergetrieben. Man musste für Kalenderzwecke die heliaktischen Auf- und Untergänge gewisser Fixsterne berechnen. Das geschah mit Hilfe der Wasserwaage. Von einem angenommenen »Null«-punkt der Sonnenbahn aus teilte man den jährlichen Sonnenweg unter Ausgleich mit dem Mondweg in 12 Monatsabschnitte. Diese Zwölferteilung, deren Spuren bereits das Schöpfungslied von Babylon zeigt, hat allmählich zum Zwölferkreis geführt, wie wir ihn übernommen haben.[56]

Vorbild für die Zwölfteilung war in erster Linie die Bewegung des Mondes durch den Tierkreis und sein 12-monatiger Zyklus. In einem Jahr gibt es je 12 Neumonde und 12 Vollmonde. Die Bewegung des Mondes und der Planeten durch den Tierkreis in der Nacht zu beobachten war und ist viel einfacher. Am Tag erblassen die Gestirne wegen der Sonnenstrahlen, wegen des Lichts können sie nicht beobachtet werden, sie werden unsichtbar. Das hatte sogar eine besondere Bedeutung für die religiöse und mythologische Charakteristik der Sonne in Mesopotamien. Die Sonne galt aus diesem Grund in gewissen Zusammenhängen als Todesgestirn.

Eine Teilung des Sonnen-, Mond- und Planetenbahnen ist naheliegend, denn so ist es möglich aufgrund des 12-monatigen Mondzyklus auf dem Zifferblatt des Himmels die Bewegung der Sterne

[56] Alfred Jeremias, Die Weltanschauung der Sumerer, in: Der Alte Orient, Bd. 27, Heft 4, Hinrich'sche Buchhandlung, Leipzig 1929, S. 22.

und Planeten als Zeitmesser zu verfolgen und ihre Positionen auf dem eingeteilten Gürtel festzuhalten. Diese Bewegung wurde aus den schon oben genannten praktischen Gründen in der Nacht auf dem »Weg des Mondes« beobachtet.

Als Ausgangspunkt wurde der Neumond genommen, als Höhepunkt der Vollmond. Wenn in den babylonischen Keilschriften die Rede vom »Weg des Mondes« ist, sollte man darunter den Tierkreis verstehen. Die Sterne und die Planeten bewegen sich nach babylonischer Auffassung auf dem »Weg des Mondes«.[57]

Die babylonische Bezeichnung »ḫarrân ^{ilu} Šamaš« (akkadisch), »Weg der Sonne«, der die Bahn der Sonne durch das Jahr umfasst, bezeichnet nicht den Tierkreis, sondern nur den Tageslauf der Sonne, aus dem der Tierkreis entwickelt wurde.

Der Umlauf des Mondes durch den Tierkreis dauert 27 28 Tage. Dadurch ist die Lehre der Mondstationen entstanden, die heute noch in der indischen und der arabischen Astrologie angewendet werden.

Der sumerische Kalender hatte ein Rundjahr von 360 Tagen, bestehend aus 12 Monaten von 30 Tagen. Diese Aufteilung entspricht dem Kreis von 360 Bogengrad. Das altsumerische Rundjahr mit einer Zwölfteilung ist in einem Text der Bibliothek von Assurbanipal bezeugt (12 Monate = 1 Jahr = 360 Tage).[58] Das »große Jahr«, bestehend aus 360 Tagen heißt auf Sumerisch MU und auf Akkadisch šattu. Ein »kleines Jahr«, d.h. ein Monat, bestehend aus 30 Tage heißt auf Sumerisch ITU und auf Akkadisch arḫu. Zum Ausgleich mit dem Sonnenjahr wäre eine Schaltung von 5 Tagen notwendig, wie in Ägypten. Die Sumerer haben eine Schaltung aber erst dann vorgenommen, als ein Bedürfnis dazu eintrat. Dann haben sie nicht eine Schaltung von Tagen, sondern von Monaten durchgeführt. Dass diese Praxis altsumerisch ist, beweist das sumerische Wort für »Schaltmonat«, das ins Akkadische übernommen wurde.

---

[57] Ernst F. Weidner, »Fixsterne«, in: Reallexikon der Assyriologie (RLA), Band 3, Walter de Gruyter Berlin New York 1957–1971, S. 76.

[58] Alfred Jeremias, Handbuch der altorientalischen Geisteskultur (HAOG), Walter de Gruyter Verlag, Berlin und Leipzig 1929, S. 270.

Der alte sumerische Kalender um die Zeit von den sumerischen Königen Lugalanda und Urukagina (ca. 2900 v. Chr.) begann mit der Wintersonnenwende. Das war das Fest der Hochzeit zwischen dem Stadtgott von Girsu Ningirsu und der Mutter, Geburts- und Heilgöttin *Baba* oder *Bau*. Das fiel damals auf den 12./13. Januar des julianischen Kalenders.[59] Der sechste Monat wurde nach dem heliaktischen Aufgang eines hervorstechenden Sternes genannt – BAR-SAG (akkadisch – urru maḫrû), der »hervorragendes Licht« bedeutet. Man nimmt an, dass es sich in dieser Jahreszeit um den Stern Sirius handelt.[60] Dieser hatte auch in Ägypten eine zentrale Bedeutung im Zusammenhang mit dem Beginn der Nilflut gehabt. Später verlegte man das Neujahrfest auf den Frühling, wo auch heute das astronomische Jahr beginnt. In babylonischer Zeit gab es zwei Neujahrsfeste, ein weltliches im Frühling bei Tagundnachtgleiche für Verwaltungszwecke und ein religiöses im Herbst bei Tagundnachtgleiche. Zum sumerischen Kalender bzw. Monatssystem schreibt Ernst F. Weidner

> Wir stehen also hier der bedeutsamen Tatsache gegenüber, dass in dem ältesten uns aus Babylonien bekannten Monatssystem ein Monat nach dem heliaktischen Aufgang eines Fixsternes benannt worden ist. Dann muss man zum mindestens den Aufgang dieses Sternes systematische beobachtet haben; die Wahrscheinlichkeit spricht dafür, dass dieses auch mit den Aufgängen der anderen Sterne geschah. In jedem Falle stehen wir dem ältesten Zeugnis für systematische Beobachtung in Babylonien, also den Anfängen wissenschaftlicher Astronomie, gegenüber.[61]

---

[59] Auch heute noch wird in der Schweiz, in einigen Gemeinden im Kanton Appenzell, nach alter Tradition, das am 13. Januar »Alter Silvester« gefeiert.

[60] Alfred Jeremias, Artikel Sterne, in: Ausführliches Lexikon der griechischen und römischen Mythologie, Bd. 4, Georg Olms Verlagsbuchhandlung, Hildesheim 1965, Spalte 1435–1436. BAR-SAG ist ein älterer sumerischer Name des Sirius. Er ist bekannt v.a. unter dem Namen: KAK-SI-DI. Vgl. auch Ernst F. Weidner, Alter und Bedeutung der babylonischen Astronomie und Astrallehre, S. 1–2.

[61] Ernst F. Weidner, Alter und Bedeutung der babylonischen Astronomie und Astrallehre, Hinrichs'sche Buchhandlung, Leipzig 1914, S. 2.

Ein anderer möglicher Grund für die Zwölfteilung des Tierkreises könnte auch der Zyklus Jupiters gewesen sein, denn Jupiter hat ein 12-jähriger Zyklus, d.h. er benötigt 12 Jahre; um den ganzen Tierkreis zu durchlaufen. Jupiter hatte eine sehr große Bedeutung für die sumerische und babylonische Astrologie, denn Jupiter war der Planet Enlils bzw. Marduks, des obersten Gottes der Sumerer und der Babylonier.

Die erste Erwähnung von Sternen der Tierkreisbildern ist aus den letzten Jahrhunderten des 3. Jahrtausends v. Chr. bezeugt. Ein keilschriftliches Dokument liegt in der sogenannten Serie Mul Apin vor. Diese ist nur in Abschriften von späteren Zeiten überliefert. Die Keilschriftserie trägt den Namen des ersten Sterns, der an Anfang der Tontafel geschrieben steht – Mul Apin, *Mul* als Determinativ für Stern, *Apin* bedeutet auf sumerisch Pflug. Die Keilschriftserie ist darum als die sogenannte »Pflug-Stern-Serie« in der Fachliteratur bekannt.

In einem Abschnitt des Textes werden die Sterne, »die auf der Bahn des Mondes stehen« aufgezählt. Es sind zwar insgesamt siebzehn Sterne bzw. Sternbilder aufgezählt, aber die zwölf uns bekannten Tierkreisbilder sind bereits in diesem Text enthalten. Dazu schreibt Alfred Jeremias:

> Ich vermute vielmehr, dass doch unser Zwölfertierkreis bereits diesem Texte zugrundeliegt. Irreführend ist nur der Anfang mit den eingeschobenen nicht eigentlich zum Tierkreis gehörigen Gestirnen Orion, Perseus und Fuhrmann und die Zweiteilung der Fische am Schluss. Der Fuhrmann gehört zu dem westlichen Teil der babylonischen »Zwillinge«. Und Perseus gehört zum Stier.[62]

Als Bedingung für solch ein Resultat liegen selbstverständlich jahrhundertelange Beobachtungen des Sternenhimmels vor. Ernst F. Weidner schreibt dazu:

> Der älteste rein astronomischer Text, den wir zurzeit kennen, entstammt

[62] Alfred Jeremias, Handbuch der altorientalischen Geisteskultur, S. 207–208.

der Tempelbibliothek von Nippur und ist um die Wende des dritten und zweiten Jahrtausends geschrieben. Er verzeichnet zwei so überraschend feine Messungen von Fixsterndistanzen, dass die Astronomie damals in Babylonien schon auf kaum glaublicher Höhe gestanden haben muss. Außerdem zeigt der Text, dass sich die babylonischen Meister bereits damals eines Äquatorialsystemes bedienten, mit dessen Hilfe sie die Entfernungen am Himmel maßen. Das stellt ihnen ein Zeugnis über ihr bedeutendes Wissen aus, wie man es sich besser nicht wünschen kann. So war die babylonische Astronomie zur Zeit der ersten Dynastie von Babylon und der Meerlanddynastie zu einer Höhe emporgestiegen, die unser Erstaunen erregt. Da bricht um die Mitte des 18. vorchristlichen Jahrhunderts aus den Zagrosbergen das Volk der Kaššû in Babylonien ein. Die frische Kraft des Bergvolkes trägt den Sieg davon. Für die Dauer von 500 Jahre herrscht nun der Fremdling im Lande. Wenn in dieser Zeit auch kein Niedergang der geistigen Kultur angenommen werden darf, so doch mindestens ein sehr verlangsamter Fortschritt. Das gilt auch auf dem Gebiet der Astronomie. An Urkunden haben wir aus dieser Periode den astrologischen Nippurtext und andererseits die Sternliste und die astrologischen Texte aus Bogaz-Köi. Da die astronomischen Fachausdrücke in diesen Texten vollzählig auftreten, muss die wissenschaftliche Astronomie daneben sich langsam fortentwickelt haben. [...]

Was die babylonische Astrologie anlangt, so enthält die Bibliothek Ašurbanipals Texte dieser Gattung, die gegen 4500 v. Chr. verfasst oder wenigstens auf diese Zeit zurückdatiert sind. Aus der Zeit Sargons von Agade (etwa 2850 v. Chr.) stammen die ältesten historisch-astrologischen Omina, die dem großen astrologischen Omenwerke Enuma Anu il Enlil eingegliedert sind.[63]

Eine genaue Zwölfteilung des Zodiaks lässt sich seit ca. 500 v. Chr. (der Schrift nach) in Babylonien bezeugen. Historisch ist das

[63] Ernst F. Weidner, Handbuch der babylonischen Astronomie, Bd. 1, Der babylonische Fixsternhimmel, Hinrich'sche Buchhandlung, Leipzig 1915, S. 1–2. Später hat Weidner sich davon distanziert, dass in Babylonien die Präzession bekannt gewesen sein soll.

durch eine sogenannte »TE-Tafel« belegt. In dieser Tafel sind alle uns zwölf bekannten Tierkreisnamen erwähnt, einschließlich der Waage. Zum Alter dieser Tafel gibt Ernst F. Weidner folgende Erklärung:

> Der Text entstammt sicher dem Widderzeitalter (etwa 2000 bis 100 v. Chr.), durfte aber in dem vorliegenden Exemplare nur die Abschrift eines älteren Originals sein. Das ergibt sich deutlich aus dem Umstande, dass durchweg die Sternnamen der älteren Zeit, nicht aber die der später astronomischen Texte verwandt sind. In welcher Zeit die Originalabfassung unseres Textes zu setzen ist, kann natürlich nicht sicher bestimmt werden.[64]

Um diese Zeit haben die Babylonier angefangen, den Tierkreis nach dem Vorbild des Kalenders in zwölf gleiche Teile zu untergliedern und auf diese Segmente (die neuen Tierkreis*zeichen*) teil weise die Namen von den *Sternbildern* zu übertragen. Die neuen »Zeichen« nannte man akkadisch Kakkab lu-ma-ši (Kakkab[65] Lumaschi). Das war ein Name, der ursprünglich die 36 Hauptsternbilder zusammenfasste. Als Abkürzung ist der Name auch als Kakkab Lu in den Keilschrifttexten überliefert worden.[66] Von diesen *zwölf Tierkreis-Zeichen*« handelt nach Ernst F. Weidner ein Abschnitt einer spätbabylonischen Keilschrift. In diesem Text aus Warka (Uruk), dem Kultort des Himmelsgottes An und der Göttin Inanna, sind alle zwölf Tierkreiszeichen mit akkadischen oder sumerischen Namen aufgezählt, so wie wir sie heute kennen. Am Schluss des Keilschrifttextes ist ein Vermerk auf Akkadisch beigefügt: »Insgesamt 12 Glieder, Teile des Tierkreises, in denen der Mond und die Sonne dahinziehen.«[67]

---

[64] Ernst F. Weidner, Handbuch der babylonischen Astronomie, S. 121–122.

[65] »Kakkab« bedeutet auf Akkadisch Stern. Hier ist »Kakkab« ein Determinativ

[66] Ernst F. Weidner, Der Tierkreis und die Wege am Himmel, in: Archiv für Orientforschung (AfO), Bd. 7, Berlin 1931–1932, S. 175. Über die TE-Tafel in: Ernst F. Weidner, Handbuch der babylonischen Astronomie, S. 121–123. Die TE-Tafel wird so genannt, weil das Determinativ kakkabu für Stern mit dem sumerischen Zeichen TE geschrieben wird.

[67] Ernst F. Weidner, Der Tierkreis und die Wege am Himmel, S. 175. (12 HA-LA

Der zwölfteilige Tierkreis, bei dem nicht mehr die Mondbahn als maßgebende Linie galt, sondern die Sonnenbahn, die Ekliptik, bildete den »Schlussstein« in der Entwicklung der babylonischen Astronomie. Es gab auch eine andere Aufteilung des Tierkreises:

> Es handelt sich hier allerdings zunächst um die Teilung der Sonnenbahn in zwölf Häuser (oder Throne, wie die Inschriften sagen), die mit den Tierkreiszeichen nicht verwechselt werden dürfen. Dass die Tierkreisbilder von Anfang an mit der Zwölfteilung zusammenhängen, ist nicht sicher; denn die Zahl der Bilder schwankt, Schütze und Skorpion z.B. bildeten einmal ein Tierkreisbild, und die Bilder selbst sind verschieden lang. Man wird als Anhaltpunkt für die Einteilung zunächst einzelne hervorragende Sterne ins Auge gefasst haben, deren heliaktischer Aufgang, d.h. deren erstes Wiedererscheinen in der Morgendämmerung, nachdem sie für längere Zeit im Tageslicht verschwunden waren, beobachtet wurde. Dann wurden gewisse auffällige Sternkombinationen zu Bildern gestaltet.«[68]

Die Antwort auf die Schlussfrage, wann genau der zwölfteilige Tierkreis durch einen schriftlichen Beleg als historisch gesichert gilt, können wir als Antwort aus den Untersuchungen von Ernst F. Weidner entnehmen:

> Im 5. Jahrhundert v. Chr., also in der Zeit der Perserherrschaft, wird zum ersten Male der zwölfteilige Tierkreis erwähnt, um die gleiche Zeit begegnen auch zum erstem Male die Tierkreis-Zeichen, die nunmehr die Bezeichnung lumaši erhielten.[69]

Alfred Jeremias präzisiert, dass sich die rechnerische Einteilung des Tierkreises in zwölf gleiche Teile zu je 30 Grad, also in Tierkreiszeichen, urkundlich zum ersten Male in einem astronomischen Beobachtungstext aus dem 5. Jahre des Darius II. (420/19 v. Chr.)

– sumerisch Teile, Glieder).

[68] Alfred Jeremias, Das Alter der babylonischen Astronomie, Im Kampf um den Alten Orients Wehr- und Streitschriften, Hinrich'sche Buchhandlung, Leipzig 1909, S. 57.

[69] Ernst F. Weidner, in: Reallexikon der Assyriologie (RLA), Bd. 3, Walter de Gruyter, Berlin New York 1957–1971, S. 82.

bezeugt findet.[70] Wie und auf welchen Wegen ist der Tierkreis zu uns gekommen? Dazu Arthur Ungnad:

> Verschieden sind die Wege, auf denen babylonisches Wissen zum Abend land gelangte, teils direkt, teils auf dem Umweg über Ägypten, das in vielem von Babylonien abhängig war. Der älteste Weg führt gewiss über das Hethiterreich. Die Eroberungszüge der Assyrer haben wohl auch manchen Beitrag geliefert. Unter der Seleukiden drang babylonische Gelehrsamkeit in Fülle ins Abendland.[71]

Die heutige westliche Astrologie arbeitet (abgesehen von wenigen Ausnahmen) nicht mit den astronomischen *Sternbildern*, die ungleich groß sind, sondern mit den *Tierkreiszeichen* des *tropischen* Tierkreises, also mit dem in 12 gleiche Abschnitte zu 30 Grad aufgeteilten Kreis, den die Sonne scheinbar durchläuft. Die ekliptikale Länge wird mit dem Frühlingspunkt beginnend gezählt, an dem der Äquator die Ekliptik schneidet.

Diese *Tierkreiszeichen* wurden zunächst nach den Monaten benannt, später setzte es sich durch, sie nach den Stern*bildern* zu benennen. Maßgebend für die moderne Astrologie heute und den tropischen Tierkreis ist das Verhältnis Erde-Sonne, die Bewegung und die Wirkung unseres Zentralgestirns (der Sonne) auf die Erde und die damit verbundenen Erscheinungen in der Natur wie Vegetation und Verhalten der Tiere und der Menschen. In diesem *sonnenklaren* Zusammenhang ist es unverständlich zu behaupten, die Sterne hätten *keinen* Einfluss auf uns, da sie viel zu weit weg von der Erde entfernt seien. Der Einfluss *unseres Sterns* aber – der Sonne –, ist die Bedingung für unsere Existenz überhaupt! Ohne das Licht und die wärmende Strahlung *unseres* Sterns gäbe es überhaupt kein Leben auf unserem Planeten. Das wussten alle Völker auf dieser Erde, darum begrüßten und verneigten sie sich vor der Sonne in ihren Ritualen.

---

[70] Alfred Jeremias, Handbuch der altorientalischen Geisteskultur (HAOG), Walter de Gruyter Verlag, Berlin und Leipzig 1929, S. 213.

[71] Arthur Ungnad, Besprechungskunst und Astrologie in Babylonien, in: Archiv für Orientforschung (AfO), Bd. 14, Berlin-Graz 1941–1944, S. 283–284.

Dieser Einfluss unserer Sonne ist auf uns so offensichtlich und spürbar, dass es niemandem in den Sinn käme, jemanden als »sterngläubig« zu bezeichnen, wenn dieser sich über den verheerenden *Einfluss* und die *Einwirkung* dieses »Gestirns« auf seine Haut etwa beklagt, über einen heftigen Sonnenbrand nämlich. Mit diesem einfachen Beispiel eines direkten Einflusses eines *Sterns* auf uns Erdbewohner möchte ich die Grundhaltung der Astrologie und der modernen Astrologen demonstrieren.

Über den *Einfluss* unseres Erdtrabanten – des Mondes – auf die Erde wissen wir ebenso seit Langem Bescheid. Was die Planeten in unserem Sonnensystem und ihre »Wirkung« anbelangt, so sie werden entweder als *Zeichen* oder *Anzeiger*[72] gedeutet. Da es heute noch keine klare Erklärung für dieses kosmische und psychologische Phänomen gibt, hat man den Begriff *Synchronizität*[73] gefunden.

Seit der Entdeckung der Präzession des Frühlingspunktes durch Hipparch[74] arbeiten die meisten Astrologen im Westen mit dem

---

[72] Origenes (185–254 n. Chr.) schreibt in seinem Kommentar des Buches Genesis der Bibel, in Fragment 7, dass: »die Sterne nicht Urheber der Dinge bei den Menschen sind, sondern nur Anzeiger«; Origenes, Die Kommentierung des Buches Genesis, eingeleitet und übersetzt von Karin Metzler, De Gruyter Verlag, Berlin und New York 2010, S. 71. Schon zu Origenes Zeiten im 3. Jh. wurde darüber diskutiert und manche Astrologen sprachen von *Zeichen* und nicht von direkten Wirkungen. Wie eine riesige kosmische Uhr zeigen uns nicht nur Sonne und Mond, sondern auch die fünf sichtbaren Planeten die »Gezeiten« an.

[73] Carl Gustav Jung (1875–1961), Schweizer Psychiater – veröffentlicht zusammen mit Wolfgang Pauli 1952 das Buch *Naturerklärung und Psyche*, in dem er unter dem Titel »Synchronizität als ein Prinzip akausaler Zusammenhänge« das Thema umfassend behandelt. Als Synchronizität werden Ereignisse bezeichnet, die nicht nach dem Prinzip von Ursache und Wirkung, also kausal ablaufen, sondern in einer bestimmten Zeit gleichzeitig geschehen, ohne eine rationale Erklärung dafür. Häufig werden diese Ereignisse als merkwürdige Zufälle abgetan. Das Synchronizitätsprinzip ist ein noch nicht genug erforschtes Thema, welches das Kosmische und das Persönliche verbindet.

[74] Hipparchos von Nicäa (190–120 v. Chr.), griechischer Astronom und Mathematiker. Hipparchos gilt als Begründer der wissenschaftlichen Astronomie und Entdecker der Präzession des Frühlingpunktes. Aufgrund der Forschungsarbeit der Assyriologen im 20. Jh. wurde festgestellt, dass die Babylonier schon lange

tropischen Tierkreis und den *Tierkreiszeichen* und nicht mehr mit dem siderischen Tierkreis und den *Sternbildern*. Es ist sehr wichtig, diesen Unterschied zu kennen und zu berücksichtigen, damit man sich nicht von den regelmäßigen »Sensationsmeldungen« in der Presse und ihren unwissenden Behauptungen verunsichern lässt, etwa wie: »Die Sternzeichen sind falsch und stimmen nicht mehr mit dem Himmel überein« oder »Krebse keine Krebse mehr sind, sondern Zwillinge, die Löwen keine Löwen, sondern Krebse« und dergleichen. Genauso kann es kein 13. *Sternzeichen* geben, denn für den tropischen Tierkreis spielt es keine Rolle, dass durch eine Änderung der Sternbildgrenzen im Jahr 1922 ein kleiner Zipfel der Konstellationen zwischen Skorpion und Schütze geschoben wurde.

Historische Beleg dafür, dass die meisten Astrologen der Spätantike mit den *Tierkreiszeichen* und nicht mehr mit den *Tierkreisbildern* ge arbeitet haben, gibt es viele. Exemplarisch dazu ein Zitat des christlichen Theologen Origenes. In seinem Kommentar zum Buch Genesis in dem er in einem Kapitel über den freien Willen des Menschen und über die Astrologie diskutiert, macht er folgende Bemerkung:

> Man überliefert nun eine Hypothese, die darlegt, dass sich der Tierkreis, ähnlich wie die Planeten, von Westen nach Osten bewegt, in jedem Jahrhundert um einen Bezirk, und das ändere im Laufe einer langen Zeit die Stellung der Tierkreiszeichen; dabei bestehe ein Unterschied zwischen dem gedachten Tierkreiszeichen und dem Tierkreiszeichen, das sozusagen in Erscheinung trete; die Auswirkungen der Konstellationen auf das Leben ließen sich, so sagen sie [die Astrologen], nicht aus der Erscheinungsform herausfinden, sondern aus dem gedachten Tierkreis – was kaum zu erfassen ist.[75]

---

vor Hipparchos die Präzession kannten und damit arbeiteten. Darum ist hier die Rede von einer Wiederentdeckung der Präzession. Vgl. Ernst F. Weidner, Die Entdeckung der Präzession, eine Geistestat babylonischer Astronomen, in: Babyloniaca Tome VII, Paris 1913–1923.

[75] Origenes, Die Kommentierung des Buches Genesis, eingeleitet und übersetzt von Karin Metzler, De Gruyter Verlag, Berlin und New York 2010, Fragment D 7, 18., S. 101.

Über die Mašmašu-Priester

Die gelehrten Theologen des alten Vorderasien lassen sich in drei Zeitstufen (Gegenwart, Vergangenheit und Zukunft) und in drei großen Gruppen einteilen. Mit der Gegenwart hat sich der Kalû-Priester[76] zu befassen. Ihm lag es ob, den durch den Willen der Götter bestimmten Verhältnissen Rechnung zu tragen, also in Zeiten der Gnade den himmlischen Mächten zu danken und in Zeiten der Not Buß- und Klagelieder vorzutragen. Die Zukunft aus bestimmten, jederzeit zur Verfügung stehenden Objekten vorauszusagen, war die Aufgabe des Bârû-Priesters. Sein Arbeitsfeld bildete v.a. die Opferschau, d.h. die Deutung des Befundes der Eingeweide – besonders der Leber der geopferten Schafe. [...]

Dagegen fallen Omina, die ohne Zutun des Menschen sich ergaben, in den Bereich des Mašmašu-Priesters, zu dessen wissenschaftlichen Kompendien der Katalog der Werke des Mašmašu, auch die großen Ominaserien *udan* *^{d}en-lil-lá*, also Omina aus Himmelserscheinungen u.a.m. rechnet. Denn diese Omina kann der Mensch nicht selbst bewirken, sondern sie werden ihm von den Göttern gesandt. [...] Die Vorstellung, dass jede Verfehlung, sei es eine wirkliche Sünde oder nur die Außeracht-Lassen eines Tabus, Strafe nach sich ziehe, die dann vor allem in Krankheit und Tod sich äußert, macht den Mašmašu auch zum Medizinmann oder Arzt, der als solcher die heilende Kraft der Pharmaka, seien es Kräuter, Mineralien oder andere heilende Heilmittel, kennen muss. Er gleicht darin dem ebenfalls aus der gelehrten Priesterschaft hervorgegangenen Medicus des Mittelalters. [...]

Sie (die Mašmašu – Anm. J. D.) waren nicht nur Priester, sondern auch Mediziner, Pharmakologen und Astronomen, Letzeres allerdings zunächst lediglich im Sinne eines Astrologen. Aber die Astrologie war die Mutter der wissenschaftlichen Astronomie, die ohne jene nicht zum Leben gekommen wäre. [...][77]

---

[76] Auch heute noch wird in der bulgarischen Sprache der Ausdruck »Kaluger« bzw. »Kalugerka« benutzt als eine Bezeichnung für Mönch oder Nonne, offensichtlich eine Entlehnung aus dem Akkadischen.

[77] Arthur Ungnad (1879–1947), Besprechungskunst und Astrologie in Babylon,

Mašmašu war also die Hauptbezeichnung der babylonischen Astrologen, was »Reinigungspriester« und »Beschwörer« bedeutet. Das Wort Mašmašu ist aus dem sumerischen maš (masch) gebildet, (akkadisch *ellu*) und bedeutet »rein«. Maš-maš heißt »reinigen«, und deshalb wird der Mašmašu als »Reiniger« bezeichnet. Weitere sumerische Bezeichnungen für den »Reinigungspriester« sind:

lú-ka-kala »der Mundstarke«; *lú-ka-kù-ga* »der Mundreiniger«; *lú-ka-kù-gál* »der den Mund rein macht«; *lú-ka-tu$_6$-gál* »der Mundbeschwörung macht«, *lú-inim-inim-ma* »Mann der Besprechung«. Ein anderer Name war ṭupšarru,[78] eine akkadische Bezeichnung des Priester-Astrologen in seiner Funktion als Schreiber und Gelehrter, zuständig für die Beobachtung astronomisch-astrologischer Vorgänge wie auch für irdische Phänomene bzw. Omina.[79] Als ich zum ersten Mal vom Mašmašu, von dieser sumerischen »Berufsbezeichnung« aus der assyriologischen Fachliteratur erfahren habe, war es mir fast unmöglich, mein Schmunzeln zu unterdrücken, denn der Name und die Bedeutung dieser Priesterkaste erinnerten mich zwangsläufig an meine eigene berufliche Hauptbeschäftigung, die ich seit über 40 Jahren in der Schweiz ausübe – an die orale Hygiene bzw. an die Dentalhygiene (Mund-, und Zahnhygiene).

Hatte mich etwa meine intensive Arbeit und »meditative Versenkung« in der Mundhöhle meiner Patienten dazu veranlasst, mich auch intensiv mit Astrologie zu beschäftigen? Werden einem nach langer Konzentration die Parallelen und Beziehungen zwischen dem Mikrokosmos der Mundhöhle und dem Makrokosmos des Himmels offenbart?

Mich hat einmal ein Patient, der psychologisch ausgebildet war, gefragt, ob es nicht, so wie bei der Dentalhygiene, den Mund und die Zähne reinigen kann, eine Möglichkeit gäbe, auch die Seele zu

Archiv für Orientforschung (AfO) Bd. 14, Berlin, Graz 1914–1944, S. 251–252.

[78] ṭupšarru, aus Sumerisch (Lu)-Dub-Sar, mit Bedeutung für Schreiber. In: A Concise Dictionary of Akkadian, Harrassowitz Verlag, Wiesbaden 2000, S. 415.

[79] Beate Pongratz-Leisten, Herrschaftswissen in Mesopotamien, State Archive of Assyria Studies, Volumes X, The Neo-Assyrian Text Corpus Project, University Helsinki 1999, S. 18.

reinigen. Nach langem Überlegen, etwa nach einem halben Jahr, bei der nächsten Behandlung, habe ich ihm eine Antwort gegeben. Ja, es gibt eine Möglichkeit, man könnte es durch Psychohygiene und Psychoprophylaxe versuchen oder durch eine astrologische Behandlung bzw. »Besprechung«, so wie es einst die sumerischen und babylonischen Mašmašu-Priester taten. Denn, wie der große Schweizer Psychologe C.G. Jung in einem Brief schreibt: »Die Astrologie hat nämlich in Wirklichkeit mit den Sternen nichts zu tun, sondern ist die 5000 Jahre alte Psychologie des Altertums und des Mittelalters.«[80]

Aber auch dort ist es wie bei der Dentalhygiene, es kann dabei auch wehtun, es kann auch bluten. Denn auch die kranke und entzündete Seele kann bluten, nicht nur das Zahnfleisch. Wenn der »Oraltherapeut« - und es darf nicht vergessen werden zu erwähnen, dass die Mundhöhle als die »Pforte zu der Persönlichkeit«[81] gesehen wird –, herausgefordert wird, aus der manchmal versumpfen Landschaft rund um die Zahngebäude, die alten Ablagerungen, die sich *subgingival*, tief unter dem Zahnfleisch, gebildet haben, mit spitzigen,

---

[80] Brief an Dr. med. L. Oswald, vom 8.12.1928, C.G. Jung, Briefe, Bd. 1, Walter Verlag, 4. Auflage, Olten 1990, S. 82.

[81] Der akkadische Name Babylons lautete als piktographisches Sumerogramm geschrieben KA-DINGIR-RA[KI] (KA »Tor«, DINGIR »Gott«, =a(k) GENITIV, KI Determinativ für Städtenamen), in akkadischer Silbenschrift jedoch Babilla, wovon sich später der griechische Name Babylonia ableitete. Es bedeutet »Tor Gottes«. KA-DINGIR-RA bedeutet aber auch »Mund Gottes«. In der altorientalischen Vorstellung ist der Mensch ein Abbild des Göttlichen, ein Mikrokosmos, wo der Mund eine besondere Rolle spielt. Der sumerische göttliche Sagenheld Ninurta, der als Riesengestalt geschildert wird, deren Körperteile die Teile des Kosmos darstellen, war der Prototyp für den Organmensch, den man aus astrologischen Abbildungen des Mittelalters kennt. Alles hatte im Körper eine himmlische Entsprechung. Gesundheit beginnt im Mund, sagt man auch, die physische, aber auch die psychische. Im Menschen sieht der Sumerer die Welt im Kleinen (Mikrokosmos), in der großen Welt den »großen Menschen« (Makroanthropos). Auch die astrologische Theorie der *melothese*, in der Körperteile den Planeten zugeordnet werden, hat auch in ihren Ansätzen einen mesopotamischen Ursprung. (Hermann Hunger, Artikel Planet, Reallexikon der Assyriologie, Bd. 13, S. 152).

scharfen Instrumenten an die Oberfläche zu bringen, um sie dann zu entsorgen, kann es Emotionen auslösen. In der zahnmedizinischen Fachsprache aus dem Teilgebiet der Parodontaltherapie – ein Deep Scaling.

Hier heißt es metaphorisch ausgedrückt: *der Sache auf den Grund zu gehen* und zu versuchen, so das Problem zu lösen. »Gesundheit beginnt im Mund!« Aber nicht zu vergessen, auch bei dieser Therapie braucht es die Mithilfe des Patienten bzw. des Klienten und ganz am Schluss, nicht zu vergessen, auch die Hilfe der »Götter«, d.h. die Hilfe der Natur.

Denn um sich nicht der Gefahr auszusetzten, eine Hybris[82] und die größte Todsünde[83] – die Superbia – zu begehen, darf man nie vergessen, dass alles im menschlichen Tun und Walten seine Grenzen hat. Es gibt höhere Mächte sowie auch die Endlichkeit des menschlichen Seins, die man mitberücksichtigen muss.

Nach der Erklärung dieses Sachverhalts wird man verstehen können, warum das Zeichen des Skorpions im sumerischen Tierkreis mit »zwei Messern« dargestellt wird, als Seelenarzt sozusagen, als »Mundreiniger« und »Beschwörer«, ein Mašmašu-Priester.

Nach der Lehre der »abgeleiteten Häuser« in der klassischen Astrologie wird das 8. Haus des Geburtshoroskops, unter den vielen Bedeutungen, die es hat, auch mit dem »Mund der anderen Menschen« und so indirekt mit dem Tierkreisbild Skorpion assoziiert.[84]

---

[82] Hybris ist ein grundlegender Begriff aus der antiken griechischen Ethik. Er bezeichnet eine egozentrische Haltung, ein übergroßes Sicherheitsgefühl, übermütiges Vertrauen in die eigene Kraft, das zur Überschreitung der dem Menschen gesetzten Grenzen drängt. Paulys Realencyclopädie der classischen Altertumswissenschaft, Supplementband IX, Stuttgart 1962, S. 1897.

[83] Vgl. Julia Dimitrov, Die sieben Todsünden und Kardinaltugenden in der Astrologie, Chiron Verlag, Tübingen 2017.

[84] Das 2. Haus des Geburtshoroskops symbolisiert u. a. auch den menschlichen Mund und die ganze Mundhöhle, auch die Ernährung. Das gegenüberliegende Haus ist das 8. Haus des Geburtshoroskops. Das ist nach der Lehre der »abgeleiteten Häuser« das 2. Haus des Partners bzw. der Partnerin oder ganz allgemein der anderen Menschen. Weil das 7. Haus des eigenen Geburtshoroskops das 1. Haus der anderen symbolisiert, wird das eigene 8. Haus zum 2. Haus der anderen,

In der modernen Psychologie ist das Unterbewusste ein Bereich, der besonders *skorpionisch* anmutet, ganz besonders das kollektive Unterbewusste, das sogar heute in der modernen Astrologie auch mit dem Planet Pluto, dem »mächtigen Gott« und Herrscher der Unterwelt, symbolisch in Verbindung gebracht wird. Sigmund Freud – der Begründer der Psychoanalyse, hatte zwei wichtige Horoskopmerkmale, die ihn als einen Skorpiontyp bezeichnen können. Der Aszendent (das ist das aufgehende Zeichen im Osten zur Stunde seiner Geburt) befindet sich im Zeichen Skorpion und zwei sehr wichtige Horoskopfaktoren, der Mond und Saturn, befinden sich im 8. Haus des Horoskops. Das 8. Haus hat einen Bezug zu den Themen des Zeichens Skorpion. Auch C.G. Jung der Begründer der Analytischen Psychologie und Fachmann der Traumdeutung sowie Erforscher des Kollektiven Unterbewussten – hat in seinem Geburtshoroskop eine markante Beziehung zum Tierkreiszeichen und zum Thema des Skorpions – zum Gir-Tab.[85]

In der Astrologie hat die Medizin, vor allem die Chirurgie, eine besondere Beziehung zum Tierkreiszeichen Skorpion. Hier sehen wir, wozu also das *zweite* Messer des Gir-Tab bestimmt ist. Die »Entzündung der Seele«, als neue Volkskrankheit, scheint sich immer mehr als eine Epidemie unter den Menschen auszubreiten. Braucht es mehr »Seelen« als Organspende oder mehr Mašmašu-Priester zur Aufklärung, Behandlung und Prophylaxe? Der sumerische und babylonische Mašmašu-Priester war ein Astrologe, aber auch ein Arzt. Sollte Hippokrates, der »Vater der Medizin«, deshalb gesagt haben, dass »Unwissend ist der Arzt, der nichts von Astrologie versteht.«

Heutzutage würde Hippokrates wahrscheinlich eher *Psychologie* als Astrologie meinen. Astrologie aber war die Psychologie des Altertums. Hat nicht Hippokrates auf der Insel Kos gelebt, wo auch

---

also unter anderem auch ihr Mund, die Mundhöhle sowie ihre Ernährung.

[85] Die Spitze des 9. Hauses im Geburtshoroskop von C. G. Jung befindet sich im Tierkreiszeichen Skorpion ebenso der Glückspunkt (Pars Fortuna).

der babylonische Priester Berossos[86] die erste Schule für Astrologie eröffnet hatte? Heute wird dieser Satz auch dem Paracelsus zugeschrieben – »*Ein Arzt, der nichts von Astrologie versteht, ist eher ein Narr zu nennen, denn ein Arzt.*«

[86] Berossos (akkadisch Bêl-re'ušunu, latinisiert Berossus) war ein im frühen 3. Jh. v. Chr. lebender babylonischer Priester des Gottes Bēl-Marduk und einer der bedeutendsten Priesterastronomen der Antike, also ein Mašmašu-Priester. Er ist bekannt als Verfasser des historischen Werks *Babyloniaca* in griechischer Sprache. Um 300 v. Chr. soll sich Berossos sich auf der Insel Kos niedergelassen und dort die erste Astrologieschule der hellenistischen Welt gegründet haben.

»Nomen est omen«

Über die Bedeutung des Namens bei den Sumerern und Babyloniern

In der Weltanschauung der Sumerer besitzt der Name einen hohen Stellenwert. Der Name ist gleichbedeutend mit Existenz. Das, was »zwischen Himmel und Erde« schweben soll, das, was man nicht benennen kann, nannten die Sumerer Niš (Nisch) (Seele) der Dinge. Das Niš (das Ideogramm ZI)[87] des Himmels und der Erde wird mit Napištu (Napischtu) (Seele und Leben) und Šumu (Schumu) (Name) erklärt. Der Name ist die Offenbarung des Wesens.

> Die Namen der Götter des Himmels und der Erde, in denen alle Schöpferkraft zusammengefasst ist, sind dasselbe wie die Weltkraft selbst. Ihre Namen zu erforschen und den Menschen dienstbar zu machen, ist eine Hauptaufgabe der Priester. Wie Himmel und Erde und, was dasselbe ist, die gesamte Götterwelt durch Namengebung ihre Existenz empfingen, so werden alle Werke menschlicher Schaffenskraft durch die Namensgebung erst eigentlich lebendig gemacht.[88]

In einer späteren Periode schreibt Nabû – der göttliche Verkünder und Schreiber – alles auf, »was Namen hat«, er ist der große Namensgeber, der »Herr der Namen«.

Städte, Paläste, Türen, Kanäle, alle empfingen feierlich einen Namen. Das wird auch in der Politik verwendet. Städte, die erobert werden, bekommen einen neuen Namen, erobernde Könige werden mit neuen Namen benannt.

---

[87] R. Borger, Assyrisch-babylonische Zeichenliste; Alter Orient, Altes Test. 33, Neukirchen, Vluyn 1978, S. 80. ZI wird als Seele übersetzt.

[88] Alfred Jeremias, Handbuch der altorientalischen Geisteskultur (HAOG), Walter de Gruyter Verlag, Berlin und Leipzig 1929, S. 33–34.

Einen besonders tiefen Sinn hatte deshalb die Namensgebung beim Menschen. Der Name zeigt das Schicksal oder die Taten des Namensträgers. Der Name ist Programm. Ein Name hat auch eine Zauberkraft. Auch ein verborgener Name kann von Bedeutung sein. Vor allem bekommt der, der den verborgenen Namen kennt, den Träger des Namens in seine Gewalt. Das erinnert an das Märchen von Rumpelstilzchen, das Aussprechen des Namens des *Daimons* vertreibt es, es vernichtet es. Darum wird hier die Aufforderung gestellt, »die Dinge beim Namen zu nennen« um eine Lösung des Problems zu finden. Einen Namen geben ist bei den Sumerern also gleichbedeutend mit Schaffen. Die besondere Bedeutung des Namens ist heute noch in der Tradition der christlichen Orthodoxen Kirche erhalten. Es sind nicht Geburtstage, sondern die Namenstage, die immer noch besonders gefeiert werden.

So ist es nach dieser Erklärung über die Bedeutung des Namens bei den Sumerern und den Babyloniern verständlich, dass auch die Namen der Planeten und der Sterne nicht zufällig sein können und dass sie eine besondere Bedeutung haben sollten.

Über den »Stern des Menschen«

Der Stern, dargestellt mit den drei Sternen und als MUL ausgesprochen, hatte im Glauben der mesopotamischen Kultur eine zentrale Bedeutung. Stern und Schicksal des Menschen waren gleichbedeutend. Diesen Glauben übernahmen die Griechen und die Römer von den Babyloniern. Ursprünglich war es nicht der Aszendent (der aufsteigende Grad der Ekliptik), der von Bedeutung war, als ein Mensch geboren wurde, sondern ein Stern oder der Planet, der im entscheidenden Moment am Osthimmel aufging, besonders hoch am Himmel stand oder gerade im Westen unterging. Welcher Stern war am Himmel zu sehen? Wie sah dieser Stern aus? Welche Farbe hatte er? Der Große und Reiche hatten einen glänzenden Stern, der Arme ein schwaches Lichtlein, so der Volksglaube. Das war der »Stern des Menschen«. »Wehe deinem Stern« ist ein griechischer

Fluch, der dem Menschen selbst gilt. In der klassischen Astrologie hat der »Stern des Menschen« eine zentrale Bedeutung. Er muss nicht unbedingt als leuchtender Stern am Himmel oder als schwaches Lichtlein erscheinen wie nach dem Volksglauben. Er ist aber da, jeder Mensch hat einen und trägt ihn in seinem Herzen. Man nennt ihn auch den »Herrscher« und den »Schutzengel« im Geburtshoroskop.

Über die Namen der Sternbilder und ihre Bedeutung

Obwohl sich die Symbolik der Tierkreisbilder der alten Sumerer nur wenig von den heute bekannten Ikonen unterscheidet, vermitteln die sumerischen Namen der Sternbilder tiefere Einblicke in die faszinierenden Details ihrer Originalbedeutung. Die drei Sternsymbole, die in jeder Darstellung zu sehen sind, weisen darauf hin, dass es sich um Sternbilder handelt. Die sumerische Bezeichnung bzw. das Sumerogramm MUL[89], bedeutet »Stern« und ist in der Fachsprache der altorientalistischen Philologie ein sogenanntes Determinativ.

Das Sumerogramm – AN –, das als ein achtzackiger Stern dargestellt wird, ist die Bezeichnung für »Gott« und »Himmel« und für den sumerischen Himmelsgott Anu. Dieses Zeichen wird immer als Determinativ, als Bezeichnung für Götternamen verwendet und wird bei den Götternamen vorangestellt.

In der sumerisch-babylonischen Religion und Astrologie hatten die Götter und ihre Planeten auch eine Zahl. Die Zahl des obersten Himmelgottes An war 60.[90] Grundlage für die Entstehung des

---

[89] Die Bezeichnung »MUL«, bestehend aus drei Sternen, ist ein Determinativ mit Bedeutung für Stern, Tierkreiszeichen oder auch Planet. Die genauere Bezeichnung für Planet im Sumerischen ist »Udu Idim« – »wildes Schaf« oder »umherirrende Schaf«.

[90] Das sogenannte Sexagesimalsystem, das auf die Zahl 60 beruht, wurde von den Sumerern eingeführt. Es wurde und wird heute noch verwendet, um geografische Längen und Breiten und die Zeit zu messen. Erstmalige Nachweise dieses

Zodiaks und seiner Tierkreisbilderzeichen war der Ackerbau. Die Symbolik des »Lebenskreises« kann nur im Zusammenhang mit der Landwirtschaft verstanden werden, die Grundlage der Zivilisation ist.

Die Bebauung und Kultivierung des Erdbodens bedingte ein sesshaftes Leben und langjährige Beobachtung der Zyklen in der Natur, von deren Laune die Menge und die Qualität der Ernte abhängig ist. Praktische Probleme waren der Grund, einen Kalender aufzustellen, für den eine genaue Zeitmessung und Beobachtung der Himmelkörper notwendig war. Das war der Anfang der Astronomie und der Astrologie.

Der Ackerbau, der in Sumer und Babylon betrieben wurde, erforderte sehr viel Arbeit und vorausschauende Planung, erbrachte darum aber auch sehr gute Erträge. Die Arbeit finden wir beim ersten Zeichen Widder, das einen arbeitenden Bauern symbolisiert. Den Ertrag und die Planung sowie die Organisation finden wir beim sechsten Tierkreisbild – bei der Jungfrau.

Das astronomische und das Landwirtschaftsjahr beginnt im Frühling mit dem Sternbild des Widders, ca. am 21., 22. oder am 23. März, an dem Tag, an welchem der Tag und die Nacht für alle Orte der Erde gleich lang sind. Daher nennt sich dieser Tag Äquinoktium. Das war auch die Zeit, in der in Babylonien das offizielle Neujahrsfest gefeiert wurde.

Systems reichen bis um 3300 v. Chr. zurück, anfänglich als Additionssystem, und ab ca. 2000 v. Chr. wurde in der babylonischen Mathematik ein sexagesimales Stellenwertsystem verwendet.

Abbildung 1:
Mul Lu-Hun-Ga
Erim-Hun-Ga
»Der Bauer und der Krieger«
Widder

Widder
LU-HUN-GA

Lu-Hun-Ga bedeutet »Landarbeiter« oder »Bauer«. Auf Akkadisch hieß das Tierkreisbild Widder *Agru*, der Bauer. Seiner fleißigen, harten Arbeit war der Paradiesgarten in Sumer zu verdanken. Ihm, dem »im Schweiße seines Angesichts« arbeitenden Menschen, haben wir die Zivilisation zu verdanken. Schon in der Morgenröte der menschlichen Zivilisation bestand der Sinn des Lebens in der Arbeit. Sie diente einerseits zur Sicherung des Lebensunterhalts des Menschen, dabei kultivierte er aber gleichzeitig die Erde und sich selbst. Gilgamesch, der berühmteste König von Uruk in Mesopotamien, dessen Herrschaftszeit um 2700 v. Chr. vermutet wird, fand auch nach langen Irrungen und Abenteuern auf der Suche nach der Unsterblichkeit, den Sinn seines Lebens und den Sinn des menschlichen Lebens überhaupt schlussendlich in der Arbeit.

Der zweite Name des Sternbildes – Erim-Hun-Ga – bedeutet »Haufen« im Sinne von »Söldner« oder »Heer«. Das Zeichen kann daher als »der Krieger« verstanden werden, weil in Kriegszeiten die Bauern das Land verteidigten. Dieses Sternbild war im Hellenismus dem Gott Ares und bei den Römern dem Mars geweiht. Ist es ein Zufall, dass die alten Römer ihren Gott Mars als Agrar- und Kriegsgott mit Pflug und Schwert darstellten?

Dass es sich beim Lu-Hun-Ga, Erim-Hun-Ga um ein archaisches Symbol handelt, wird ersichtlich im alten babylonischen Ritual des Priesterkönigs, der sich als »erster Bauer« im Lande sieht und als Zeichen für das neu beginnende Jahr im Frühling den Pflug in die Erde setzt. Die Mutter Natur erwacht, die Arbeit kann beginnen. Der König ist der »erste Bauer«, aber auch der »erste Krieger«.

Der Widder-Mann also wird im sumerisch-babylonischen Tierkreis als *himmlischer Landmann* gedacht. Dazu Alfred Jeremias:

Beim babylonischen Neujahrsfest wurde das Sternbild angebetet. Der König, der als Repräsentant bei dem Fest am Jahresanfang (Jahr – Weltjahr) die Weltherrschaft von neuem erhielt, fühlte sich als Abbild des himmlischen Ackerbauers. So erklärt es sich, dass Nebukadnezar sich den »Landmann von Babylon« nennt. Als Sternbild Babylons gilt in den astrologischen Texten der Widder.[91]

Der Bauer wird mit einem Pflug dargestellt. Die Erfindung des Pflugs war eine der größten Erfindungen der Menschheit. Es gibt sogar eine ganze astronomische Keilschriftliste, die in der assyriologischen Fachliteratur nach dem ersten Namen genannt wird – dem Pflug – Mul Apin. Apin war das sumerische Wort für den Pflug. Nach 3000 v. Chr. wurden die Pflüge in Sumer mit Bronzescharen beschlagen und in Assyrien nach 2300 v. Chr. mit Eisenscharen. In Sumer wurde auch ein den Boden wenig aufreißender Saatpflug eingeführt, mit einem eingebauten Trichter für das Saatgut neben dem Umbruchpflug. Mit diesem wurde weniger Saatgut verloren als beim Säen mit der Hand. Wie wichtig der Ackerbau im alten Sumer war, wird auch literarisch mit einem »Lehrgedicht«, das aus der Zeit um 2000 v. Chr. stammt, bezeugt.[92] Die Pflugkultur galt als heilig.

Mit dem ersten Tierkreisbild wird indirekt die Kraft und die Arbeit für die Entwicklung der menschlichen Zivilisation sowie der technische Fortschritt zum Ausdruck gebracht. Das Tierkreisbild Widder mit seinem Herrscherplanet Mars, dem Kriegsgott, werden seit jeher mit Energie und Kraft sowie mit Technik assoziiert.[93]

---

[91] Alfred Jeremias, Handbuch der altorientalischen Geisteskultur (HAOG), Walter de Gruyter Verlag, Berlin und Leipzig 1929, S. 215 (ik-ka-ri ba-ab-i-lu – Landmann von Babylon); S. 186 (Der Widder als Sternbild Babylons).

[92] Wolfram von Soden, Einführung in die Altorientalistik, Wissenschaftliche Buchgesellschaft Darmstadt 1985, S. 93.

[93] Da es heute nicht so schicklich, ist das Wort »Krieg« zu gebrauchen, haben wir in den zivilisierten Ländern, keine Kriegsministerien mehr, sondern Verteidigungsministerien oder Ministerien für Sport- und Bevölkerungsschutz. Es muss aber gesagt werden, dass es dem Gott Mars/Ares ziemlich gleichgültig ist, in welche Strukturen man ihn integriert und welche Beinamen man ihm gibt. Er

Über die sakrale Bedeutung der Feldarbeit in Sumer und Babylon schreibt Alfred Jeremias:

> Der Ackerbau ist bereits in den Zeiten der Urvölker vor der Entstehung der ersten Hochkulturen eine durchaus religiöse Handlung. »Dem dunklen Schoß der heiligen Erde vertraut der Sämann seine Saat«. Ein Bild aus dem 3. Jahrtausend zeigt eine Ackerbauszene, die deutlich die uralte Idee überliefert. Der Pflug, den die zum heiligen Dienst gezähmten Stiere ziehen, stellt den göttlichen Phallus dar, der in die Erde fährt, während zugleich durch eine sinnreiche Einrichtung der Same in die Furche der Mutter Erde fällt. Segnend steht eine priesterliche Gestalt quer hinter der Szene.[94]

Wie aus dem Menschen ein Schaf wurde

Lu-Hun-Ga (auch Ku-Mal) – der Widder (Aries) – wurde in späteren babylonischen Texten auch in abgekürzter Form mit dem Sumerogramm KU (anstatt KU-MAL) dargestellt, gelesen wurde aber LU. Da es eine ganze Reihe gleichklingende Wörter gab, die eine unterschiedliche Bedeutung hatten, führte das zu Verwechslungen, denn die Lesart LU bedeutet auch Schaf. So geschah es, dass sich die Griechen später anstatt eines Bauern einen Leithammel am Himmel vorstellten. Aus dem Menschen, dem Bauer, wurde ein Schaf. Über diese abgekürzten Spätform LU für den »Leiharbeiter bzw. Bauern« (Widder) in den babylonischen Texten und die dadurch entstandene Verwirrung und Verwechslung (Bauer und

bleibt immer er selbst, nämlich Mars. In der Vergangenheit war »Sport« keine Betätigung zur körperlichen Ertüchtigung und für die Erhaltung der Gesundheit, sondern eine Vorbereitung und Training für die nächste Auseinandersetzung, nach der lateinischen Devise »Si vis pacem para bellum«, auf Deutsch: »Wenn du (den) Frieden willst, bereite (den) Krieg vor«. Mars lässt grüßen! Es ist auch zu erwähnen, dass viele technische Erfindungen zuerst dem »Kriegsgott« zur Verfügung gestanden sind, sogar speziell für ihn entwickelt wurden, bevor man sie zum Gebrauch an die Zivilbevölkerung weitergab.

[94] Alfred Jeremias, Die Weltanschauung der Sumerer, Der Alte Orient, Bd. 27, Heft 4, Hinrich'sche Buchhandlung, Leipzig 1929, S. 14.

Schaf – Leithammel) äußert sich Arthur Ungnad mit den folgenden Worten:

> Ich möchte folgendes in Erwägung stellen: In späten Keilschrifttexten werden die gewöhnlichen Keilschriftzeichen oft durch gleichlautende andere ersetzt; so schreibt man z.B. die Monatsnamen Nîsân nicht BÁR sondern BAR, Simân nicht SIG_4, sondern SIG. Nach diesen Gesichtspunkten konnte man das Tierkreiszeichen lú-hun-gá, indem man es zu LÚ verkürzte, auch mit dem Zeichen LU schreiben, wenn auch die gewöhnliche Abkürzung das zweite Zeichen KU bevorzugt. Man konnte dann weiter dieses LU als *imeru* »Schaf«, »Widder«, deuten, und so mag man die Umdeutung des »Mietlings« (lú-hun-gá) zum »Widder« auf diese Schreibung zurückzuführen sein. Jedenfalls kennen die Babylonier kein Tierkreiszeichen »Widder.[95]

So kamen wir zu unserem männlichen Schaf in der Astrologie, dem Widder. Wahrscheinlicher ist es aber, so denke ich, dass das Symbol des Widders erst später aus der altägyptischen Mythologie, Religion und Astrologie stammt und von dort in die hellenistische Astrologie eingeführt wurde, denn im Ägypten wurde der Widder mit dem Gott Amun (Amon, Amen) in Verbindung gebracht. Der Gott Amun wurde in Menschengestalt mit Widderkopf dargestellt. Um die göttliche Abstammung vom Gott Amun zu demonstrieren und als Eroberer Ägyptens wurde Alexander der Große z.B. mit einer Widderhörnerkrone dargestellt. Die Hörnerkrone (Widder- und Stierhörnerkrone) ist in der Ikonografie Mesopotamiens und Ägyptens ein Attribut des Göttlichen. Auch in der assyrischen Symbolik wurde der König als Leithammel dargestellt.

Das klassische Symbol des Tierkreiszeichens –
die Hörner des Widders:

♈

---

[95] Arthur Ungnad, Besprechungskunst und Astrologie in Babylon, Archiv für Orientforschung (AfO) Bd. 14, Berlin-Graz 1914–1944, S. 256.

Stier
MUL GU, auch MUL GU-AN-NA

Das Rind was das erste Tier, das von den Menschen Mesopotamiens domestiziert wurde. Schon vor dem 9. Jahrtausend v. Chr. wurde es in der Landwirtschaft als Zugtier eingesetzt. Für seine wichtige Funktion als Mitinitiator der menschlichen Zivilisation fand *Mul Gu-An-Na* als Sternbild des »Himmelstiers« seinen ewigen Platz am Firmament.

Der Stier, der Mitschöpfer der Kultur, zieht den Pflug, geführt vom Bauer (Sternbild Widder). Das Symbol des Zeichens bzw. das Sumerogramm GU – ein Stierkopf mit Hörnern (unten auf dem Keilschriftbild das zweite Zeichen) – ist auch heute das Symbolzeichen für das Tierkreiszeichen Stier, aber um 90° nach oben gedreht. Das klassische Zeichen für den Stier in der Astrologie zeigt somit das älteste Zeichen eines Stierkopfs.

Bei diesem zweiten Tierkreiszeichen handelt es sich nicht um ein für sich stehendes Zeichen, sondern um eine Fortsetzung des ersten Zeichens, des Lu-Hun-Ga, des Widders. Der Bauer bedient den Pflug, eine der ersten großen technischen Errungenschaften der Menschheit für eine bessere Bearbeitung des Erdbodens und von großen Flächen, deren Ertrag mehrere Menschen ernähren kann. Darum sollten beide Tierkreisbilder zusammen betrachtet und gedeutet werden. Der Pflug wird von einem Ochsen angetrieben. Wie schon oben erwähnt, war die Domestizierung des wilden Stieres kulturhistorisch gesehen genauso wichtig und ausschlaggebend für die Entwicklung der menschlichen Zivilisation. Die Kuh als Milchspenderin und der Stier (Ochse) als Krafttier waren und sind immer noch unentbehrlich.

Im berühmten Gilgamesch-Epos stellt der Kampf von Gilgamesch gegen den wilden Stier und dessen Überwindung eine wichtige Episode dar.

Abbildung 2:
Mul Gu-An-Na
»Der Himmelsstier«
Stier

Der »Himmelsstier« symbolisiert die von Kraft und Fruchtbarkeit strotzende Natur im Frühling. Deren ungezähmte Energie bedeutete dagegen wilde Zerstörung. Den Stier zu zähmen, nicht zu töten, das ist eine wahre Heldentat!

Zusammenfassend kann zu den ersten zwei Tierkreisbildern gesagt werden: Hier arbeiten Mensch und Tier gemeinsam. Sie arbeiten für die Kultivierung des Bodens und für die Kultivierung des Lebens. Ist es nicht verständlich und ein edler Gedanke, wenn man beide, den Bauer und den Stier, als Bilder am Himmel verewigt hat?

Der Stier war auch ein Symbol des Göttlichen. Eine Hörnerkrone aus Stierhörnern war im Mesopotamien ein Attribut eines Gottes oder einer Göttin. Die Zahl der Hörnerpaare zeigte den Rang an.

Beide großen Sterne, Aldebaran im Stier und Antares im gegenüberliegenden Sternbild Skorpion, waren die sogenannten »Wächter des Himmels« im Stierzeitalter (ca. 4400–2000 v. Chr.). Geht der eine im Osten auf, geht der andere gleichzeitig im Westen unter.

Der Stern Aldebaran (Alpha Tauri), sumerisch An-Na-Mir (Tiara Anus), akkadisch *is lê* (Backe des Stiers), befindet sich im Moment 10 Grad 02 Min. auf der Ekliptik gemessen im Tierkreis*zeichen* Zwillinge.

Das klassische Symbol des Tierkreiszeichens Stier:

♉

Zwillinge
MUL MASCH-TAB-BA-GAL-GAL

Mul Masch-Tab-Ba-Gal-Gal standen ursprünglich für Sonne und Mond. Im Gilgameschepos werden »Die großen Zwillinge« bildhaft durch Gilgamesch (Sonne) und seinen verbrüderten Weggefährten Enkidu (Mond) dargestellt. Gilgamesch symbolisiert die göttliche Natur des Menschen und Enkidu dessen niedere, animalische Seite, die sterblich ist. Sie wurden später in der antiken Mythologie als die unzertrennlichen Zwillingsbrüder Castor und Pollux verewigt.

Enkidu erscheint als Wildmensch in der Steppe unter den wilden Tieren. Nachdem Enkidu von Gilgamesch im Kampf überwältigt wurde, schlossen sie Bruderschaft. Enkidu wird zum Freund, Vertrauten und Waffenbruder vom Gilgamesch. Sonne und Mond waren zwei der wichtigsten Gottheiten im Alten Orient.

Als »Die großen Zwillinge« werden in der sumerisch-babylonischen Astrologie auch Jupiter und Saturn bezeichnet, im Unterschied zu den »Kleinen Zwillingen« – Merkur und Mars.

»Masch« bedeutet im Sumerischen »ein Ziegenbock«. Bei den Zwillingen wurden auch zwei Böcke abgebildet. Anstatt Mul Masch-Tab-Ba-Gal-Gal kann das Tierkreiszeichen Zwillinge auch in abgekürzter Form als Mul Masch-Masch, also als Verdoppelung dargestellt und geschrieben werden.

Sonne und Mond wurden schon in frühester Zeit überall im alten Orient als die zwei wichtigsten Gottheiten verehrt. In den babylonischen Texten werden die Manifestationen der Sonne und des Mondes angebetet als »^{il} Šamaš, der die Welt erleuchtet«.[96] und als »^{il}Sin, der die Finsternis erleuchtet«.

[96] Alfred Jeremias, Artikel Sterne, in: Ausführliches Lexikon der griechischen und römischen Mythologie, Bd. 4, Georg Olms, Hildesheim 1965, Spalte 1469.

Abbildung 3:
Mul Masch-Tab-Ba-Gal-Gal
»Die großen Zwillinge«
Die zwei großen Ziegenböcke

Sonne und Mond waren auch und sind immer noch die zwei wichtigsten Zeitmesser am Himmel, die Grundlange für das Kalenderwesen. Sonne und Mond sind die Zeiger am Zifferblatt der Himmelsuhr. Der große Zeiger wird durch den Mond symbolisiert, der kleine durch die Sonne.

Da die Menschen sich von der gewaltigen Kraft der Sonne abhängig fühlten und die orientalischen Nomaden in der Kühle der Nacht neue Weideplätze für die Herden suchten, war der Mond für sie ein gnädiger Gott. Die Sonne dagegen erschien für sie als ein feuriger Sohn des milden Mondes.

Das heutige Symbol für das Tierkreiszeichen Zwillinge wird auch hypothetisch als zwei stilisierte Halbmonde nebeneinander – abnehmend und zunehmend gedeutet, die als Zwillinge gesehen werden.[97] Die älteste Form des Keilschriftzeichens für Zwillinge und zwei sind zwei senkrechte Striche, die später horizontal um 90 Grad gedreht wurden.[98]

Bei dem Tierkreisbild Zwillinge geht es um die Differenzierungsthematik der menschlichen Entwicklung. Der Mensch, schön dargestellt in der Freundschaft zwischen Gilgamesch und Enkidu, begegnet hier seiner niederen, tierischen, materiellen Natur. Er muss ihr begegnen, sie überwinden und integrieren. So kann er »den Göttern ähnlich« werden. Das ist der Evolutionsgedanke. Auch die Thematik des Sinns des Lebens wird durch den Tod des Freundes angesprochen. Nach dem Tod Enkidus begibt sich der Held Gilgamesch auf den Weg und auf die Suche nach dem Sinn des menschlichen Seins.

---

[97] Alfred Jeremias, Handbuch der altorientalischen Geisteskultur (HAOG), Walter de Gruyter Verlag, Berlin und Leipzig 1929, S. 191. (Woher diese Symbolik entstanden ist, ist nicht bekannt).

[98] Eckhard Unger (1884–1966) Altorientalist, Babylonisches Schrifttum, Deutsches Museum für Buch und Schrift, Leipzig 1921, Liste von Keilschriftzeichen. S. 4, Zeichen Nr. 24.

Gilgamesch – der Gottmensch:

> Zwei Drittel von ihm sind Gott, ein Drittel Mensch [99]

Enkidu – der Urmensch:

> Völlig mit Haar bedeckt war sein Körper,
> mit den Gazellen fraß er Gras,
> mit dem Vieh drängte er sich zur Tränke,
> mit den wilden Tieren genoss er das Wasser.[100]

Gilgamesch und Enkidu – zwei grundverschiedene Wesen, die sich begegnen und sich gegenseitig in ihrer Entwicklung beeinflussen.

Die Zwillinge symbolisieren die menschliche Intelligenz, die Fähigkeit, zu denken und zu philosophieren, sich also Gedanken über das Sein im Universum zu machen. Denn genau diese Fähigkeit ist das Einzige, was ihn eigentlich von den anderen Lebewesen, den Tieren, unterscheidet. Alle Grundbedürfnisse und Fähigkeiten wie Nahrungssuche, Essen, Fortpflanzung, hat er mit ihnen gemeinsam.

In diesem Zeichen der Zweiheit werden symbolisch die zwei großen Himmelskörper, denen der Mensch unmittelbar abwechselnd als Tag und Nacht begegnet und gegenübergestellt. Sonne und Mond, Tag und Nacht teilen unsere irdische Realität in eine helle und eine dunkle Seite. Die Welt ist polar. Jedes selbstständige Leben beginnt durch eine erste Teilung durch zwei.

Da das Sternbild Zwillinge mit Sonne und Mond assoziiert wurde, möchte ich ein zentrales Bild in der mesopotamischen Weltanschauung und die Vorstellung der Sumerer und Babylonier vom sogenannten »Weltberg« erwähnen. Das ist kein gewöhnlicher »Berg«, sondern ein »zweigipfliger Weltberg«. Der »Weltberg« wird häufig mit seinen beiden Gipfeln auf den Monumenten dargestellt. Diese Vorstellung hat, wie vieles in der astralen Religion und Mythologie in Mesopotamien, eine kosmische Grundlage. Sie beruht auf der jährlichen Bewegung der Sonne und auf der monatlichen

---

[99] Das Gilgamesch-Epos, hrsg. von Wolfgang Röllig, Philipp Reclam Verlag, Stuttgart 2009, S. 34, Das 12-Tafel-Epos in der ninivitischen Version, Tafel I.

[100] Das Gilgamesch Epos, hrsg. von Wolfgang Röllig, Philipp Reclam Verlag, Stuttgart 2009, S. 36, Das 12-Tafel-Epos in der ninivitischen Version, Tafel I.

Bewegung des Mondes, auf beiden »Hauptgottheiten« am babylonischen Himmel. Die Höhepunkte und die Tiefpunkte der Sonnen- und Mondbahn in den Sonnenwenden ergeben dieses kosmische Bild von beiden Gipfeln des Weltberges. Dazu Alfred Jeremias:

> Die beiden Berggipfel entsprechen dem Höhe- und Tiefpunkt, den Mond- und Sonnenlauf in den Sonnenwenden am Himmel erreichen. Der eine Gipfel entspricht dann der Kulmination (festgelegt als Herrschaftspunkt gedacht) der Sonne, der andre dem des Mondes oder umgekehrt. Daraus würde sich auch erklären, dass die Höhepunkte des Weltberges in der späteren mythischen Symbolik als Sonne und Mond gelten oder als zwei Bäume Helios und Selene. [...] Auch der Ostpunkt und Westpunkt des Sonnenaufganges und Sonnenunterganges wird je als (zweigipfliger) Berg vorgestellt. Sumerisch heißen die beiden Berge KUR.BABBAR (Osten) und KUR.GIG.GA (West), d.h. weißer und schwarzer Berg, akkadisch šad ṣît šamši und šad erêb šamši, Berg des Sonnenaufganges und des Sonnenunterganges. [...] Dem poetischen Bild gehören die »Türen des Himmels« an, an denen am Morgen die Sonne heraustritt und in die sie Abends hineingeht.[101]

Das klassische Symbol des Tierkreiszeichens Zwillinge:

♊

[101] Alfred Jeremias, Handbuch der altorientalischen Geisteskultur (HAOG), Walter de Gruyter Verlag, Berlin und Leipzig 1929, S. 132–133.

Krebs
AL-LUL

Al-Lul ist ein »Flusskrebs«, der im weitläufigen Bewässerungssystem des Zweistromlandes häufig auftrat. Bei den Babyloniern mutierte er zu einer *Schildkröte*, einem Symbol der Unsterblichkeit, und bei den Ägyptern zum Skarabäus. Im selben Sternbild erscheinen der Sternhaufen »Krippe« *(Präsepe)* – im Babylonischen *Nangar* (Kakkab Nangaru, was »Zimmermann« oder »Gestirn des Kunsthandwerkers« bedeutet[102] sowie der *nördliche* und der *südliche* »Esel« *(Asellus)*, die wir aus der Weihnachtsgeschichte, einer viel später entstandenen Erzählung des Christentums, kennen. Dieses Bild war um die Wintersonnenwende sichtbar, zur Zeit der »Geburt der Sonne«, womit auch so die spätere christliche Symbolik geboren wurde.

Das Symbol des Krebses wird mit der »Rückläufigkeit« der Sonne in Verbindung gebracht. Der längste Tag ist erreicht, die Tage werden kürzer. Die Sonne »krebst« wieder zurück.

Das Tierkreisbild des Krebses gilt in der sumerisch-babylonischen Astrologie als Hauptsitz des Himmelsgottes Anu. Ihm gegenüber steht – das wird ausdrücklich im babylonischen Text betont –, das Tierkreisbild des Steinbocks. Im Sternbild des Krebses, im Hauptsitzt des obersten Gottes Anu, war auch der »geheime Ort«, »Ort mit höchster Offenbarungskraft« – »ašar niṣirti« (akkadisch), das Hypsoma, die Erhöhung Jupiters. Jupiter ist der Planet Marduks oder Enlils, der oberste Gott der Sumerer und Babylonier, wie Zeus bei den Griechen oder Jupiter bei den Römern.

---

[102] Ernst F. Weidner. Eine Beschreibung des Sternenhimmels aus Assur, Archiv für Orientforschung (AfO), Bd. 4, Berlin 1927, S. 80.

Abbildung 4:
Mul Al-Lul
Krebs

An welchem Ort kann der oberste Gott Marduk/Jupiter seine Erhöhung finden, wenn nicht beim Thron seines Vaters, beim Himmelsgott An? Hier erreicht auch die Sonne ihren höchsten Punkt am Himmel, bei der Sommersonnenwende (Sonnensolstitium).

Über die Bedeutung des Tierkreisbildes Krebs geht aus anderen Texten hervor, dass Al-Lul auch als Bezeichnung für »Fluss des Ningirsu«[103] steht; sein vorderer Stern zur Rechten ist der Tigris, sein vorderer Stern zur Linken der Euphrat. Beide Flüsse haben, das muss man betonen, für die mesopotamische Kultur eine zentrale und symbolische Bedeutung. Schon das Wort »Mesopotamien« (Μεσοποταμία) bedeutet im altgriechischen »Zwischenstrom(land)« oder »Zweistromland«. Beide großen Flüsse haben diese Kulturlandschaft in Vorderasien durch die großen Flusssysteme außerordentlich geprägt.

In einer Sternliste ist das Tierkreisbild Krebs mit dem benachbarten Stern Sirius, sumerisch KAK-SI-DI, vertreten.[104] Solche Vertretungen sind eine häufige Erscheinung in der sumerisch-babylonischen Astrologie. Im Kalendersystem erfüllte Sirius eine wichtige Funktion in der Landwirtschaft, ähnlich wie im Ägypten. Im Ägypten wurde der heliakische Aufgang des Sirius, also sein Erscheinen kurz vor Sonnenaufgang bei der Sommer-Sonnenwende genau beobachtet, denn das galt immer als ein Vorzeichen dafür, dass die Nilhochwasser begannen.

Der alte sumerische Kalender, um ca. 2900 v. Chr., begann mit der Wintersonnenwende. Das fiel damals auf den 12./13. Januar

---

[103] Ningirsu – Herr von Girsu, ist eine sumerische Gottheit. Er ist Stadtgott der Stadt Girsu und Hauptgott des Staates Lagaš (Lagasch). Er war Jagd- und Kriegsgott, aber auch für den Ackerbau zuständiger Fruchtbarkeitsgott. Sein Symboltier ist der löwenköpfige Adler – Imdugud. In seinem Traum wird der Priesterkönig von Lagasch – Gudea ca. 2141 v.Chr. aufgefordert, dem Gott Ningirsu einen Tempel zu bauen.

[104] In der besagten Sternliste von Boghazköi ist Sirius als KA.AK.ZI.ZI (sic!) angegeben. Alfred Jeremias, Artikel Sterne, in: Ausführliches Lexikon der griechischen und römischen Mythologie, W. H. Roscher, Band 4, Georg Olms Verlagsbuchhandlung, Hildesheim 1965, Spalte 1452.

des julianischen Kalenders. Der sechste Monat, der in die Zeit des Krebses fällt, wurde nach dem heliaktischen Aufgang eines hervorragenden Sternes genannt – BAR-SAG (akkadisch – urru maḫrû), der »hervorragendes Licht« bedeutet. Man nimmt an, dass es sich in dieser Jahreszeit um den Stern Sirius handelt. So wäre BAR-SAG der älteste Name des Sirius.[105]

Das klassische Symbol des Tierkreiszeichens Krebs:

♋

[105] Alfred Jeremias, Artikel Sterne, in: Ausführliches Lexikon der griechischen und römischen Mythologie, Bd. 4, Georg Olms Verlagsbuchhandlung, Hildesheim 1965, Spalte 1435–1436. BAR-SAG ist ein älterer sumerischer Name des Sirius. Er ist bekannt v.a. unter dem Namen: KAK-SI-DI. Vgl. auch Ernst F. Weidner, Alter und Bedeutung der babylonischen Astronomie und Astrallehre, S. 1–2.

Löwe
UR-GU-LA

Korrekt sollte dieses Sternbild »die Löwin« heißen, wie durch die Übersetzung aus dem Sumerischen ins Akkadische belegt ist. Wörtlich bedeutet Ur-Gu-La eigentlich »großer Hund« bzw. »große Hündin«. (Die Sumerer sahen Löwen als »große Hunde«.) Da der August der heißeste Monat im Sommer ist (»die Hitze des Sommers«), wurde die Sonne symbolisch als Löwe dargestellt, der König des Tierreichs. Das mächtige Symbol des Löwen oder der Löwin wird in der sumerisch-babylonischen Ikonografie häufig als königliches und göttliches Attribut verwendet.

Die Götter der Babylonier erscheinen von Löwen umgeben, sie reiten auf Löwen oder werden von ihnen getragen. Die Könige demonstrieren ihre Stärke, indem sie gegen Löwen kämpfend dargestellt werden oder halten sich gezähmte Löwen als Wächter und Haustiere.

Durch das Symbol dieses starken Tiers wird die strotzende Kraft der Natur versinnbildlicht. Die höchste schöpferische Kraft, unendlich in ihren Variationen, unabhängig und Selbstständigkeit bewahrend, das ist die Löwin, der Löwe. Kämpft wie ein Löwe, stark wie ein Löwe, brüllt wie ein Löwe, glänzt wie ein Löwe – sind bekannte Sprüche. Wer außer der goldenen Sonne kann das sein!

In babylonischen Texten ist die Rede auch von »zwei Löwen« am Himmel – einem männlichen Löwen (Ur-Mah) und einer »Löwin« (Ur-Gu-La).

Das Sternbild Ur-Mah, akkadisch nešu (Neschu) – »Sternbild des Löwen« wird sehr selten in den babylonischen astrologischen Texten erwähnt. Es scheint auch, dass er – Ur-Mah – nicht an der Ekliptik liegt. In assyriologischen Kreisen hat man eine Zeit lang angenommen, dass Ur-Mah und Ur-Gu-La identisch seien.

Abbildung 5:
Mul Nig-Ur-Gu-La
Die Löwin

Die Lösung der Frage bringt eine Tierliste, wo der Name Ur-Gu-La mit dem Determinativ für das weibliche Geschlecht zu ergänzen ist, also mit Num (Num-Ur-Gu-La), akkadisch zu-um-bi ni-eš-ti. Danach wäre also Ur-Gu-La – nêštu – »die Löwin«.[106] Die Sternbilder des Löwen (Ur-Mah) und der Löwin (Ur-Gu-La) sind am Himmel aber in unmittelbarer Nähe zu suchen. Da »die Löwin« (Ur-Gu-La) mit dem unseren bekannten Tierkreiszeichen »Leo« (Löwe) identisch ist, so ist Ur-Mah nördlich von der Löwin zu suchen. Er wird als das Sternbild »der kleine Löwe« – Leo minor und umfasst den südlichen Teil von Ursa major (Großer Bär). In der Astrologie ist er aber, wie gesagt, nicht von Bedeutung.

Bei dieser Verwechslung von den beiden babylonischen Bildern, soll es sich um einen Irrtum handeln, der schon zu hellenistischer Zeit entstanden sein soll, aufgrund des Auslassens des weiblichen Determinativs im Namen.

Man nimmt an, dass beide Löwen (Ur-Gu-La) auch Leo major (großer Löwe) genannt und Ur-Mah, Leo minor (kleiner Löwe) in der Terminologie der Spätzeit als Tierkreiszeichen zusammenfasste.[107]

Der größte Stern im Tierkreisbild Löwe bzw. Löwin ist der Stern Mul Lugal. Das bedeutet auf Sumerisch der »Stern des Königs«. Der Name wurde von den Griechen mit der gleichen Bedeutung, als Βασιλεύς, und dann auf Lateinisch von den Römern als Regulus übernommen. In der Astrologie gilt der Königsstern als der günstigste Stern für den König. Mul Lugal oder Regulus soll das Herz des Löwen symbolisieren.

Der hellste Stern im Stern*bild* Löwe, Regulus (Alpha Leonis), befindet sich im Moment auf 0 Grad 04 Min. auf der Ekliptik gemessen im Tierkreis*zeichen* Jungfrau.

---

[106] Ernst F. Weidner geht ausführlich auf diese Frage ausführlich in: Eine Beschreibung des Sternenhimmels aus Assur, Archiv für Orientforschung (AfO), Bd. 4, Berlin 1927, S. 81.

[107] Arthur Ungnad, Besprechungskunst und Astrologie in Babylon, Archiv für Orientforschung (AfO) Bd. 14, Berlin–Graz 1914-1944, S. 257.

Das klassische Symbol des Tierkreiszeichens Löwe ist der griechischen Großbuchstaben Lambda – Λ für L, in etwas modifizierten, künstlerischen Form dar.

Das klassische Symbol des Tierkreiszeichens Löwe:

♌

Jungfrau
AB-SIN

In der sumerischen Himmelsikonografie war keine Jungfrau als Sternbild bekannt.[108] *Ab-Sin* bedeutet »Kornähre«, wonach auch hier auf die Landwirtschaft angespielt wird. *Ab-Sin* ist auch der Name des hellsten Sterns in diesem Sternbild, der Spica. Der Monat der *Jungfrau* ist die Zeit der Ernte. Die Früchte der Felder werden fleißig eingesammelt. Das Resultat der harten Arbeit, die im Frühling mit dem Sternbild *Widder* (»Bauer«) begonnen wurde, zeigt ihr Resultat.

Nisaba – »Die Herrin der Getreidezuteilung«

Ein anderer Name für die Jungfrau ist Nisaba. In der sumerischen Religion ist eine Getreidegöttin Nisaba bekannt, die auch, wie es heißt, »die Zahlen kennt« (»Nisaba, die die Geheimnisse der Rechenkunst kennt«). Die Kenntnis der Zahlen ist im astronomisch-mathematischen Sinn gemeint. Ähnlich wie bei der Erzählung über Oannes von Berossos (beim Tierkreisbild Fische), werden die ersten Menschen in Babylonien in den μαθήματα (Mathemata) unterrichtet.

Das Keilschriftzeichen, das für ihren Namen verwendet wird, stellt Getreidehalme mit Ähren dar. Damit wird angedeutet, dass wiederum die Landwirtschaft die Initiatorin für die Zivilisation gewesen ist und auch für die Entstehung der Wissenschaft, darunter als Erstes die Entstehung der Schrift und der Zahlen. Nisaba war auch Göttin der Architektur.

---

[108] P. Felix Gössmann schreibt dazu: »In der Entwicklung des Bildes von der Ähre zur Jungfrau dürfte hellenistischer Einfluss sich geltend machen« In: Planetarium Babylonicum (Sumerisch Babylonische Sternnamen), Roma 1950, Sumerisches Lexicon von A. Deimel 4/2, S. 3.

Abbildung 6:
Mul Ab-Sin
»Die Kornähre«
Jungfrau

Sie ist in Sumer seit ca. 2600 v. Chr. bezeugt, zuerst als Tochter des obersten Himmelgotts An, dann im Pantheon des Stadtstaates Lagasch als Tochter des Ningirsu (Enlil-Jupiter). Ihr Gemahl war in neusumerischer Zeit und altbabylonischer Zeit Ḫaja (auch Ḫani gelesen). Mit diesem wurde Nisaba von den Schreibern angerufen. Ihr Emblem ist der Schreibgriffel. Ihr Hauptkultort war Umma.

Es wird vermutet, dass die Göttin Nisaba in der Ikonografie auf einer Reliefvase des Entemena von Lagasch als sitzende Göttin mit Kornähren auf der gehörnten Tiara und aus den Schultern wachsenden Pflanzenkolben dargestellt wird. In der rechten Hand hält sie eine Dattelrispe.[109]

Nisaba war auch Schwester von Nanše (Nansche, auch Nina – die Königin der Fische und die himmlische Traumdeuterin) und Ningirsu (Schutzgott von Lagaš). Die Rollen der Göttinnen Nisaba und Nansche werden im Kapitel *Gudeas Traum* im Zusammenhang mit der Astrologie und der »Himmelsschrift« genauer offenbart.

Die Göttin Nisaba gilt in sumerischer Zeit als die Göttin der Weisheit, wurde aber später, seit dem 1. Jahrtausend v. Chr., durch den babylonischen Gott Nabû ersetzt oder sie wurde ihm als Gattin zugeordnet.

Gott Nabû verleiht wie Enki/Ea Weisheit und »öffnet dem Menschen das Ohr« (das heißt, er gibt ihm Verstand ein).

Unter Nabû ist niemand anderer zu verstehen als der viel später berühmte Hermes aus der griechischen Religion und Mythologie.

Ein anderer Name der Jungfrau ist *Ki*. Das Sumerogramm KI bezeichnet die Erde und wird auch als Determinativ für Ortschaften am Schluss eines Namens verwendet. Beispiel: KA-DINGIR-RA^{KI} ist der Name Babylons. So wird der Name auf Sumerisch geschrieben. Meistens werden die Determinative am Anfang eines Wortes geschrieben, bei den Ortschaften aber am Schluss.

Ki ist also ein Name der Jungfrau und der Erde. Man beachte die

---

109 Dietz Otto Edzard, Mesopotamien, Die Mythologie der Sumerer und Akkader, in: Wörterbuch der Mythologie, Teil I. Götter und Mythen im Vorderen Orient, hrsg. von Hans Wilhelm Haussig, Ernst Klett Verlag, Stuttgart 1965, S. 116.

Ähnlichkeit mit der griechischen Bezeichnung für die Erde – Gea. Auf Griechisch wird Gea als Gi (Γη) ausgesprochen und nicht als Ge.

Ein vierter Name für die Jungfrau, der wieder mit Erde, Landwirtschaft und Ernte assoziiert werden kann, ist Mul A-EDIN. Das Sumerogramm *A* steht für Wasser, *EDIN* bedeutet Flachland. Man erinnert sich an den »Garten Eden«. Ja, das war der Garten Eden (Edin), das Paradies, das war einmal im Mesopotamien, im Sumer! Und wir dürfen nicht vergessen, dass dieser »Garten Eden« der fleißigen Arbeit des Lu-Hun-Ga (im ersten Sternbild) und der Organisation der Jungfrau zu verdanken waren.

In astrologischen Texten wird ein Stern der Jungfrau Mul A-E-DIN = ERU als »Dattelrispe« gedeutet, sodass die Ähre und die Dattelrispe als die beiden Hauptnahrungsspender der Babylonier gesehen werden und beide als Gottheiten personifiziert.[110]

Zu der Göttin Nisaba und ihre Verbindung zur Wirtschaftsorganisation schreibt Gebhard J. Selz folgendes:

> Urkunden über Ausgaben der Tempelwirtschaft gehören zu den ältesten Zeugnissen der aus Verwaltungszwängen entstandenen Schrift. Dabei kann man voraussetzen, dass der Verteilung von Erzeugnissen der Landwirtschaft besondere Bedeutung zukam. Getreide und Grundnahrungsmittel stand dabei sicher an vorzüglicher Stelle. Die Funktion des Getreides als Rechnungseinheit oder als allgemeines Äquivalent, das ist seine immer wiederkehrende Rolle als »Geld« des alten Mesopotamiens, ist dafür ein sinnfälliges Zeugnis. Unter den ersten gut verständlichen Listen, die aus dem »Frauenhaus« oder dem »Tempel der Baba« aus Girsu im altsumerischen Staate Lagaš stammen, haben wir zu erwarten die Listen über Gerstenzuteilungen (še-ba) und Gerstenlieferungen (še-gar) herausragende Bedeutung. Diese Urkunden [...], sind mit oft mehreren hundert Zeilen die umfangreichsten Dokumente dieser Zeit. Diese monatlich kompilierten Listen verzeichnen Ausgaben des »Tempelhaushalts« an seine unterschiedlichen Beschäftigten für deren Lebensunterhalt. Dass Getreidezuteilungen und

---

[110] Siehe Fußnote 109.

Schrift für die Sumerer dementsprechend eine konzeptuelle Einheit bilden können, scheint demnach gut verständlich.[111]

Das Kornfeld wird geerntet, der Ertrag gewogen, gezählt, verteilt und für den Rest des Jahres gesichert. Die Schrift und die Zahlen entstehen, die Wissenschaft – eine Hochleistung der menschlichen Zivilisation. Das ist der sumerischen Göttin, von der man sagt, dass sie die Zahlen und die Sternenkonstellationen kennt – der »himmlische Astrologin« zu verdanken. Nisaba – die Göttin der Wirtschaftsorganisation – zieht die Lapislazuli-Tafel zu Rate, berät alle Länder und vermisst Himmel und Erde. Ihr Tempel in Ereš trägt den Namen E-MUL-MUL – »Haus der Sterne, Sternenhaus«.[112] Das war in Sumer! Später übernahm der babylonische Gott Nabû diese Funktion und in Griechenland – der Hermes.

Darum können alle Aussagen über die Göttin Nisaba für die Bedeutung des Planeten Merkur benützt werden. Nicht zufällig ist Merkur der Herrscherplanet des Tierkreiszeichens Jungfrau.

Die Zeit der Jungfrau: ein Rückblick, bevor sich die Sonne in das nächste Tierkreiszeichen, in die Waage, auf die Reise in die Unterwelt (in die unsichtbare Welt) begibt. Bei der Jungfrau zählt die geleistete Arbeit, das nennt sie Zivilisation, das nennt sie Kultur.

Das heutige Symbol des Tierkreiszeichens Jungfrau wird aus den zwei griechischen Buchstaben Π (P) und Ρ (R) zusammengesetzt – als ΠΡ – für Parthenos – Jungfrau auf Griechisch.

Der hellste Stern des Stern*bilds* Jungfrau, Spica (Alpha Virginis), befindet sich im Moment 24 Grad 05 Min. auf der Ekliptik gemessen im Tierkreis*zeichen* Waage.

Das klassische Symbol des Tierkreiszeichens Jungfrau:

♍

[111] Gebhard J. Selz, Nissaba(k), »Die Herrin der Getreidezuteilung«, in: DUMU-E2-E-DUB-BA-A, Studies in Honor of Ake W. Sjöberg, OPBF 11, Philadelphia 1989, S. 492.

[112] Gebhard J. Selz, S. 493.

Abbildung 7:

Mul Zi-Ba-An-Na

»Die Himmelswaage«

Waage
ZI-BA-AN-NA

In sumerischer Zeit gab es noch keine »Waage« am Himmel. *Zi-Ba-An-Na* (akkadisch: zi-ba-nī-tum) entstand erst zu babylonischer Zeit, als der Frühlingspunkt im Widder stand. Sie wurde von den Babyloniern als Kittu und Mêšaru, »Recht und Gerechtigkeit«, bezeichnet und wird mit SAG-UŠ, mit Saturn in Verbindung gebracht. Ursprünglich war die *Waage* ein Teil des Riesensternbildes *Skorpion* – ihre Schalen waren die sogenannten »Scheren des Skorpions«. Zur Herbst-Tagundnachtgleiche wandert die Sonne in die südliche Hemisphäre und begibt sich in die »Unterwelt«. Die »Himmelswaage« hält Gericht und wiegt die Seelen der Toten.

Sie symbolisiert aber nicht die Herbst-Tagundnachtgleiche, sondern sie ist eine »Totenwaage« und die »Waage der Gerechtigkeit«. Man nimmt an, dass das Tierkreisbild der Waage erst nachträglich als Totenwaage eingefügt wurde und erst dann mit dem Herbstäquinoktium assoziiert wurde. Im Christentum wird der Erzengel Michael mit einer Waage dargestellt, als Engel des Totengerichts. Die Waage in der Hand der Justitia geht auf die gleiche Idee zurück.

Die Natur verlangsamt ihren Gang, die ersten Blätter fallen von den Bäumen – auch symbolisch. Man bereitet sich auf den Winter vor, in dem das Jahr »stirbt«.

Die Waage wird manchmal in babylonischen astrologischen Texten auch mit der Sonne gleichgesetzt.[113] Die Sonne – Šamaš (Schamasch auf Akkadisch) – ist der Gott der Gerechtigkeit und hat die gleiche Bedeutung wie Saturn, der in der Waage *erhöht* ist, also sein Hypsoma, akkadisch »ašar niṣirti« (»Ort mit höchster

---

[113] Ernst F. Weidner, Handbuch der babylonischen Astronomie, Bd. 1, Der babylonische Fixsternhimmel, Hinrich'sche Buchhandlung, Leipzig 1915, S. 23.

Offenbarungskraft«), hat. Saturn gilt als der Planet der Gerechtigkeit.

Die Zeit der Waage hatte auch eine religiöse Bedeutung. Im Gegensatz zum weltlichen, politischen Neujahrsfest im Frühling (Frühlingstagundnachtgleiche), das seit den Zeiten der Dritten Dynastie von Ur (2112–2004 v. Chr.) gefeiert wurde, gab es in Babylonien in der Zeit der Waage (Herbsttagundnachtgleiche) ein zweites Neujahrsfest, das religiöse Neujahrsfest.[114] Recht und Gerechtigkeit hat auch etwas mit Versöhnung und Verzeihung zu tun. Es ist die Zeit, um Bilanz zu ziehen und das moralische Verhalten im vergangenen Jahr zu überprüfen und zu überdenken. Saturn ist zwar hier in der Waage *erhöht*, aber Venus ist in der Waage in ihrem *Domizil*.[115] Und sie verlangt Verständigung, Liebe und Harmonie.

Anhand des Namens des Tierkreisbildes Waage gibt der niederländische Mathematikhistoriker Bartel Leendert van der Waerden ein Beispiel für die verschiedenen schriftlichen Ausdrucksweisen im Akkadischen mit der Keilschrift. Er schreibt:

> Akkadische Wörter, d.h. Wörter der semitischen Umgangssprache konnte man auch phonetisch schreiben, indem man sie in Silben zerlegte und für jede Silbe ein Keilschriftzeichen verwendete, das ein gleich lautendes sumerisches Wort wiedergab. Ein Beispiel möge das Gesagte erläutern: Das Sternbild Waage heißt akkadisch zibanītu(m), sumerisch rin, »Waage«. Dieses Wort kann nun einerseits ideographisch mit einem Keilschriftzeichen rin = zibanītu, anderseits phonetisch mit vier Keilschriftzeichen – zi-ba-ni-tum geschrieben werden. Zi ist das sumerische Wort für »Seele«, ba bedeutet »schenken«.[116]

---

[114] Dazu Ernst F. Weidner: »Dass in Babylonien auch in der älteren Zeit, also überhaupt zu allen uns kontrollierbaren Zeiten als politischer Jahresanfang das Frühlingsäquinoktium (wie das Herbstäquinoktium als religiöser) galt, habe ich im Memnon VI, S. 65 ff. festgestellt«. In: Orientalische Literaturzeitung, Jg. 16, J. C. Hinrich'sche Buchhandlung, Leipzig 1913, S. 55.

[115] Vgl. die Lehre von den essenziellen Würden der Planeten in der klassischen Astrologie. Venus in der Waage ist sehr stark und sehr harmonisch eingestellt.

[116] Bartel L. van der Waerden, Erwachende Wissenschaft, Bd. 2, Die Anfänge der

Das babylonische Sternbild ^{giš} RIN, Kurzform RIN, bestand aus den Sternen:

RIN-ša-U (sumerisch)[117], Zuben Elgenubi (arabisch), Alpha Librae, »die südliche Klaue« (des Skorpions), *Elkhiffa australis oder Südliche Schale* (der Waage), befindet sich im Moment 15 Grad 30 Min. auf Ekliptik gemessen im Tierkreis*zeichen* Skorpion.

RIN-ša-SI (sumerisch)[118], Zuben Elschemali (arabisch), (Betha Librae), »die nördliche Klaue« (des Skorpions), (*Elkhiffa borealis* oder einfach *Nördliche Schale* (der Waage) befindet sich im Moment 19 Grad 37 Min. auf der Ekliptik gemessen im Tierkreis*zeichen* Skorpion.

Das klassische Symbol des Tierkreiszeichens Waage:

♎

Astronomie, Birkhauser Verlag, Basel Boston Stuttgart 1980, S. 30.

[117] Hermann Hunger, Artikel Libra, in: Reallexikon der Assyriologie (RLA), Bd. 7, Walter de Gruyter Verlag, Berlin 1990, S. 14.

[118] Hermann Hunger, S. 14.

Abbildung 8:
Mul Gir-Tab
»Die zwei Messer«
Skorpion

Skorpion
GIR-TAB

Gir-Tab – »die zwei Messer«. *Gir* bedeutet »Dolch« oder »Messer« (*Tab* steht für Verdoppelung). Der Skorpion symbolisiert die Unterwelt und die Welt der Toten, die Welt der Vergangenheit. Im Gilgamesch-Epos wachen vor den Toren der Unterwelt zwei riesige Fabelwesen – männlich und weiblich, halb Mensch, halb Skorpion. Um die Wahrheit über sein menschliches Dasein und das Geheimnis der Unsterblichkeit zu erfahren, muss der große Held Gilgamesch durch die Gefilde des Todes wandern. Nur so kann er zu seinen Urahnen gelangen und von ihnen die Geheimnisse über die Schöpfung und die Unsterblichkeit erfahren.

Über die Dolch-Symbolik des Skorpions wurde schon etwas am Anfang dieses Buches im Kapitel über die Mašmašu-Priester angedeutet.

Das Tierkreisbild Gir-Tab wird auf Akkadisch als Akrab (Akrabu) angegeben. Man denke an den Ausdruck akribisch, es bedeutet »genau«. Das ist eine typische Eigenschaft des Skorpions. Auf Griechisch heißt es ακϱιβής, akrivis (genau), akribisch. Eine wichtige Eigenschaft des Skorpions ist die Genauigkeit, die Akribie. Er geht allem auf dem Grund, will die Sachen sehr genau analysieren und durchschauen, Hintergründe erkennen.

In manchen Sterntexten ist Gir-Tab durch seinen hellsten Stern, den Antares (Mul LISI-GUN, NE-GUN oder Mul SI – »Brust des Skorpions«) vertreten. Antares war einer der »vier Hüter am Himmel«, einer der vier großen Königssterne (Aldebaran, Regulus, Antares und Formalhaut). Aldebaran in Stier und Antares in Skorpion waren wichtige Orientierungssterne. Sie liegen sich genau gegenüber. Wenn Aldebaran im Osten aufgeht, geht Antares im Westhorizont unter. Im Moment befindet sich der Stern Antares (Alpha

Scorpii) bei 10 Grad 01 Min. auf der Ekliptik, gemessen im Tierkreis*zeichen* Schütze.

Die beiden hellsten Schwanzsterne des Skorpions sind die beiden Waffen des Königs Gudea von Lagasch – die ŠAR-UR und ŠAR-GAZ. Sie werden als Doppellöwenwaffe dargestellt.

In der sumerisch-babylonischen Astrologie hatte der Skorpion eine hervorragende Bedeutung. In einem astrologischen Text wird GIR-TAB, der Skorpion, als »Herr des Himmels und der Erde« bezeichnet. Die Scheren des Skorpions umfassten die Schalen der Waage. Aus diesem Grund wurden sie in der hellenistischen Astrologie auf Griechisch χηλαί, die Scheren des Skorpions, abgetrennt, und Waage genannt. Der Skorpion wird im Zusammenhang mit der Göttin Išḫara (bêlit balâti – akkadisch) die »Herrin des Lebens« gebracht. Sie wird als eine Wassernixe dargestellt. Mit der Wassernixe wird der Bezug zum Element Wasser angedeutet. Diese Göttin wird in der Astrologie mit der Stellung der Venus im Skorpion assoziiert. Nach der astrologischen Lehre der essentiellen Würden der Planeten ist Venus in diesem Zeichen in *Exil.* Diese essenzielle Würde bringt sie in der astrologischen Deutung mit der sumerischen Unterweltsgöttin Ereschkigal oder der griechischen Persephone in Verbindung und symbolisiert darum auch die Unsichtbarkeit des Planeten Venus.

In der klassischen Astrologie gehört der Skorpion zum Element Wasser. Andererseits ist der Planet Mars und der Kriegs- und Unterweltsgott Nergal bzw. Mars der Herrscher dieses Tierkreiszeichens. Die beiden mysteriösen Waffen des Königs Gudea, die vielleicht durch beide Dolche symbolisiert werden, haben ganz offensichtlich einen kriegerischen Charakter. Ist das nicht ein Widerspruch, ein weibliches Wasserzeichen, regiert von einem feurigen Planeten? Genau bei diesem scheinbaren Widerspruch aber ist das Mysteriöse im Skorpion und seine esoterische Bedeutung zu suchen. In der Zeit des Skorpions, in der Jahreszeit, bei welcher sich die Lebenskräfte die Natur in ihren Wurzeln, in das Erdinnere zurückziehen, um zu überleben, begegnen sich die Elemente des Feuers und des Wassers. Und sie begegnen sich so, dass daraus eine

Einheit entsteht, die dann nicht nur die zwei Elemente in sich verbindet, sondern alle vier Urelemente zusammen. Wie ist das zu verstehen? Diese Verbindung ist am besten bildlich dargestellt im Symbol des Hexagramms, einem Symbol des Kosmos.

Das Hexagramm ist zuerst auf einem Amulett des Königs Kurigalzu III aus dem 13 Jh. v. Chr., der kassitischen Dynastie von Babylon, als sechsstrahliger Stern bezeugt und in der Form sechseckiger Sterne in einem Astrolab aus dem Jahre ca. 1000 v. Chr.[119]

Das Hexagramm wird aus zwei Dreiecken gebildet, die ineinandergreifen. Das Urelement Feuer wird dargestellt durch ein Dreieck mit der Spitze nach oben. Das Urelement Wasser wird dargestellt durch ein Dreieck mit der Spitze nach unten. Beide zusammen stellen dann die Verbindung aller vier Urelemente dar.

Die Symbole der vier Urelemente:

🜂	🜄	🜁	🜃
Feuer	Wasser	Luft	Erde

Das klassische Symbol des Tierkreiszeichens Skorpion:

♏

---

[119] Alfred Jeremias, Handbuch der altorientalischen Geisteskultur (HAOG), Walter de Gruyter Verlag, Berlin und Leipzig 1929, S. 197.

Abbildung 9:
Mul Pa-Bil-Sag
»Der Feuerpfeilschütze«
Schütze

Schütze
PA-BIL-SAG

In Sumer gehörte *Pa-Bil-Sag*, ebenso wie die Himmelswaage, zum Riesensternbild *Skorpion*. Aus diesem Grund wurde der Bogenschütze mit dem Schwanz eines Skorpions dargestellt. Aus ihm ist viel später der Zentaur der griechischen Mythologie hervorgegangen. Wie er ist der *Schütze* ein halb menschliches, halb tierisches Wesen, das mit Pfeilen schießt. Er trägt die Botschaft aus dem großen und unendlich tiefen Reich des *Skorpions* in die Welt hinaus. War nicht auch der weise Chiron der Griechen, der Lehrer der großen Helden, ein Zentaur?

Der Name Pabilsag ist etymologisch noch nicht geklärt. Auf Griechisch wurde er als τοζότης (Toxótes) »Bogenschütze« übersetzt und als solcher ist er in der Astrologie bis heute bekannt. Pabilsag wird auch mit einem Götterdeterminativ *Dingir* geschrieben, aus welchem zu verstehen ist, dass er als Gott verstanden wurde.

Die älteste Erwähnung des Namens Pabilsag im Pantheon stammt aus einem Text aus Lagaš, aus präsargonischer Zeit, in welchem Pabilsag »Held Enlils« trägt, ein Epithet, das für Ningirsu (Jupiter) gebraucht wird.

In einer Götterliste aus Nippur, dem Kultort Jupiters, erscheint ^{dingir} PA-BIL-SAG als letzter unter den Namen Ninurtas bzw. er wird mit ihm gleichgesetzt.[120]

In einer anderen, späteren Götterliste von Siebenergruppen, 7 ^{dingir}NIN-URTA^{meš} (»die 7 Ninurta«), wird Pabilsag als letzter als Name des Gottes Ninurta genannt.[121] In spätbabylonischer Zeit wird Pabilsag auch mit Ningirsu/Ninurta gleichgesetzt. Aus alldem

---

[120] Manfred Krebernik, Artikel Pabilsag, in: Reallexikon der Assyriologie, Bd. 10, 3./4. Lieferung, Walter de Gruyter, Berlin New York 2004, S. 162.

[121] Manfred Krebernik, S. 162.

wird klar, dass der Name des Sternbildes PA-BIL-SAG als der Gott selbst verstanden werden soll. Schon zu der Zeit Gudeas sind als Attribute des sumerischen Gottes Ningirsu Bogen, Pfeile und Köcher beschrieben. Die Gottesnamen Ningirsu und Ninurta[122] beziehen sich auf den obersten Gott der Sumerer und entsprechen dem babylonischen Marduk, dem griechischen Zeus und dem römischen Jupiter. So ist auch klar, warum der Herrscherplanet des Schützen der Planet Jupiter ist. Der Planet Jupiter wird so zum »Dolmetscher« des sumerischen Gottes Ningirsu/Ninurta/Enlil und des babylonischen Marduk.

Die Beziehung zum Skorpion, d.h. zum Skorpionschwanz beim Schützen, lässt sich mit der Erwähnung erklären, dass Ninurtas Waffen – die ŠAR-UR und ŠAR-GAZ die auch als die Waffen des Königs Gudea genannt werden, auf dem Stachel des Skorpions stehen. In neuassyrischen Omenberichten wird Pabilsag als »Stachel des Skorpions« bezeichnet. An anderen Stellen wird Pabilsag auch mit dem Gerichtswesen in Verbindung gebracht. Die drei einzelnen Sumerogramme, aus denen der Name des Pabilsag, des Schützen, zusammengesetzt ist, sind: PA – das Zepter, BIL – eine Feuerfackel und SAG – ein Kopf, als Zeichen des Anführers, des Anfanges. Das PA-Zeichen ist Symbol des Weisheitsgottes und Aufklärers Nabû und Symbol der königlichen Macht. Die Pfeile des Schützen im sumerischen Tierkreisbild sind aber keine gewöhnliche, sondern »Feuerpfeile«. Feuerpfeile werden geschossen, um etwas anzuzünden. Was will der Gott Pabilsag anzünden?

Nach der transformativen Erfahrung im Reich des Skorpions

---

122 Ninurta – sumerisch »Herr der Erde« (Urta Genitiv einer Lautvariation zu Uraš). Sein Name wurde mit der Rezipierung des Gottes durch die Akkader übernommen. Sein Hauptkultort ist Nippur. Ninurta und Ningirsu sind wahrscheinlich von jeher Erscheinungsformen ein und desselben Gottes gewesen. Sie werden schon in altbabylonischer Zeit miteinander gleichgesetzt, haben dieselbe Genealogie und beide das Wesen eines Gottes der Fruchtbarkeit und Vegetation sowie eines kriegerischen Gottes. In: Götter und Mythen im Vorderen Orient, Wörterbuch der Mythologie, Bd. 1, hrsg. von Hans Wilhelm Haussig, Ernst Klett Verlag, Stuttgart 1965, S. 114.

trägt der Held die neuen Erkenntnisse aus dem dunklen Reich des Todes, der Vergangenheit, aus dem Reich der Ahnen, aus dem kollektiven Unterbewusstsein, in die Welt hinaus. Der Schütze zündet mit seinem »Feuerpfeil«, mit seiner Begeisterungsfähigkeit das Bewusstsein der anderen an und spornt sie zu großen Taten an. Der Pabilsag, der Schütze, hat eine Mission! Er ist der große Lehrer, der Guru, der Messias! Er trägt die Fackel des sich erneuernden Geistes in die Welt hinaus, die entzündet wurde aus dem ewigen Feuer im Reich des Skorpions.

Das klassische Symbol des Tierkreiszeichens Schütze:

♐

Abbildung 10:
Mul Suhur-Masch-Ku
»Der Ziegenfisch«
Steinbock

Steinbock
SUHUR-MASCH-KU

Der sumerische Name *Suhur-Masch-Ku* bedeutet »Ziegenfisch«, (Suhur »Fisch«, Masch »Ziege« bzw. »Ziegenbock«). Die bildliche Darstellung dieses Sternbildes zeigt den Kopf und den Körper eines Steinbocks oder einer Ziege. Der Körper endet in einer Fischflosse. Die Darstellung dieses Halbwassertiers ist lange in der Geschichte unverändert geblieben. Im sumerischen Zodiak wird damit der »Anfang« der »Wasserregion« bzw. der Beginn der Regenzeit angedeutet. Das Wasser steigt an, und Erde und Wasser kommen einander näher. Bei diesem Bild stehen wir beim Eingang des Einflussbereichs des sumerischen Gottes Enki oder Ea.

Der sumerische Name Enki ist aus den zwei sumerischen Wörtern *En* und *Ki* zusammengesetzt und bedeutet »Herr der Erde«. Der zweite Name Ea ist akkadisch, bestehend aus beiden sumerischen Einzelsilben bzw. Wörtern *E* und *A* und bedeutet »Haus des Wassers«. Seine Gemahlin ist die Göttin Damgalnunna, akkadisch Damkina.

Die drei Tierkreisbilder Steinbock, Wassermann und Fische gehören alle zusammen zum Reich des Weisheitsgottes Enki. Seine Heimat ist der unterirdische Süßwasserozean Abzu. Seine Mutter ist das Urmeer Nammalu, im babylonischen Weltschöpfungsmythos entspricht diese der Drachengöttin Tiamat, Personifikation des Salzwassers und des Urchaos.[123]

Einer der Beinamen Enkis lautet »der Steinbock Abzu«. Sein Emblem ist der Ziegenfisch. Enki ist ein Schöpfergott, Künstler, Handwerker und Zauberer. Und nicht zu vergessen, Enki ist der

[123] Manfred Krebernik, Götter und Mythen des Alten Orients, C. H. Beck Verlag, München 2012, S. 61–62.

Erschaffer der Menschen. Als Enlil, der oberste Gott, die Menschen vernichten will, rettet er sie vor der Sintflut. Er rettet auch die Göttin Inanna aus der Unterwelt, als nach ihrem Abstieg dorthin die ganze Natur zu sterben droht.

Enki übernimmt eine wichtige Aufgabe in der sumerischen Mythologie. Er weist den Göttern ihre Aufgaben zu und verteilt die verschiedenen Tiere des Wassers, des Landes und der Berge auf ihre Posten.[124] Sein Wesir Isimud oder Ismû, ist ein doppelgesichtiger, janusköpfiger Gott. Der doppelgesichtige Gott Janus wird in der Astrologie mit Saturn und mit dem Steinbock assoziiert. Auch die sieben als Fischmenschen dargestellten »Weisen« gehören zum Reich des Enki. Diese »sieben Weisen« haben in vorsintflutlicher Zeit die Menschen allerlei Künste beigebracht. Enki ist Vater der Göttin der Traumdeutung und Königin der Fische – Nanše.

Der Beginn der Zeit des Steinbocks ist die Zeit der Wintersonnenwende. In diese Zeit erreicht der Mond als Vollmond den höchsten Punkt im Kreislauf, während die Sonne in Opposition im Tiefpunkt steht. Bei dieser Stellung heißt es im ältesten babylonischen Kalender, der mit der Wintersonnenwende beginnt, *muḫur ilê*, was »Gegenüberliegen der Götter« bedeutet.[125]

Der alte sumerische Kalender, eingeführt ca. 2900 v. Chr., begann mit der Wintersonnenwende. Das fiel damals auf den 12./13. Januar des julianischen Kalenders. Das war die Zeit des Steinbocks oder des Ziegenfisches. Die Sonne zur Wintersonnenwende stand in diesem Sternbild. Daher wird der südliche Wendekreis noch Wendekreis des Steinbocks genannt.

Mit dem Tierkreisbild Steinbock beginnt im sumerisch-babylonischen Tierkreis wie erwähnt, die sogenannte »Wasserregion«. Zu dieser Bezeichnung und ihrem Sinn sowie als einen Hinweis zur Entstehung des Tierkreises hat Alfred Jeremias folgende Überlegung:

---

[124] Vgl. den sumerischen Mythos »Enki und die Weltordnung«.

[125] Alfred Jeremias, Artikel Sterne, in: Ausführliches Lexikon der griechischen und römischen Mythologie, Bd. 4, Georg Olms Verlagsbuchhandlung, Hildesheim 1965, Spalte 1469.

Für die offene Frage nach dem Alter unseres Tierkreises möchte ich eine rein astronomische Erwägung empfehlen. Die Zeit der Erfindung muss m. E. in die astronomisch-kalendarische Periode fallen, in der die drei vorkommenden Wassergestalten: Steinbock, Wassermann, Fische auch wirklich zu dem nassen Quartal, der Regenzeit, die im Orient unsrer Winterzeit entspricht, stimmen. Wenn man den Tierkreis kosmisch festgelegt denkt, so dass unterste Bild der Wassermann ist, rechts davon der Steinbock-Ziegenfisch und links die Fische, so findet man das astronomische Zeitalter, in dem unser Stier das Sternbild des Frühlingsstandes der Sonne gewesen ist. Dieses astronomische Zeitalter, um 4000 ansetzend, ging um 2000, also um die Hammurabizeit, zu Ende, da mit dieser Zeit endgültig Widder das Frühlingsbild geworden war, das deshalb auch beim Neujahrsfest in der Zeit Hammurabis kultisch verehrt worden ist als Offenbarung des Reichsgottes Marduk. Ein »Tierkreis« mit Fische, Wassermann, Ziegenfisch als den Monatsbildern der Regenzeit muss also vor der Hammurabizeit vorhanden gewesen sein. Dass der übrige Raum damals schon durch neun Monatsbilder belegt war, ist damit natürlich nicht bewiesen.«[126]

Das klassische Symbol des Tierkreiszeichens Steinbock.

♑

[126] Alfred Jeremias, Handbuch der altorientalischen Geisteskultur (HAOG), Walter de Gruyter Verlag, Berlin und Leipzig 1929, S. 203.

Abbildung 11:
Mul Gu-La
»Der Große«
»Der große Mann«
Wassermann

Wassermann
GU-LA

Gu oder *Gula* bedeutet »der Große« – das Sternbild des »Großen Mannes« oder auch »das Gestirn des Riesen«. Er wird mit dem Weisheitsgott Enki/Ea, gleichgesetzt, dem Herrscher über den unendlich tiefen Süßwasserozean Abzu, der unter der Erde gedacht wurde. Enki war somit der Fruchtbarkeit spendende Gott der Quellen und Flüsse. Das Wasser befruchtet die Erde und bringt das Leben. Gula bringt süßes Wasser für die Felder und »Lebenswasser« für den Geist. Enki gehört zu den ältesten Gottheiten des sumerisch-akkadischen Pantheons. Enki ist Gott der Weisheit überhaupt. Jede Kunstfertigkeit wird von ihm verliehen. Er schuf den Menschen und gab ihm Kenntnis über Natur und Leben. Er hat auch die Menschen in Schrift, Bau der Häuser und Städte, den Gesetzen, dem Ackerbau unterrichten lassen. Ea war der Förderer und Beschützer der Menschen. Er ist Gott der Handwerker, Künstler und Magier und besitzt Tafeln, auf denen die Schicksale niedergeschrieben sind.

Er kann mit dem Titanen[127] Prometheus aus der griechischen Mythologie verglichen werden, der das Feuer von den Göttern stahl und es den Menschen schenkte. Enki half den Menschen bei ihrer Entwicklung, das hatte aber für ihn keine solche dramatischen Folgen gehabt wie für Prometheus.

In der modernen Astrologie gilt das Tierkreiszeichen Wasser

---

127 Das Wort Titan und das Motiv des Titanenkampfes, die wir aus der griechischen Mythologie kennen, hat einen babylonischen Ursprung. Das Wort Titan (Τιτάν-griechisch) ist akkadisch – ṭîṭânu und bedeutet – »der Erdgeborene, der Erdensohn«. Vgl. E. Assmann, Titaia, Titanen und Tartaros, in: Babyloniaca, Tome VI, Études de philologie assyro babylonienne, Ch. Virolleaud, Librarie Paul Geuthner, Paris 1912, S. 236 ff.

mann als sogenanntes Luftzeichen, also ein intellektuelles Zeichen. Das ist richtig, doch man darf nicht vergessen, dass im Altertum unter »Wasser« auch das »lebendige Wasser« des Geistes verstanden wurde, und Enki war der Weisheitsgott, Behüter des unendlichen Ozeans der Weisheit – des Abzu. Abzu oder akkadisch Apsû, wird als tiefer, stiller, verborgener Ort bezeichnet, »dessen Innere die Götter nicht schauen«. Das ist der Sitz des Enki, der Gott der Weisheit.

Enki verwaltet dort die »göttlichen Kräfte« – die »Me«, durch deren Besitz er auch als Ordner der Erde erscheint. Als Anführer der »Me« erscheint auch Marduk mit seinem Planet Jupiter.[128] In schwierigen Situationen gehen die Götter zu ihm, um Rat zu holen. Den Menschen gegenüber ist er freundlich gesinnt, ja er verrät dem Ziusudra (akkadisch Utanapišti), dem sumerischen Noah, das Geheimnis der bevorstehenden Flut. Darum wird in der Astrologie der Wassermann als Menschenfreund bezeichnet. Nach der Flutkatastrophe, die vom obersten Gott Enlil angeordnet war, trat Ea für die Menschen ein und beschuldigte Enlil, dass er ohne zu überlegen, die ganze Menschheit ins Verderben gebracht habe. »Du Held und Weiser unter der Göttern, wie konntest du nur unbedachtsam eine Sintflut erregen?« – sagt Enki zu Enlil. »Den, der Sünde tut, lass seine Sünde tragen! Den, der Frevel tut, lass seinen Frevel tragen.«[129] Hier wird zum ersten Mal schriftlich die Idee der persönlichen Schuld angesprochen und eine kollektive Schuld und Bestrafung abgelehnt.

Unter den zahlreichen Göttern des sumerisch-babylonischen Pantheons spielt der Wassergott Enki/Ea eine hervorragende Rolle. Er wurde in der südbabylonischen Stadt Eridu verehrt, die in alten Zeiten am Ufer des Persischen Golfes lag. Sein Tempel hieß E-ZU-AB (E-Abzu) – »Haus des Ozeans«. Die babylonische Stadt

---

[128] Über die Bedeutung der göttlichen »Me« siehe unter Kapitel Jupiter.

[129] Das Gilgamesch Epos, Der älteste überlieferte Mythos der Geschichte, In der Übersetzung von Hermann Ranke, Marix Verlag, Wiesbaden 2006, Elfte Tafel – die Geschichte der Sintflut, S. 93. Das Gilgamesch-Epos ist das bekannteste Werk der sumerischen und akkadischen Literatur und datiert vom 2. Jahrtausend v. Chr.

Eridu, die älteste Stadt Sumers, die heute Abu-Schachrein heißt, liegt heute 200 km nordwestlich vom Persischen Golf. Im 3. Jahrtausend v. Chr. bespülten die Meeresfluten ihre Hafenanlage. So war damals Eridu die südlichste Stadt Babyloniens und wenn die Sumerer ihren Blick nach Süden richteten, konnten sie die weite Fläche des Meeres betrachten und bewundern. Das Meer war aber auch unheimlich und voller Gefahren. Hier herrschten Enki und dessen Tochter Nina oder Nansche, die Königin der Fische. Nina ist auch die himmlische Traumdeuterin. Sie wird dem sumerischen König Gudea im Traum erscheinen und seinen Traum deuten.

Hier, im Reich Enkis, lebten Ungeheuer, geflügelte Menschen mit mehreren Köpfen, Drachen und Seeschlangen. Eins davon war ein Ziegenbock mit Fischschwanz. Das war das Lieblingstier des Gottes Enki selbst. Auf einem altakkadischen Rollsiegel wird der Gott in seinem von Wasserströmen umflossenen Tempel, auf dem Thron sitzend dargestellt. Aus seinen Schultern treten Wasserstahlen hervor.[130] Der Gott Enki wird oft mit dem Epithet *Mummu* benannt, für seine Schöpfertätigkeit und Weisheit. Mummu ist ein akkadisches Lehnwort aus dem sumerischen Wort *umun* für »Meister«, »Schöpfer«.[131] Mummu ist ein göttliches Wesen, das das Leben in höchster Form, die Weisheit, verkörpert, und steht dem Gott Enki/Ea zur Seite. Mit dieser schöpferischen Weisheit an seiner Seite ist Enki »Gott der Schöpfung«. Einer seiner Beinamen ist »Herr des Lebens«.[132]

Das Symbol des Sternbildes: zwei horizontal liegende Wasserwellen – ursprünglich im Sumerischen das Zeichen für Wasser – »A«. Dieses Zeichen für Wasser wurde in der späteren babylonischen Keilschrift vertikal geschrieben. Die Zahl Enkis ist 40.

---

130 Dietz Otto Edzard, Mesopotamien, Die Mythologie der Sumerer und Akkader, in: Wörterbuch der Mythologie, Teil I. Götter und Mythen im Vorderen Orient, hrsg. von Hans Wilhelm Haussig, Ernst Klett Verlag, Stuttgart 1965, S. 57.

131 Manfred Krebernik, Artikel Mummu, in: Reallexikon der Assyriologie (RLA), Bd. 8, Walter der Gruyter, Berlin New York 1993–1997, S. 416.

132 Ernst F. Weidner, »Enki (Ea)«, in: Reallexikon der Assyriologie (RLA), Bd. 2, Walter der Gruyter, Berlin Leipzig 1938, S. 376.

Ein Sternbild, das eine Beziehung zum Wassermann und zum Gott der Weisheit Enki hat, das auch wichtig zu erwähnen ist, ist das »Kreuz des Südens«. Sein grösster Stern ist Acrux (α crucis – Alpha Crux). Dieses Sternbild war zur babylonischer Zeit von Babylonien aus sehr gut sichtbar. Um die Zeit von 1000 v. Chr. konnte sich de hellste Stern α curis (Acrux) 10 Grad über den Horizont von Babylon erheben. Er war der südlichste Stern, der noch sichtbar war, und er galt als Gegenpol zum Himmelspol. Der Stern Acrux heißt auf Sumerisch Mul NUN^{ki} Ea, das bedeutet der Stern des Gottes Enki/Ea. Man nannte ihn auch der »Stern von Eridu, der Weisheit besitzt«.[133] Eridu war die älteste Stadt in Sumer, im Süden am Persischen Golf gelegen, und Haupkultort des Gottes Enki/Ea.

Zur hellenistischen Zeit war der »Stern von Eridu« noch sichtbar, durch die Präzessionsbewegung der Erde aber hat sich seine Postion nach Süden verschoben, sodass er erst von den europäischen Seefahrern im 16. Jahrhundert wieder neu entdeckt wurde. Das von den vier Sternen gebildete Kreuz wurde aber christllich interpretiert. Im Moment befindet sich der Stern Acrux ungefähr bei 12 Grad im Tierkreiszeichen Skorpion.

Das klassische Symbol des Tierkreiszeichens Wassermann:

♒

[133] Alfred Jeremias, Artikel Sterne, in: Ausführliches Lexikon der griechischen und römischen Mythologie, Bd. 4, Georg Olms Verlagsbuchhandlung, Hildesheim 1965, Spalte 1492.

Fische
KUN-MESCH – Sin-Mah / Suhur-Ku / Kun-Mesch

Kun-Mesch – »die Fischschwänze« – symbolisierten das unendliche Reich des Wassers, den Ursprung des Lebens. *Mesch* ist eine Bezeichnung für Mehrzahl. Die *Fisch*e sind Anfang und Ende zugleich, aus dem alles hervorgeht. Laut einer alten babylonischen Legende sollen dem Meer Wesen entstiegen sein, die wie Fische aussahen und den Menschen verschiedene Kulturtechniken beibrachten. Einer von ihnen war der Kulturbringer Oannes. Später wurden Priester, Ärzte und Magier in Fischkleidern dargestellt. Dieser Oannes war der sumerische Gott Enki/Ea.

Da die »irdische Erde« in der Weltanschauung der Sumerer als Gegenbild einer »himmlischen Erde« galt, galten auch die Hauptgewässer als Gegenstücke himmlischer Wasser. Die beiden Fische gelten im Tierkreis als im himmlischen Tigris und Euphrat schwimmend.[134]

---

[134] Alfred Jeremias, Die Weltanschauung der Sumerer, Der Alte Orient, Bd. 27, Heft 4, Hinrich'sche Buchhandlung, Leipzig 1929, S. 11.

Abbildung 12:
Mul Kun-Mesch
»Die Fischschwänze«
Fische

Die Göttin Nina, Tochter Enkis – die Traumdeuterin und die Wahrsagerin

Hier in diesem Reich war Enkis Tochter Nina oder Nansche zu Hause, die Königin der Fische. Sie war in Schwalbengestalt dargestellt, die über ihren geliebten Fischen schwebt. Die Schwalbe war am babylonischen Himmel vertreten, sie schwebte über dem nördlichen der beiden Fische. Die Göttin Nina ist die Göttin der Wahrsagekunst und auch Deuterin der Träume. Sie tritt im Gudeas Traum in Erscheinung und deutet seinen Traum. Nina ist Schwester der Göttin Nisaba und des Gottes Ningirsu.Von der Göttin Nina heißt es in einem Gedicht aus dem 3. Jahrtausend:[135]

Fische hat sie als Krone auf dem Haupte
Fische hält sie als Zepter in der Hand,
Fische trägt sie als Schuhe an den Füßen,
Fische hat sie als Kleider am Leib.

Es tauchen die Fische, zu ihr sich tummelnd,
Es schar'n sich die Fisch, zu ihr sich sammelnd,
Es eilen die Fische, zu ihr enteilend,
Der Fische Gewimmel eilt flugs ihr entgegen.
Die Fische im Meere, sie funkeln zu ihr,
Die Fische als Schwalbe überfliegt sie, die Göttin.
Die Herrin bin ich, auf der Barke fahrend,
Ich bin es, zum heiligen Tempel fahrend;
Auf dem Schiffe fahr ich mit seinen Rahen,
Ich bin es, zum heiligen Tempel fahrend!

[135] Arthur Ungnad, Ursprung und Wanderung der Sternnamen, Kulturfragen, Heft 2, Selbstverlag, Breslau 1923.

Die Oannes –
Die Geschichte von Berossos[136]

Nach der aus Eridu stammenden Ea-Überlieferung heißt es über Oannes:

> In Babylon hätten sich eine große Masse stammverschiedener Menschen, welche Chaldäa bevölkerten, zusammengefunden, die ordnungslos wie die Tiere lebten. Im ersten Jahre sei aus dem erythräischen Meere,[137] dort wo es an Babylonien grenzt, ein vernunftbegabtes Wesen mit Namen Oannes erschienen; es hatte einen vollständigen Fischleib, unter dem Fischkopf war aber ein andrer, menschlicher Kopf hervorgewachsen; sodann Menschenfüße, die aus seinem Schwanze hervorgewachsen waren, und eine menschliche Stimme. Sein Bild wird bis jetzt aufbewahrt. Dieses Wesen, so sagt er, verkehre den Tag über mit den Menschen, ohne Speise zu sich zu nehmen, und überlieferte ihnen die Kenntnis der Schriftzeichen und Wissenschaften (μαθημάτων) und mannigfache Künste, lehrte sie, wie man Städte bevölkert und Tempel errichtet, wie man Gesetzte einführt und das Land vermisst, zeigte ihnen das Säen und Einernten der Früchte, überhaupt alles, was zur Befriedigung der täglichen Lebensbedürfnisse gehört. Seit jener Zeit habe man nichts anderes darüber Hinausgehendes erfunden. Mit Sonnenuntergang sei dieses Wesen Oannes wieder in das Meer hinabgetaucht und habe die Nächte in der See verbracht, denn es sei amphibienartig gewesen. Später seien auch noch andere dem ähnliche Wesen erschienen (ebenfalls aus dem erythräischen Meer). Oannes aber habe über die Entstehung und

---

136 Berossos (ca. 340–ca. 270 v. Chr.) war ein Marduk-Priester und wirkte am Tempel Esagila in Babylon. Es wird berichtet, dass er gegen Ende seines Lebens auf die Insel Kos übersiedelte und dort eine Astrologieschule gründete. In seinem in griechischer Sprache verfassten und dem Seleukiden Antiochos I. Soter gewidmeten Werk BABYLONIACA überliefert Berossos Traditionen Mesopotamiens. Das um 280 v. Chr. verfasste Werk ist nur in Form fragmentarischer Zitate, u.a. bei Flavius Josephus und bei Eusebius von Caesarea erhalten.

137 Unter dem Erythräischen Meer verstand man in der Antike das Rote Meer, den Golf von Aden und den Indischen Ozean. Der Name leitete sich vom mythischen König Erythras ab, dessen Namen ἐρυθρός (erythros, »rot«) bedeutet.

Staatenbildung ein Buch (λόγος) geschrieben, welches er den Menschen übergab.[138]

Die Fische werden durch ein Band verbunden. Dieser Band heißt auf Akkadisch rikis nûnê.

Vom Tierkreisbild der Fische wird ein Sternbild des »südlichen Fisches« unterschieden. Dieser »südliche Fisch« wird in den Texten aus der Zeit von Assurbanipal erwähnt und wird dort als »Fisch des Ea« bezeichnet. Der Hauptstern dieses Sternbildes ist Formalhaut (Alpha Piscis Austrini). Formalhaut wird auf Sumerisch als ŠU-DUN-A-AB-BA, »Stern des Ea« bezeichnet. Er hat in der klassischen Astrologie ine wichtige Bedeutung. Der Stern Formalhaut befindet sich im Moment 4 Grad 07 Min. auf der Ekliptik gemessen im Tierkreiszeichen Fische.

Im Sternbild der Fische ist der Stern der Himmelskönigin Inanna – Venus *erhöht*, d.h. hier befindet sich der »geheime Ort« ihrer Offenbarung.[139] Der Planet Venus wird im Zusammenhang mit dem Hypsoma (Erhöhung) in den Fischen »Stern des Ea« genannt.[140]

Das klassische Symbol des Tierkreiszeichens Fische:

♓

---

[138] Alfred Jeremias, Handbuch der altorientalischen Geisteskultur (HAOG), Walter de Gruyter Verlag, Berlin und Leipzig 1929, S. 40, (aus Eusebius von Cäsarea, ca. 260 – ca. 340 n. Chr., Kirchenhistoriker, Chronik I).

[139] Ernst F. Weidner, Beiträge zur Erklärung der astronomischen Keilschrifttexte, in: Orientalische Literaturzeitung, Nr. 5, Hinrich'sche Buchhaltung, Leipzig 1913, S. 210, (über den babylonischen Ursprung der Lehre von den Hypsomata bzw. die Erhöhung der Planeten).

[140] Ernst F. Weidner, Artikel Enki (Ea), in: Reallexikon der Assyriologie (RLA), Bd. 2, Walter der Gruyter, Berlin Leipzig 1938, S. 380–381.

Die babylonische Planetenreihe

Bevor wir zu den einzelnen Planetennamen und ihrer Bedeutung schreiten können, soll die sogenannte »babylonische Planetenreihe« erklärt werden. Das ist notwendig, um die Symbolik der Reihenfolge der Planeten und die daraus abgeleiteten astrologischen Techniken zu verstehen.

In der »babylonischen Planetenreihe« oder sogenannte »Reihenfolge der Chaldäer«, werden die Planeten nach ihrer Umlaufzeit angeordnet. Diese Siebener-Reihe stellt die Grundprinzipien in der klassischen Astrologie dar. Das sind die sieben mit dem bloßen Auge sichtbaren Wandelsterne des geozentrischen Weltbilds. Sonne und Mond, die sogenannten Lichter, werden im Sprachgebrauch der klassischen Astrologie zu den Planeten gerechnet, obwohl sie astronomisch gesehen keine sind. Und warum nur sieben? Die erste Antwort ist, dass in der alten Astrologie die Zahlen eine wichtige Rolle spielen und »drei«, »vier«, »sieben« und »zwölf« zudem eine besondere Bedeutung haben.[141] Das astrologische System

---

[141] Zur Herkunft und Bedeutung der Zahl »Sieben« gibt es unzählige Abhandlungen. Zusammen mit der Zahl »Sieben«, hat auch die Zahl »Zwölf« ihre Herkunft und symbolische Bedeutung aus der babylonischen Astrologie, entsprechend den 12 Sternbildern- bzw. Zeichen, 12 Stunden des Tages und der Nacht, 12 Monaten usw. Die Zahl »Sieben« und ihre Symbolik ist in der Religion, Philosophie, Mythologie, Politik, Literatur und in der Kunst vielfach dargestellt und behandelt worden. Schon im sumerischen Gilgamesch-Epos, in einer der ältesten überlieferten schriftlichen Dichtungen überhaupt, datierend aus der zweiten Hälfte des 2. Jahrtausends v. u. Z., ist am Anfang der ersten Tafel die Rede von den *sieben Weisen*, die das Fundament der Stadt Uruk gelegt haben sollen. Wie die sieben Wochentage, die sieben Weisen, die sieben Spektralfarben des Regenbogens (rot, orange, gelb, grün, blau, indigo und violett), die sieben Tönen (Heptatonik – C, D, E, F, G, A, H) usw., gehören auch die »Sieben Todsünden« und die »Sieben Kardinaltugenden« aus dem Gebiet der Ethik zu der auf die sieben Planetenentsprechungen und Symbolik aufgebauten

mit den zwölf Tierkreiszeichen, den sieben Planeten, den vier Grundelementen[142], aus welchen sich später die Vier-Temperamenten-Lehre ableitet und den drei Modalitäten[143], bildet ein fertiges, abgeschlossenes System. Die zweite Antwort ist, die sogenannten transsaturnischen Planeten – Uranus, Neptun, Pluto und Chiron - uns erst nach der Entdeckung des Teleskops in der Neuzeit bekannt wurden.

Die »sieben Planeten« oder die »sieben Prinzipien« symbolisieren sieben materiell, geistig und seelisch grundlegende Formen des Daseins. Die Planeten werden nicht als Verursacher verstanden, sie gehören selbst zu der Gruppe des materiellen Daseins, als eine Erscheinungsform eines göttlichen Prinzips und als dessen Attribute. Man spricht auch von Venus als »Stern der Göttin Inanna« oder vom Planet Jupiter als Marduk usw. Sie wurden auch schon im Altertum als »Verkünder«[144] oder als »Dolmetscher«, als »Zeichen« bzw. als »Anzeiger«[145] des göttlichen Willens verstanden. Als Teilaspekte eines allumfassenden göttlichen Prinzips. Dieses göttliche Prinzip wurde als polar, als doppelgeschlechtlich, gesehen, als

---

astrologischen Kategorie. Vgl. Julia Dimitrov, Die sieben Todsünden und Kardinaltugenden in der Astrologie, Chiron Verlag, Tübingen 2017.

[142] Feuer (Feuertriplizität: Widder, Löwe, Schütze) – Temperament cholerisch; Erde (Erdtriplizität: Stier, Jungfrau, Steinbock) – Temperament melancholisch; Luft (Lufttriplizität: Zwillinge, Waage, Wassermann) – Temperament sanguinisch; Wasser (Wassertriplizität: Krebs, Skorpion Fische) – Temperament phlegmatisch.

[143] Es gibt drei Modalitäten: Kardinal, Fix und Beweglich. Kardinale Zeichen sind: Widder, Krebs, Waage und Steinbock; fixe Zeichen sind: Stier, Löwe und Skorpion und Wassermann; Bewegliche Zeichen sind: Zwillinge, Jungfrau, Schütze und Fische

[144] Diodoros (1. Jh. v. Chr.) schreibt (Buch II, 30 (3) über die Chaldäer: Ihrer Meinung nach ist das Wichtigste die Beobachtung der als Planeten bezeichneten fünf Sterne, die sie selbst als »Verkünder« bezeichnen; Diodoros, Griechische Weltgeschichte, Buch I–X, Anton Hiersemann Verlag, Stuttgart 1992, S. 167.

[145] Der Kirchenlehrer Origenes (185–254) schreibt in seinem Kommentar zum Buch Genesis in Fragment 7, dass »die Sterne nicht Urheber der Dinge bei den Menschen sind, sondern nur Anzeiger«; Origenes, Die Kommentierung des Buches Genesis, Berlin 2010, S. 71.

männlich und weiblich. In den Religionen der Antike werden die Götter, also die Archetypen, häufig als Paare, als Mann und Frau, als Gott und Göttin dargestellt. Die Sumerer und die Babylonier glaubten an viele verschiedene Götter. Neben An, Enlil und Enki gab es einen Gott und eine Göttin für jede Naturerscheinung.

»Alle Kulte sind Dialekte einer Geistessprache«[146]

Das Konzept, welches die Planeten als Teilaspekte des allumfassenden göttlichen Prinzips bezeichnet, wird in der babylonischen Weltanschauung und in der babylonischen Astrologie mit dem sogenannten »Rollenwechsel« dargestellt. Häufig findet man in den babylonischen Texten, dass ein Planet die Rolle des höchsten Gottes – Marduk – übernimmt. Marduk, wie Zeus bei den Griechen oder Jupiter bei den Römern, war der oberste Gott der Babylonier. Er hat aber einen Sonnencharakter, war ein Symbol für die Frühlingssonne, die die Auferstehung symbolisiert, daher ist in der klassischen Astrologie die Sonne im Widder *erhöht.* Marduk als Frühlingsonne war der Hoffnungsträger, der Erlöser, der Messias für die Babylonier. Er kann aber auch durch andere Planetenprinzipien vertreten werden. In einem babylonischen Text heißt es: »Ninurta ist der Marduk der Kraft, Nabû ist der Marduk des Geschäfts, Nergal ist der Marduk des Kampfes«.[147] Mars wird also zu seiner Kraft, Merkur wird zu seinem Verstand, Geschäftssinn, Saturn wird zu Beständigkeit, Verantwortungsgefühl und Ausdauer, Jupiter wird zu seinem Gerechtigkeitssinn und seiner Regierungsfähigkeit. Sie alle aber sind Teilrepräsentanten der einen Sonnenoffenbarung. Die vier Planeten, Herren der vier Himmelsrichtungen, wechseln ihre Rollen als Vertreter der Sonne. Die Sonne – Utu (sumerisch), Šamaš-Schamasch (akkadisch) gilt als das allumfassende Prinzip. Darum sollte

---

[146] Alfred Jeremias, Das Alter der babylonischen Astronomie, Leipzig 1909, S. 12.

[147] Alfred Jeremias, Handbuch der altorientalischen Geisteskultur (HAOG), de Gruyter Verlag, Berlin-Leipzig 1929, S. 190.

auch bei der Deutung des Geburtshoroskops jedes planetare Teilprinzip in Beziehung zur Sonne gebracht werden, zum Sonnenzeichen, zum eigenen Tierkreiszeichen.

Zum Thema des latenten Monotheismus schreibt Alfred Jeremias: »In Babylonien hat es – wie überall in der Welt! – neben dem offiziellen Kult eine esoterische Religion gegeben. Der Hauptgedanke dieser esoterischen Religion ist der: die Götter sind nur Ausstrahlungen, Offenbarungen der einen Gottheit.«[148] Hugo Winckler äußert sich zu diesem Thema ähnlich:

> Die Gestirne sind vielmehr für die babylonische Lehre nur die hauptsächlichste Offenbarung der göttlichen Macht, diejenige Offenbarung, an der man ihr Walten und ihre Absichten am deutlichsten beobachten kann. Es gibt wohl viele, ja zahllose Götter, diese sind aber nur Offenbarungsformen der einen großen göttlichen Gewalt. Eine solche ist der Mond, die Sonne, die Erde, das Wasser u.s.w. von den großen bis zu den kleinsten Dingen. In diesen zeigt sich die Gottheit, diese sind die Stoffwerdung, dahinter steht aber die eine große Macht.[149]

Aus dem oben Gesagten kann die polytheistische Idee, die eigentlich nichts anderes als eine *Differenzierung* des allumfassenden göttlichen Prinzips darstellt, besser verstanden werden. So kann auch die manchmal beobachtete – und was noch unangenehmer ist –, erlebte »Widersprüchlichkeit« oder sogar »Ungerechtigkeit« des »Göttlichen« im Leben der Menschen besser begriffen und angenommen werden. In diesem Weltbild kann das »Göttliche« weder *gut* noch *schlecht* sein, es ist beides, das ist seine Natur. Genauso verhält es sich mit der Bedeutung der Planeten in der Astrologie. Das sind Grundprinzipien, die eine polare Struktur und Funktion haben, männlich und weiblich, aktiv und passiv, positiv und negativ, aufbauend und destruktiv. Diese Grundprinzipien, Kategorien oder Kräfte,

---

148 Alfred Jeremias, Im Kampfe um Babel und Bibel, J. C. Hinrich'sche Buchhandlung, Leipzig 1903, S. 11.

149 Hugo Winckler, Die babylonische Kultur in ihren Beziehungen zur unsrigen, J. C. Hinrich'sche Buchhandlung, Leipzig 1902, S. 18.

heute nennt man sie auch Archetypen, wirken in uns und außerhalb von uns. Früher nannte man sie »Gott« oder »Götter«.

Wie bereits erklärt, als eine andere Ausdrucksweise, kann die jeweilige Position eines Planeten in der babylonischen Astrologie als »Rollenwechsel« bezeichnet werden. Man liest häufig, dass der Planet Jupiter in dieser oder jener Position am Himmel einmal als Nabû-Merkur erscheint, dann als Mars oder als Saturn. Der Sinn dieses Tausches der Funktionen ist so zu verstehen: Hugo Winckler schreibt:

> Der Planet Jupiter ist und bleibt der Jupiter, er mag hoch oder tief am Himmel stehen. Der Text hat daher den Erklärern große Schwierigkeiten verursacht, und doch ist seine Deutung sehr einfach, wenn man das geistige Wesen der babylonischen Gottheiten erkannt hat. Es steht nicht etwa da: Der Planet Marduk-Jupiter ist der Planet Nebo-Merkur, sondern: der Stern des Gottes Marduk ist der Gott Nebo und der Gott Nibiru.
>
> Der Sinn ist also: je nach der Stelle, welche der Planet am Himmel einnimmt, offenbart sich in ihm eine andere Macht und wirkt er mit einer anderen Kraft. Die weitere Vorstellung, welche zu Grunde liegt, wird uns noch klar werden. Die göttliche Kraft ist also nicht mit dem Weltenkörper gleichbedeutend, in dem sie sich wirksam zeigt. Sie besteht unabhängig von ihm und äußert sich auch in anderen Erscheinungen des Weltalls. Zunächst am Himmel und an der Erde selbst, dann aber auch in den einzelnen Erscheinungen und Gegenständen in der Natur. Den einzelnen Göttern gehören ihre Teilerscheinungen; Metalle, Steine, Bäume, kurz, alles was geschaffen ist, stellt eine Offenbarung des göttlichen Wesens dar, von dessen Kraft ihnen etwas inne wohnt. In erster Linie sind es aber stets die Himmelserscheinungen, welche das göttliche Walten erkennen lassen, und die Himmelskunde ist daher die Grundlage des ganzen Systems, in welches der Babylonier seine Anschauung von einer göttlichen und einheitlichen Weltordnung gebracht hat.[150]

---

[150] Hugo Winckler, Himmels- und Weltenbild der Babylonier, Der Alte Orient, 3. Jahrgang, Heft 2/3, J. C. Hinrich'sche Buchhandlung, Leipzig 1901, S. 10–11.

Die Siebener-Planetenreihe wurde von allen Astrologen des Altertums angenommen und wird bis heute in der traditionellen Astrologie benutzt. Sie ist die folgende:

Saturn – Jupiter – Mars – Sonne – Venus – Merkur – Mond

Saturn	Umlaufzeit ca. 29–30 Jahre
Jupiter	Umlaufzeit ca. 12 Jahre
Mars	Umlaufzeit ca. 687 Tage, (1 Jahr und 322 Tage)
Sonne/Erde	Umlaufzeit 1 Jahr, ca. 365 Tage
Venus	Umlaufzeit ca. 225 Tage
Merkur	Umlaufzeit ca. 88 Tage
Mond	Umlaufzeit ca. 29,53 Tage

Hier ist auch sehr wichtig zu erwähnen, dass die »babylonische Reihe« der Planeten einen festen Bestandteil bei der Deutung des astrologischen Häusersystems der traditionellen Astrologie ist. Man beginnt wieder mit Saturn.

Herrscher des I. Hauses ist Saturn,
Herrscher des II. Hauses – Jupiter,
Herrscher des III. Hauses – Mars,
Herrscher des IV. Hauses – Sonne,
Herrscher des V. Hauses – Venus,
Herrscher des VI. Hauses – Merkur
Herrscher des VII. Hauses – Mond.

Dann geht es weiter wieder mit Saturn beginnend als

Herrscher des VIII. Hauses – Saturn
Herrscher des IX. Hauses – Jupiter
Herrscher des X. Hauses – Mars
Herrscher des XI. Hauses – Sonne und am Schluss
Herrscher des XII. Hauses – Venus.

Dieses klassische System der Häuserherrscher wurde von dem modernen Häuserherrschersystem verdrängt, das erst im 19. Jahrhundert in die Astrologie eingeführt wurde und nach dem Prinzip

Tierkreiszeichenherrscher ist gleich Hausherrscher funktioniert. Beispiel: Das zweite Haus wird nach dem neuen System mit dem zweiten Tierkreiszeichen Stier gleichgesetzt. Da der Herrscherplanet des Zeichens Stiers Venus ist, wird als Herrscher des zweiten Hauses auch Venus ernannt. Nach dem System der klassischen Astrologie ist das aber nicht Venus, sondern ist Jupiter, das Prinzip der Fülle und des Reichtums, ein Thema des zweiten Hauses. Aus dieser Logik heraus wird in der modernen, modifizierten Astrologie, um beim Beispiel mit der Venus zu bleiben, der Planet und das astrologische Urprinzip Venus mit materiellen Gütern und Geld assoziiert. Es ist zwar richtig und man wird gerne zugeben, dass die schöne Göttin der Liebe und der schönen Künste die Materie liebt und sie sich durch die Materie ausdrücken kann, indem sie sie gestaltet und verschönert, auch sehr viel Geld braucht, um ihre Projekte zu realisieren und ihre Schönheit zu erhalten, aber sie ist *nicht* die Materie und noch weniger das Geld an sich. Für das ist ein anderes Prinzip zuständig. Und wie wir sehen, hat diese Umdeutung des astrologischen Systems zu Missverständnissen bezüglich der Bedeutung der Häuser des Horoskops geführt. Und das ist nicht das einzige Beispiel.

Das klassische Siebener-System hat die Aufgabe und zwingt dazu, sich ernsthaft darüber Gedanken zu machen, was man als »das Ding an sich« bezeichnet, wie sich der Philosoph zu diesem Sachverhalt ausdrücken würde.

Die symbolische Bedeutung des Heptagramms und die siebentägige Woche

Wie der Kosmos, so kennt auch der Kreislauf im sumerisch-babylonischen Weltbild eine Siebenteilung. Das Heptagramm als Symbol ist auf einer astronomischen Tafel als Figur aus spätbabylonischer Zeit nachweisbar. Dort ist das Heptagramm in einen Kreis eingezeichnet. Seit wann aber die Siebenteilung mit den sieben Planeten verbunden worden ist, ist nicht bekannt. Die Idee stammt aber aus Babylon.[151]

Wenn man die sieben Planeten in die »babylonische Reihe« auf sieben gleich weit voneinander liegenden Punkten der Peripherie eines Kreises aufteilt und die Punkte mit einer Linie zum Heptagramm verbindet, so erhält man die Reihe der Planetenwoche.

Aus dieser *astrologischen* Idee heraus ist auch die Benennung der Wochentage nach den sieben Planeten entstanden. Überall wo die Astrologie hinkam,[152] wurden die Wochentage nach den Planetengöttern benannt: Sonntag nach der Sonne, Montag nach dem Mond, Dienstag (Mardi) nach Mars, Mittwoch (Mercredi) nach Merkur, Donnerstag (Jeudi, Jovis dies) nach Jupiter, Freitag (Vendredi, Veneris dies) nach Venus, Sonnabend (engl. Saturday) nach Saturn.

Cassius Dio gibt in seiner RÖMISCHEN GESCHICHTE eine Erklärung dazu, wie diese Benennung zustande gekommen ist:

---

151 Alfred Jeremias, Handbuch der altorientalischen Geisteskultur (HAOG), Walter de Gruyter Verlag, Berlin und Leipzig 1929, S. 197.

152 »Die siebentägige Woche bei den Römern ist zuerst unter Augustus bezeugt. Sie muss bereits in republikanischer Zeit in Aufnahme gekommen sein durch die Astrologen, die sehr früh bei den Römern Boden gefunden haben [...] Zweifellos haben die Römer ihre siebentägige Woche von den Astrologen. Beweise sind: die Stundenangaben auf den Inschriften, die Darstellungen der Wochengötter, der Anfang der Woche mit Saturn, die Namen der Wochentage.« G. Gundermann, Die Namen der Wochentage bei den Römern, Geschichte der Namen der Wochentage, Zeitschrift für Deutsche Wortforschung, Erster Band, Verlag von Karl F. Trübner, Straßburg 1901, S.175–176.

Wenn man die Stunden des Tages und der Nacht von der ersten an zu zählen beginnt und die erste dem Saturn, die nächste dem Jupiter, die dritte dem Mars, die vierte der Sonne, die fünfte der Venus, die sechste dem Merkur und die siebente dem Mond zuweist und dies dann die ganzen vierundzwanzig Stunden hindurch wiederholt, wird man finden, dass die erste Stunde des folgenden Tages auf die Sonne fällt. Verfährt man mit den nächsten vierundzwanzig Stunden auf gleiche Weise wie mit den vorausgehenden, wird man die erste Stunde des dritten Tages dem Monde weihen, und jeder Tag wird bei weiterem derartigem Vorgehen seinen zugehörigen Gott erhalten. So ist denn die Überlieferung.[153]

Als erste Stunde wird die mit dem Sonnenaufgang beginnende Stunde des Tages gerechnet, die von dem Planeten »regiert« wird, der dem jeweiligen Wochentag entspricht (Sonntag: Sonne, Montag: Mond usw.), und alle folgenden Stunden dann abwechselnd nach der »babylonischen Reihe«.

Die Frage über die Benennung der Wochentage nach den Planeten und die babylonische Reihe ist schon zu der damaligen Zeit rege diskutiert worden, denn Plutarch schreibt in seinen TISCHREDEN Folgendes: »Warum man die Tage, die doch von den Planeten ihren Namen haben, nicht in der Reihenfolge der Planeten, sondern in andere Folge ordnet.«[154]

In der klassischen Astrologie werden aber nicht nur die Tage, sondern auch die einzelnen Stunden den sieben Planeten zugeordnet.[155] Die Babylonier kannten nicht nur die 12 Doppelstunden, sie

---

[153] Cassius Dio (163–229 n. Chr.), römischer Geschichtsschreiber. Römische Geschichte, Bd. II, Buch 37 (19 – 1,2,3), Artemis & Winkler Verlag, Patmos Verlag 2007, S. 69.

[154] Plutarch von Chaironeia (ca. 45–ca. 125 n. Chr.). Moralia, Tischreden, Buch IV, Frage 7. (fehlt in der deutschen Übersetzung). In: Plutarque, Œvres Morales, Tome IX, Livres IV–VI, Les Belles Lettres, Paris 1978, Propos de Table, François Fuhrmann, Question VII, p. 45. Plutarch war kein Astrologe.

[155] Karl Brandler-Pracht, Die Stundenastrologie, Astrologische Kollektion zum Selbststudium, Bd. V, Chiron Verlag, Tübingen, Nachdruck der Ausgabe von 1921, S. 92–93. Zu diesem Thema noch empfehlenswert ist der Artikel mit Planetenstundentabelle von E. Mayer, Ursprung der sieben Wochentage, in:

kannten auch die 24-Stundenzählung.[156] Auf diese Weise ist unsere Planetenwoche entstanden. Sie hat sich vom Orient über Ägypten Griechenland und das Judentum im Laufe der Kaiserzeit in Europa verbreitet. Die seit Augustus angewandte achttägige Woche der Römer wurde allmählich verdrängt und hat sich schließlich in allen Kalendern durchgesetzt, bis zum heutigen Tag.

Gefeiert wurde zuerst am Sabbat, dem Tage Saturns, wie bei den Juden. Bei ihnen war die siebentägige Woche schon seit dem 2. Jahrtausend v. Chr. mit dem abschließenden Sabbat verbreitet, sie haben aber die einzelnen Wochentage nicht nach den Planeten benannt, sondern einfach gezählt. Nur der Sabbat wurde Tag Saturns genannt.[157] Der Sabbat aber hat einen babylonischen Ursprung:

> Da aber die Babylonier einen Sabbath (Šabbattu) hatten und einen drüben ausgegrabenen Opfer- und Festkalender der 7. 14. 21. 28. Tag eines Monats als Tage bezeichnet sind, an welchem gar kein Werk getan werden darf, der König seinen Leibrock nicht wechseln, den Wagen nicht besteigen, nicht opfern, nicht Recht sprechen, kein gebratenes oder gekochtes Fleisch

---

Zeitschrift der Deutschen Morgenländischen Gesellschaft (ZDMG), Bd. 37, Leipzig 1883, S. 453–455.

156 Alfred Jeremias, Das Alter der babylonischen Astronomie, Leipzig 1909, S. 86. Dazu auch F. K. Ginzel: »Bei den meisten Völkern des Altertums vorfindliche Gebrauch, den Tag, nämlich die Zeit vom Aufgang bis zum Untergang der Sonnen, und entsprechend die Nacht, in je 12 gleichlange Stunden zu teilen, ist babylonischen Ursprungs, denn Herodot (II, 109) berichtet, dass die zwölf Teile des Tages mit dem πόλος (Polos) und γνώμων (Gnomon) von den Babyloniern zu den Griechen gekommen seien.« In: F. K. Ginzel, Die astronomischen Kenntnisse der Babylonier und ihre kulturhistorische Bedeutung, Klio, Bd. 1, Dietrich'sche Buchhandlung, Leipzig 1901, S. 353

157 Tacitus (58–120 n. Chr.) gibt Erklärungen, warum die Juden den Sabbat feiern: »Andere Autoren glauben, diese Ehre werde Saturn erwiesen [...] weil von den sieben Gestirnen, durch die die Sterblichen gelenkt werden, in der höchsten Kreisbahn und mit dem stärksten Einfluss Saturns Stern umläuft; dazu zögen die meisten Himmelskörper ihren Weg und ihre Bahnen nach der Siebenzahl«. Tacitus, Historien, 5,4 (4). Cornelius Tacitus, Historien, Bd. II, deutsch und lateinisch, übersetzt von Alfons Städele, Edition Antike, Wissenschaftliche Buchgesellschaft, Darmstadt 2014, S. 217.

essen, ja selbst der Arzt seine Hand an den Kranken nicht bringen darf, und da sich überdies die Ausschaltung des siebenten Tages zur Versöhnung der Götter vom babylonischen Standpunkt aus begreift, so dürfte kein Zweifel möglich sein, dass wir die in der Sabbath- bzw. Sonntagsruhe beschlossene Segensfülle im letzten Grunde jenem alten Kulturvolk am Euphrat und Tigris verdanken.[158]

Der Vorrang des Sonntages galt zunächst nur für die Anhänger des Sonnenkults. Unter Kaiser Diokletian erreicht diese Sonnenreligion ihre höchste Blüte. Selbst Konstantin der Große hing ihr an. Inschriften für Sol Invictus sind zahlreich im ganzen Römischen Imperium, bis in die entferntesten Kastelle an der Grenze, verbreitet gewesen. Konstantin erklärte dann den Sonntag als Staatsfeiertag, weil Christus an einem Sonntag auferstanden war und darum der Ostertermin auf einen Sonntag fallen musste. Am 3. Juli 321 erließ er das Gesetz über die Sonntagsruhe.[159]

Am Hofe Konstantins wurde auch die Feier der Geburt Jesu, das Weihnachtsfest, am Geburtstag des Sonnengottes, also am 25. Dezember, begangen.[160] Da die germanischen Völker die siebentägige Woche von den Römern mitsamt den Namen übernahmen, tauschten sie teilweise einige römischen Namen mit den Namen germanischer Götter, z.B. den Tag des Mars (Mardi) mit dem germanischen Gott Ziu (Tyr), daher Dienstag (Ziustag) anstatt Jovis Donnerstag vom germanischen Gott Donar, analog zum Jupiter-Zeus (engl. Thursday vom Thor), anstatt Veneris Freitag vom Freia (Freya), der

---

158 Friedrich Delitzsch (1850–1922), Assyriologe. Babel und Bibel, Ein Vortrag, Hinrich'sche Buchhandlung, Leipzig 1902, S. 29.

159 »Die Christen hätten den dies Saturni nach dem Vorbild des jüdischen Sabbats als letzten Tag der planetarischen Woche genommen, aber ihren Feiertag auf den dies Solis verlegt, um sich von den Juden zu unterscheiden und in Erinnerung an die Auferstehung«. Nach den Kirchenschriftstellern: Eusebius, Vita Constantini 4, 18; Sozomenos 1,8. Aus: G. Gundermann, Die Namen der Wochentage bei den Römern, Zeitschrift für Deutsche Wortforschung, Erster Band, Verlag von Karl F. Trübner, Strassburg 1901, S. 180.

160 Alexander Demant, Geschichte der Spätantike, C. H. Beck Verlag, München 2018, S. 46.

germanischen Göttin der Liebe und der Ehe. Auf diese Weise sind noch Spuren der alten europäischen Religionen in den Namen der Wochentage übrig geblieben.

Auf der Suche nach den sumerischen Namen der sieben Planeten

Bei der Suche nach den ältesten sumerischen Namen der Planeten und ihrer Bedeutung sowie den Namen der sumerisch-babylonischen Namen der Götter, die von den Planeten »vertreten« wurden, ist mir aufgefallen, dass die meisten Altorientalisten und Philologen eher zurückhaltende Definitionen und Erklärungen angeben. Das ist gut verständlich. Wir haben schon oben bei der Bedeutung des Namens bei den Sumerern gesehen, wie selbst der Priesterkönig Gudea aus Lagasch in zurückhaltender, demütiger Haltung solchen Erklärungen gegenüberstand.

Da bei den archäologischen Ausgrabungen keine »Lehr- und Handbücher« über Astrologie und Astronomie in den Ruinen des ehemaligen sumerischen und babylonischen Tempelanlagen sowie in den königlichen Bibliotheken gefunden wurden, mussten die Assyriologen und die Philologen durch mühsame Arbeit, nach der Entzifferung der Tontafel, die astrologischen Texten erst verstehen und interpretieren lernen. Dazu mussten Astrologie studieren, hellenistische und klassische Astrologie!

Der Altorientalist Arthur Ungnad schreibt dazu:

> Wir müssen berücksichtigen, dass wir Lehrbücher im Sinne der klassischen Literatur überhaupt nicht zu erwarten haben. Auch unsere Tafel sind keine Lehrbücher für Anfänger, sondern Nachschlagewerke, die die »Professoren« brauchten, wollten sie den Überblick über den gewaltigen Stoff ihres Faches nicht verlieren. Die Novizen wurden mündlich instruiert, gewiss an Hand solcher Kompendien, aber doch nicht in der Weise, dass man ihnen »gedruckte Kollegheften« in Keilschrift in die Hand gab. So können wir keine

Einführungen in die Kunst der Beschwörungen[161] erwarten, die wir gern besitzen möchten. Wir müssen uns mühsam aus den Kompendien den Gang der Unterweisung zu rekonstruieren versuchen. Das Wissen der Priester war geheim; sie wollten es nicht größeren Kreisen zugänglich machen: der Wissende soll es den Wissenden zeigen, der Unwissende darf es nicht sehen, heißt es oft in Tafelunterschriften. Von Skrupeln solcher Art waren die klassischen Schriftsteller frei. Was sie über babylonische Astrologie erfahren konnten, war für sie keine Geheimwissenschaft.[162]

Mein persönlicher Standpunkt ist ähnlich vorsichtig und zurückhaltend. Ich möchte nur das weitergeben, was ich in den unzähligen Schriften der unermüdlichen Forschungsarbeit der Assyriologen, Archäologen und Philologen von den letzten hundert Jahren gefunden habe und was für die moderne Astrologie von Bedeutung sein könnte. Diese Informationen können eine große Hilfe sein, um die astrologischen Prinzipien besser zu verstehen, sich ihrem *ursprünglichen* Sinn anzunähern, so wie sie von ihren Schöpfern, von den alten Sumerern und Babyloniern gedacht und empfunden wurden. Sie können eine große Hilfe sein, um nötigenfalls auch Korrekturen bzw. Richtigstellungen bei der modernen Deutung vorzunehmen.

Wir dürfen nicht vergessen, dass im Laufe der Jahrhunderte nach den unzähligen Kriegen, Zerstörungen und politisch-religiösen Wirren vieles, auch in der Astrologie, verloren, vergessen oder was noch schlimmer ist –, umgedeutet, verdreht und an die zeitgenössischen geistigen Strömungen angepasst worden ist. Wir sehen das z.B. besonders deutlich bei der Umdeutung und Dämonisierung der Interpretation und den Darstellungen der weiblichen Archetypen und Aspekte. Bei den alten Sumerern wurde das Ewig-Weibliche als ein selbstverständlicher Anteil des Göttlichen empfunden und dargestellt, begründet auf dem Prinzip der Polarität und der Stellung der Frau, anders als in späteren Zeiten, in den frauenfeindlichen,

[161] Unter »Beschwörungen« ist die Arbeit der Mašmašu-Priester, d.h. die Arbeit der sumerischen und babylonischen Astrologen zu verstehen.

[162] Arthur Ungnad, Besprechungskunst und Astrologie in Babylonien, in: Archiv für Orientforschung (AfO), Bd. 14, Berlin-Graz 1941–1944, S. 283.

patriarchalen Kulturen des Altertums und des Mittelalters. Deswegen ist die Deutung der späteren mythologischen Erzählungen und der mit ihnen verknüpften astrologischen Prinzipien aus dieser Perspektive unbedingt zu berücksichtigen und zu hinterfragen. Die nachfolgenden Angaben über die Bedeutung der Namen der Planeten bzw. der Götter möchte ich als Versuche einer Deutung verstanden sehen, als eine Annäherung an diesen Teilaspekten des Göttlichen, der Archetypen. Wir können uns nicht vorstellen, was sich die sumerischen Priester vor ca. 5000 Jahren gedacht haben, als sie diese Phänomene beobachteten und zu erklären versuchten.

Was wir aber heute tun können ist, dieselben Phänomene mit *unseren* Augen zu beobachten, mit *unserem* Herzen zu spüren und selbst versuchen zu verstehen, was sie *uns heute* zu sagen haben. Die Grundidee, das dürfen wir aber nicht vergessen, ist damals vor mehreren Jahrtausenden entstanden, in jenem fernen Land zwischen beiden großen Strömen – Tigris und Euphrat – im »ehemaligen Paradies«.

Franz Boll und Carl Bezold schreiben in ihrem Buch über die Geschichte der Astrologie dazu:

> Das Bedeutsamste an der Geschichte der Astrologie ist, dass sie die Völkerverbindungen in einer Klarheit und Unabweisbarkeit zeigt, wie sie sonst kaum irgendwo anders bloßzulegen sind. So seltsam vieles an ihr den modernen Menschen berühren mag, so gewiss ist sie ein paar Jahrtausende lang eines der wesentlichsten Stücke im geistigen Gemeinbesitz der Menschheit gewesen, und ihre Literatur darf, im umfassendsten Sinne, Weltliteratur heißen; vielleicht in ihr allein haben sich Ost und West, Christen, Mohammedaner und Buddhisten mühelos verstanden.[163]

Die Grundlage aller uns heute bekannten Religionen liegt in der Astrologie bzw. in der Astrosophie. Der Hintergrund dieser Religionen ist *astral*. »Ad Astra«, heißt es – zu den Sternen – zu den Göttern! Dort werden alle Unterschiede aufgehoben, dort treffen sich

---

[163] Franz Boll, Sternglaube und Sterndeutung, unter Mitwirkung von Carl Bezold, Teubner Verlag, Leipzig und Berlin 1931, S. 58.

alle wieder in ihrem ursprünglichen, ewigen Charakter. Der Blick des Menschen nach oben, zum Himmel, ist ein Schritt zum philosophischen Denken. Der Blick zum Himmel ist der Beginn zu jenem höheren menschlichen Denken, das, sich von einem einfachen physischen, materiellen Überleben lösend, zu einem philosophischen, nachdenklichen erhebt und es zur Entwicklung einer Religiosität, einer Spiritualität führt, die ganz im breitesten Sinn zu verstehen ist.

Die »wilden Schafe«

> Insbesondere sind die Wandelsterne am Tierkreis in ihren Konstellationen die Offenbarer des göttlichen Willens, deshalb heißt der siebenstufige Turm zu Borsippa, der wie alle Stufentürme die Planetenbahnen vorstellt, E-ur-imin-an-ki, »Tempel der sieben Befehlsübermittler Himmels und der Erde«. Der Tierkreis ist das Buch der Offenbarung Gottes, die Erscheinungen des Fixsternhimmels sind gewißermaßen der an den Rand geschriebene Kommentar. Die Fixsterne und Fixsternbilder kommentieren die mit den Planeten am Tierkreis zusammenhängenden Mythen.[164]

In den Keilschrifttexten werden alle fünf mit freiem Auge sichtbaren Planeten genannt. Vor ihren Namen wird das Determinativ MUL gesetzt. So erkennt man beim ersten Blick eines Textes, dass es sich um Planetennamen handelt.

Die Sumerer nannten die sieben Planeten LU-BAT-MEŠ – »umherirrende Schafe« oder »wilde Schafe«, im Gegensatz zu den feststehenden, fixen Sternen. Auf Akkadisch wurden die Planeten bi-ib-bu (bibbu) genannt.

Sonne und Mond, obwohl sie astronomisch keine Planeten sind, werden in den astrologischen Texten mit den fünf Planeten zusammengefasst. Sie wurden alle in einer Siebener-Gruppe aufgezählt, in der hellenistischen Astrologie später als die sogenannte Hebdomas

[164] Alfred Jeremias, Das Alte Testament im Lichte des Alten Orients, Hinrich'sche Buchhandlung, Leipzig 1904, S. 45 (der Stufenturm von Borsippa war dem Gott Nabu/Merkur gewidmet).

(εβδομάς) – »Siebenheit« – bekannt. Diese »wilden Schafe« wurden bei den Griechen später als »Planeten« bezeichnet. Das Wort »Planet« kommt aus dem altgriechischen Wort für »Irrtum« – πλάνη und πλανᾶσθαι – »irren«. Das Wort ist aber erst im Neuen Testament bezeugt, denn das Griechische der klassischen Zeit verfügte noch nicht über eindeutige Wörter für Irrtum und Zweifel.[165]

Die Verkünder des göttlichen Willens

Die Namen der Planeten in der sumerischen und babylonischen Astrologie sind je nach Position am Himmel (aufgehend, kulminierend, untergehend), Farbe, Jahreszeit, Monat, Kultort usw. zahlreich. Dazu Alfred Jeremias:

> Der Planet erhält seine Bedeutung durch seine Stellung, dieser Stellung entspricht sein Name.[166]

Nach der Grundidee der babylonischen Geisteswelt ist im Namen die Wesensoffenbarung, die Eigenschaft, Tätigkeit der benannten Sache oder Person zum Ausdruck gebracht. Genauso ist es auch mit den sumerischen und babylonischen Namen der sieben Planeten.

Als bedeutsam galten die erste und letzte Sichtbarkeit sowie die Stillstände der äußeren Planeten, Jupiter und Saturn. Manchmal wurden in den Ominatexten und in den Korrespondenzen der Gelehrten mit dem König Namen von Fixsternen und Sternbildern als Bezeichnungen von Planeten interpretiert.[167] Zu den fünf Planeten

---

[165] Wolfram von Soden, Sprache, Denken und Begriffsbildung im Alten Orient, Abhandlungen der Geistes- und Sozialwissenschaftlichen Klasse, Jg. 1973, Nr. 6, Verlag der Akademie der Wissenschaften und der Literatur, Mainz, in Kommission bei Franz Steiner Verlag GMBH Wiesbaden, 1974, S. 39, nach Angabe von H. Dörrie.

[166] Alfred Jeremias, Das Alter der babylonischen Astronomie, Leipzig 1909, S. 78.

[167] Hermann Hunger, Artikel Planet, in: Reallexikon der Assyriologie, Band 10, Walter de Gruyter Berlin, New York 2003–2005, S. 590; Astrological Reports to Assyrian Kings, Helsinki University Press, State Archive of Assyria (SAA),

gehörten bestimmte Fixsterngruppen oder einzelne Fixsterne, die als wesensgleich, d.h. mit einer ähnlichen Wirkung verbunden, galten.

Die Planeten galten als »Verkünder« des göttlichen Willens. Der griechische Historiker Diodoros schreibt:

> Verkünder nennt man sie deshalb, weil zwar die anderen Gestirne alle eine feste Bahn und auf vorgezeichnetem Wege einen festen Umlauf besitzen, sie allein aber ihren eigenen Weg gehen, und auf diese Weise dem Menschen die Zukunft künden und den Willen der Götter zeigen. Ihre Zeichen geben sie, wie sie sagen, denen, die sie sorgfältig beobachten, teils beim Auf-, teils beim Untergehen, zum Teil auch durch ihre Färbung.[168]

Auf den folgenden Seiten werden nur die bekanntesten Namen der Planeten genannt und beschrieben, soweit eine verlässliche Information darüber vorhanden war.

1992.

[168] Diodoros, Buch II, 30 (4) über die Chaldäer: Diodoros, Griechische Weltgeschichte, Buch I-X, übers. von Gerhard Wirth, Anton Hiersemann Verlag, Stuttgart 1992, S. 167.

Die sieben Stufen der Zikkurat

Die sieben Stufen der Stufentürme der Sumerer und Babylonier, der sogenannten Zikkurat, symbolisierten die sieben Planeten. Das sind die sieben Planetenprinzipien, benannt nach den sieben Göttern. Jede Stufe der Zikkurat entsprach einem Gott und seinem Planeten. Das langsame »Besteigen« einer Zikkurat galt deshalb als »Gottesdienst«. Diese Stufen symbolisieren Entwicklungsstufen des menschlichen Bewusstseins. Umso mehr wird verständlich, um was für eine Art für »Gottesdienst« es sich handelt, wenn man die einzelnen sieben Prinzipien kennengelernt und verstanden hat. Diese sieben Stufen sollten als Metapher für die sieben Planetenprinzipien verstanden werden. Sie bilden die Grundlage der klassischen Astrologie. Und darum sollte jeder wissen: *Der Turm ist hoch, der Aufgang ist steil, der Schritt langsam!*

Saturn – die unterste Stufe der Zikkurat

- Mul Sag-Usch – »Stern des Beständigen«, »der Alte«. Mul Udu-Idim-Sag-Usch – akkadisch Kaimânu – »Stern- bzw. Planet des Beständigen«, »Stern- bzw. Planet des Alten«.
- Mul Nin-Ib – »Stern des Herrn der Erde«, »Herr der Mitte« oder »Stern des Knochens«, »grimmig«, »Inneres«, (»Meditation«, »Konzentration«), »das Kreuz«, »Schnitt«; Ib Gig – »Gelenkkrankheit«. Mul Udu-Idim Nin-Ib – Stern bzw. des »Herrn der Mitte« oder »des Knochens«.
- Mul Lulim – »Stern des Hirsches« »der Hirsch«.
- Mul Genna (Tur-Disch) – »Stern des Kleinen«, »Stern des Schwachen«.
- Mul Mi – »der schwarze Stern«

Abbildung 13:
Saturn
Mul Udu-Idim
Sag-Usch, »Stern bzw. Planet des Alten«

Abbildung 14:
Saturn –
Mul Udu-Idim
Nin-Ib –
»Stern des Knochens«

Abbildung 15:
Saturn –
Mul Lulim –
»Stern des
Hirsches«,
»der Hirsch«

Abbildung 16:
Saturn,
Mul Genna
(Tur Disch),
»Stern des Kleinen«,
des »Schwachen«

Saturn wird bei den Babyloniern als »Stern von Recht und Gerechtigkeit« bezeichnet. In der Waage ist Saturn *erhöht*, dort hat er sein Hypsoma.[169] Die Waage ist Sinnbild für Recht und Gerechtigkeit – Justitia. Oft wird in babylonischen Texten Saturn auch stellvertretend als »Stern der Sonne« bezeichnet oder mit der Sonne gleichgesetzt, also als Šamaš (Schamasch – akkadisch). Die Sonne symbolisiert auch die Gerechtigkeit[170]. Die Sonne bringt die Wahrheit ans Licht![171] Dass die Babylonier Saturn mit der Sonne gleichsetzten, wird später auch von Diodor bestätigt:

> Ihrer Meinung nach ist das Wichtigste die Beobachtung der als Planeten bezeichneten fünf Sterne, die sie selbst als »Verkünder« bezeichnen; im Einzelnen aber sei jener, den die Griechen *Kronos* nennen, nicht nur der hellste, sondern zugleich der, von dem die meisten wie auch die wichtigsten Vorzeichen kämen. Bei ihnen heißt er *Helios*.[172]

---

169 Die astrologische Lehre von den Hypsomta (ὑψώματα) der Planeten ist von Babylonien nach Griechenland gekommen. Der heliaktische Aufgang eines Planeten in seinem Hypsoma-Sternbild galt in der babylonischen Astrologie als besonders bedeutungsvoll. »Die ὑψώματα der griechischen Astrologie sind babylonischen Ursprungs« – schreibt Ernst F. Weidner. Als *Hypsoma*, d.h. als *Erhöhung* eines Planeten wird seine zweitbeste *essentielle Würde* nach seinem *Domizil* bezeichnet. Das ist der Ort, wo der Planet seine beste Qualität zeigt und sich am besten entfalten kann. Akkadisch – »ašar niṣirti«, was »geheimnisvoller Ort der Offenbarung« bedeutet. Nach Ernst F. Weidner gibt es noch eine andere akkadische Bezeichnung für Hypsoma – »bîtu«, was »Haus« bedeutet. Dieses »Haus« des Planeten aber darf nicht mit dem griechischen »οἶκος« – »Haus« aus der klassischen Astrologie verwechselt werden. Das babylonische »bîtu« entspricht also nur dem griechischen Hypsoma, der Erhöhung des Planeten. In: Ernst F. Weidner, Beiträge zur Erklärung der astronomischen Keilschrifttexte, Orientalische Literaturzeitung, Jg. 16, Leipzig 1913, Spalte 204–303 (hier Spalte 208, Punkt 4.).

170 Über Saturn, die Gerechtigkeit und seine Erhöhung in der Waage: Julia Dimitrov, Die sieben Todsünden und Kardinaltugenden in der Astrologie, Tübingen 2017

171 Ernst F. Weidner, Handbuch der babylonischen Astronomie, Bd. 1, Der babylonische Fixsternhimmel, Hinrich'sche Buchhandlung, Leipzig 1915, S. 23.

172 Diodoros, Buch II, 30 (3) über die Chaldäer. In: Griechische Weltgeschichte, Buch I–X, übers. von Gerhard Wirth, Stuttgart 1992, S. 167.

Die Zusammenstellung des Planeten Saturn – des Planeten des Rechts – und des Tierkreisbilds der Waage, die als Symbol der Gerechtigkeit gilt, wird als Beweis dafür vorgetragen, dass die Babylonier mindestens schon zur Zeit Assurbanipals (7. Jh. v. Chr.) Skorpion und Waage getrennt hatten.[173]

Wenn die Sonne in der Waage untergeht, nimmt Saturn dort ihren Platz ein. Saturn wird zur »Sonne in der Nacht«. Warum ist Saturn die »Sonne in der Nacht«? Die Sonne als das *Licht* und die Nacht als die *Dunkelheit*, als der *Gang in die Unterwelt*, sind bei dieser Metapher sinnbildlich zu verstehen. Saturn übernimmt hier in dieser Stellung eine wichtige Funktion. Welche ist diese Funktion?

Wenn man die äußerst wichtige Grundbedeutung des planetaren Prinzips Saturn verstanden hat, kann diese Frage beantwortet werden. Ein gut gestellter Saturn im Geburtshoroskop kann als eine Art Garantie, als eine äußerst wertvolle Hilfe, für die harmonische Entwicklung der Persönlichkeit bezeichnet werden. Denn unter Belastung und Bewährung und durch Arbeit, durch *Saturn* nämlich, offenbart sich das wirkliche Wesen des Menschen. Erst durch Beständigkeit, Disziplin, Arbeit und Konzentration reift er und wächst zur richtigen Persönlichkeit. Man kann nicht lange genug die tragende Kraft des saturnischen Prinzips betonen, die als *Grund*, als *Basis* der Zikkurat, des Stufenturms, als das *Grundgerüst* des »Gebäudes« des Menschen dient. Saturn symbolisiert das *Wesentliche* in jedem Horoskop. Als »Herr des Knochens« wird Saturn auch körperlich verstanden. Die Knochen, das Knochengerüst, das Skelett des Körpers ist die feste, die tragende Substanz des menschlichen Körpers. Diese tragende Substanz ist saturnisch. Auch die Zähne, die härteste Substanz im menschlichen Körper, entsprechen dem Prinzip Saturn.

---

[173] Ernst F. Weidner, Handbuch der babylonischen Astronomie, Bd. 1, Der babylonische Fixsternhimmel, Hinrich'sche Buchhandlung, Leipzig 1915, S. 23. Allerdings wurde dies nicht an die Griechen überliefert, die diesen Schritt erst im 3. Jh. v. Chr. vollzogen, um die Sternbilder an den Tierkreis anzupassen. Franz Boll. Sphaera Leipzig 1903, S. 186.

In der Dunkelheit, in schwierigen Zeiten, in einer Depression, zeigt sich der Charakter Saturns im Horoskop und wie man damit umgeht.

Symbolisch haben wir auch in der untersten Stufe der sumerischen und der babylonischen Zikkurat, des Stufenturms, das saturnische Prinzip dargestellt. Die unterste Basis, das Fundament, welches das ganze Gebäude tragen soll, die breiteste Stufe, wird dem Saturn gewidmet. Seine Farbe war schwarz, Mul MI – der schwarze Stern. Der Sockel der Zikkurat wurde regelmäßig mit einer schwarzen Masse angestrichen. Auch heute noch sind sichtbare Spuren dieser schwarzen Masse bei der Zikkurat von Ur vorhanden. Das Überziehen mit der schwarzen Masse hatte nicht nur einen symbolischen, sondern v.a. einen praktischen Grund. Saturn ist bekanntlich sehr praktisch und realistisch veranlagt. Dieses schwarze, klebrige und wasserdichte Gemenge war Bitumen, das ist natürlicher Asphalt. Damit wurde das Gebäude gegen Wasser abgedichtet, denn die Bewohner der Stadt Ur führten einen ständigen Kampf gegen den Euphrat. In Mesopotamien fürchtete man sich vor den Überschwemmungen, die manchmal ganz unerwartet zuschlugen und nicht vorhergesehen werden konnten. In solchen Zeiten gaben die Zikkurate den Menschen und Tieren als Fluchttürme Schutz. 600 km stromaufwärts von Ur wird Bitumen gesammelt, das natürlich vorkommt, und als Isolationsmittel für Boote und Decken auch heute noch benutzt. Diese schwarze Masse kann auf dem Wasser schwimmen und so kann man es aus dem Fluss holen. Wir sehen nun anhand dieses Beispiels, was für eine lebenswichtige Bedeutung und Funktion das schwarze Prinzip Saturn hat. »Pech gehabt«, könnte man in diesem konkreten Fall sagen, hat eine positive Bedeutung. Für die Sumerer und Babylonier war Saturn darum nicht verteufelt wie in später in Europa, sondern sehr hochgeschätzt und respektiert. Da die Religion der Sumerer und der Babylonier sehr diesseitig orientiert war, ist ihre praktische Veranlagung und ihr Realitätssinn besser verständlich. Während die Ägypter z.B. zu dieser Zeit an ein Leben im Jenseits glaubten, scheint es, dass die Mesopotamier auf ein Leben im Diesseits einen größeren Wert legten.

Sie wussten, dass die Götter ihnen ein ewiges Leben, nicht geschenkt haben und sorgten sich darum um mehr Sicherheit und Schutz. Bitumen, als Isolationsmaterial entspricht dem saturnischen Prinzip. Auf unseren Körper bezogen muss gesagt werden, dass unsere Haut Saturn entspricht. Sie *isoliert* und *schützt* nämlich unseren Körper.

Eine der wichtigsten Eigenschaften bzw. eines der wichtigsten Merkmale des planetaren Prinzips Saturn ist seine Realitätsbezogenheit. Er ist auch in der griechischen Mythologie, um eine Metapher zu gebrauchen, mit der Göttin Rhea verheiratet, mit der Realität. Wenn diese Realität ignoriert wird oder zu wenig in das Leben einbezogen und berücksichtigt wird, wird einem diese vom Saturn gnadenlos gezeigt, indem man »auf den Boden der Realität zurückgeworfen wird« oder »in die Realität zurückgeholt wird«, sei es durch Krankheit, Sachzwänge, Trennungen oder sonstige Schicksalsschläge. Dann wird Saturn als Unglücksplanet erlebt. Anderseits lehrt er Bescheidenheit, Fleiß, Verantwortung, Zuverlässigkeit und Gerechtigkeit und sorgt für Stabilität. Je nach Lage im Tierkreis wurde Saturn als Glücksstern oder als Unglücksstern gedeutet, wie nach der Lehre der »essenziellen Würde« der Planeten in der klassischen Astrologie.

Saturn hatte also bei den Sumerern und den Babyloniern eine positive Bedeutung, im Unterschied zum europäischen Mittelalter. Hat es vielleicht mit der nihilistischen und pessimistischen Einstellung des Christentums in dieser Zeit zu tun, dass das saturnische Prinzip so negativ gedeutet wurde, auch in der Astrologie? Die Erde als »Jammertal«, die Arbeit als »Strafe Gottes«, auf »Erlösung« wartend oder sich ein anderes »Leben im Jenseits« erhoffend?

Saturn lehrt einen, das »Hier und Jetzt« auf dieser Erde, wo man geboren worden ist, ernst zu nehmen und selbst für sein eigenes Leben die Verantwortung zu übernehmen. Ist das etwa zu viel verlangt?! – fragt der alte Meister. Erst in der neueren Zeit wurde das saturnische Prinzip wieder genauer analysiert und seine Position und Funktion im Geburtshoroskop gewürdigt.

- Mul Šul-Pa-E (Schul-Pa-E) – »Stern des am Osthimmel Aufgehenden«, »Herr des strahlenden Aufganges«, der aufsteigende Jupiter am Osthorizont, Jupiter am Aszendenten, »strahlender, junger Mann«, »aufgehender, großer Stern«, »der Aufsteigende«. Mul Šul-Pa-E wird als Enlil-Stern bezeichnet.[174]
- Mul Sag-Me-Gar – Jupiter: Mit diesem Namen wurde er zwischen Osthorizont und Meridian positioniert (wenn er ca. 1 ½ Doppelstunden hoch steht)[175] und er wurde übersetzt bzw. gedeutet als: »der, welcher die Bestimmung des Jahres macht«. Marduk mit seinem Planet Jupiter war bei den Sumerern und Babyloniern der Gott, der am Anfang des Jahres die Geschicke bestimmte.[176] Auch als: »Anführer, der Vorzeichen gibt«, »Stern des Aufsteigenden«, »Stern des Kultes«, »Der die Zeichen setzt«, »Der Tonangeber«.[177] (*Sag* bedeutet Kopf oder Anfang, *Gar* bedeutet legen, setzen, etwas machen).

---

[174] P. Felix Gössmann, Planetarium Babylonicum, Roma 1950, S. 107.

[175] Alfred Jeremias, Das Alter der babylonischen Astronomie, S. 78 (astronomischer Keilschrifttext Rawlinson III, S. 54 Nr. 5).

[176] Peter Jensen, Die Kosmologie der Babylonier, Studien und Materialien, Verlag von Karl J. Trübner, Strassburg 1890, S. 127–128.

[177] Ernst F. Weidner, Handbuch der babylonischen Astronomie, Bd. 1, Der babylonische Fixsternhimmel, Hinrich'sche Buchhandlung, Leipzig 1915, S. 26.

In seinem zweiten sumerischen Namen – Mul Sag-Me-Gar – trägt Jupiter den Begriff bzw. das Wort ME. Da der Name dieses Planeten des obersten sumerischen und babylonischen Gottes mit seinen vielen Namen (Enlil, Ningirsu, Ninurta, Marduk, Bel usw.) einer der wichtigsten ist, möchte ich ein paar Erläuterungen dieses Begriffes vorstellen, die von den Fachleuten vorgeschlagen worden sind, um die astrologische Funktion und Bedeutung Jupiters in dieser Position am Himmel näher zu erläutern.

In der sumerischen Literatur begegnet man eine Gruppe von Wörtern, die den Begriff ME enthalten, deren Bedeutung noch nicht ganz geklärt worden ist. Diese Wörter gehören aber eindeutig, nach der Meinung der Assyriologen, dem religiösen Bereich an. Hutter der »ME« ist der große sumerische Gott der Weisheit Enki/Ea.

Hier möchte ich die bisher vorgeschlagenen Interpretationen des Begriffs ME aufzählen:

ME wurde aufgefasst als: »Welt- und Kulturordnung«, »Befehl, Geheiß, Gebot«, »Los«, »Norm«, »Verborgenheit«, »Geheimnis«, »göttliche Ordnung«, »Beschwörung«, »göttliche Kräfte«, »Beschlüsse«. Andere Bedeutungsvorschläge sind: »Fatum« und »Heimarmene«, was Schicksal auf lateinisch und griechisch bedeutet. Der Begriff ME wurde auch aufgefasst als: »individualisierte Norm«, eine Art »Archetypus aller Wesen und Dinge« und als eine Annäherung dem platonischen Ideenbegriff.[178]

Aufgrund aller bisherigen Untersuchungen wurde die Bedeutung des Begriffs ME folgendermaßen zusammengefasst REALLEXIKON DER ASSYRIOLOGIE zusammengefasst:

> me, traditionell als »göttliche Kräfte« engl. »divine ordinances«, franz. »fonctiones divines« übersetzt, ist einer der schillerndsten Begriffe der sumerischen Religion. Er bezeichnet die göttliche Idee, die allem Existenten

---

[178] Karl Oberhuber, Der numinose Begriff ME im Sumerischen, Innsbrucker Beiträge zur Kulturwissenschaft, Sonderheft 17, Innsbruck 1963, S. 3.

immanent innewohnt. Diese Konzepte oder Archetypen der Zivilisation und Kultur, seien es staatliche oder religiöse Institutionen, geistige oder Gefühlswerte, seien es soziale Zustände, Berufe, Ämter oder auch irgendwelche Gegenstände oder Geräte, sind durchdrungen von den von den Göttern geplanten und verwirklichten »göttlichen Kräften«. Diese sind negativen Erscheinungen und Begriffen ebenso eigen wie positiven, können verloren gehen und wieder eingeführt, nicht jedoch zerstört werden. Zwar hat jeder Gott, jede Stadt, jedes Ding seine eigenen ME, insgesamt jedoch werden sie im Besitze des Gottes Enk in der Tiefe des Abzu gedacht. [...]

Das sumerische Wort gehört der Sachklasse an und ist, wie die häufige Doppelsetzung der zugeordneten Adjektive zeigt, pluralisch zu verstehen. So gibt es nicht nur me in ihrer Gesamtheit, sondern es können auch Einzelgruppen von sieben oder fünfzig me genannt werden (z.B. Inannas sieben me, und zwar handelt es sich dabei um Schmuck- und Kleidungsstücke, die sie in der Unterwelt ablegen muss). [...]

Die Liste der me enthält Begriffe wie Königtum, Priesterfunktionen, Insignien und Kleider, Begriffe aus dem sexuellen Bereich, Musikinstrumente, Verleumdung und Schmeichelei, Begriffe aus der Kriegsführung, Handwerkskünste, Ehrfurcht, Arbeit, Familie und Rechtsprechung. [...] Die Etymologie des Wortes bleibt unklar.[179]

- Mul Al-Tar – Jupiter am Westhorizont, »Stern des am Westhimmel Untergehenden«, Jupiter am Deszendenten. Akkadisch – Dapinu – »der Mächtige«, »der Könner«.
- Mul Amar-Ud – »Kind der Sonne«, »Kalb der Sonne«, »Stern des Marduk«.
- Jupiter als »Nibiru« – Jupiter als summus deus (oberste Gottheit), als der Regent der Planeten, Schöpfergott und Repräsentant des Weltkreislaufs. Jupiter in seiner Position als »Nibiru« wird auch als »Anu-Stern« bezeichnet.[180]

---

179 Dietz Otto Edzard, Artikel Me, in: Reallexikon der Assyriologie (RLA), Bd. 7, Walter de Gruyter, Berlin, New York 1987-1990, S. 610–611.

180 P. Felix Gössmann, Planetarium Babylonicum, Roma 1950, S. 107.

»Nibiru« – diese Ehrenbezeichnung Jupiters, ist einer seiner vielen Namen. Er kann aber auch als ein »astronomisch-technischer Begriff« bezeichnet werden. »Nibiru«[181] ist ein akkadisches Wort und ist abgeleitet von der Stadt Nippur, Nibru (akkadisch), in Mittelbabylonien, heute Nuffar. Nippur war Kultstadt des Gottes Enlil – Marduk. Jupiter als »Nibiru« wird als »Regent der Planeten« bezeichnet. Darauf bezieht sich die Stelle in dem Schöpfungsbericht:

> Nachdem er die Tage des Jahres in den himmlischen Zeichnungen angebracht, gründete er den Ort des Jupiter, um zu kennenzeichnen ihre Schranke, damit keiner abweiche, noch auch abirre. Und an einer anderen Stelle: »Möge sein Name sein Nibiru«. Von den Sternen des Himmels möge er festsetzen ihre Bahnen, wie ein Hirte möge er weiden die Götter sie alle.

Über Jupiter als Nibiru kommentiert Peter Jensen weiter:

> Da Nibiru Jupiter als der Herr der Ekliptik bezeichnet, möchte ich glauben, dass der Name mit *nibiru* = »Fähre« identisch ist. Wie die Fähre zwischen 2 Punkten immer hin und her fährt, ohne je von dem gewohnten Wege wesentlich abzuweichen, so bleibt Jupiter, mehr als die übrigen Planeten, stets der Ekliptik nahe.[182]

Das Wort bedeutet also »der Überschreitende«, »der Überschreiter«. Dieser Name wird für Jupiter benutzt, wenn er am Himmel den höchsten Punkt, die sogenannte Himmelsmitte überschreitet. In der Astrologie ist das Medium Coeli (MC). Jupiter als »Nibiru« bedeutet also »der Überschreiter des Meridians«.

Das ist die höchste Position eines Planeten im Horoskop und eine der wichtigsten *akzidentellen Würden*[183] in der klassischen Astrologie.

---

[181] Die Bezeichnung »Nibiru« für einen hypothetischen Planeten ist eine Erfindung aus der Science-Fiction-Literatur des 21. Jahrhunderts.

[182] Peter Jensen, Die Kosmologie der Babylonier, S. 128.

[183] Akzidentelle Würde eines Planeten ist ein Begriff aus der klassischen Astrologie und bezieht sich in erster Linie auf seine Hausposition. Ein Planet im Aufgang, am Aszendenten (AC) oder beim Kulminieren (am MC) hat eine starke

Als »Nibiru« wird Jupiter auch im babylonischen Monat Tešrit (Tašritu, Taschrit) bezeichnet, also als »Überschreiter der Jahresmitte.«

In einer babylonischen Sternliste ist über Jupiter als »Nibiru« Folgendes zu lesen:

> Wenn die Sterne Enlils vollendet haben (d.h. am Morgenhimmel verbleichen): der große Stern, sein Licht ist dunkel, er halbiert den Himmel und steht so da: (das ist) der Stern des Marduk – Nibiru: der Planet Jupiter, er verändert seine Stellung, überschreitet den Himmel.

Dazu der Kommentar von Ernst F. Weidner:

> Es handelt sich also um den Planeten Jupiter – Marduk, dem der Ostpunkt im Kosmos, der Frühlingspunkt im Kreislauf zueignet. Er, der Morgenplanet, steht in der Frühe, da die Gestirne verblassen, hoch oben am Südhimmel im Meridiane als Nibiru, d.h. Überschreiter der Himmelsmitte und befindet sich damit im Herrschaftspunkte des Kosmos. Der Nibirupunkt, der Sommersonnenwendpunkt und Höhepunkt des Kreislaufes, durch den der Jupiter als Nibiru geht, bildet zugleich den Höhepunkt des *ḫarrân šut il Enlill.* [184]

Das Wort Nibiru wird für Flussübergang gebraucht und entspricht der Vorstellung vom zweigipfeligen Weltberg und bezeichnet die Linie, auf der die Sterne und Planeten den Höhenpunkt des Tierkreises überschreiten.

Nibiru ist ein Ehrenname für die Gottheit bzw. für den Stern oder Planeten, der als *sumus deus* (oberste Gottheit) im Nordpunkt des Weltalls thront. Als Erster ist das der Himmelsgott Anu mit seinem Sitz im Nordhimmel. Es kann auch der Mond sein als Vollmond, wenn er seinen höchsten Punkt erreicht und die Sonne in Opposition zu ihm im Südpunkt steht – und selbstverständlich

---

akzidentelle Würde. Jupiter am MC oder ins 9. Haus überschreitend (als Nibiru also) kann sich frei entfalten. Ein Mensch mit Jupiter am MC oder im 9. Haus kann eine sehr hohe berufliche oder gesellschaftliche Stellung im Leben erreichen.

[184] Ernst F. Weidner, Handbuch der babylonischen Astronomie, Bd. 1, Der babylonische Fixsternhimmel, Hinrich'sche Buchhandlung, Leipzig 1915, S. 41.

Marduk-Jupiter. In einem astronomischen Keilschrifttext steht dazu: »Wenn Marduk in der Mitte (kabal) des Himmels steht, ist er der Nibiru.«[185] Über die Bedeutung des Begriffs »Nibiru« schreibt Hugo Winckler:

> Der Nibiru ist der Höhepunkt: Im Weltall ist das der Nordpol, in der Ekliptik der Sommerwendpunkt. Dieser gehört naturgemäß Anu als »obersten Gott«. Er ist der Knoten, in dem alles zusammenläuft, wie er der Schnittpunkt des Gradnetzes ist. Eine Bezeichnung scheint »Nabel« gewesen zu sein (das Band oder der Knotenpunkt, der das neue Leben mit dem alten verknüpft), die Griechen und Araber sprachen vom »Nabel der Erde«, als den dem Anupunkte entsprechenden der Erde. Jedes Nationalheiligtum beansprucht das zu sein. So Delphi, so Jerusalem, im Islam Bagdad.[186]

Als Nibiru kann z.B. Merkur *nicht* bezeichnet werden, weil er in der Nacht den Meridian nicht überschreiten und man ihn am Tag wegen seiner Sonnennähe nicht sehen kann (Merkur kann sich nicht mehr als 28 Grad Winkelabstand von der Sonne entfernen).[187] Sonst kann theoretisch jeder Planet als Nibiru bezeichnet werden, der kulminiert und sichtbar ist, d.h. nicht von der Sonne »verbrannt«, also in der Nähe der Sonne ist. Die Sonne gilt in diesem Zusammenhang bzw. Aspekt als »Todesgestirn«, denn sie macht die Planeten und die Sterne unsichtbar, sie schickt sie in die »Unterwelt«, sie gehen unter, wenn sie aufgeht.

Der sumerische Gott Enlil und der babylonische Marduk sind identisch. Enlil und Marduk waren die Namen der sumerisch-babylonischen Hauptgottheiten. Marduk war ursprünglich der Stammesgott der Amoriter, hat aber mit der Zeit den Platz vom sumerischen Gott Enlil eingenommen. Der Hauptkultort Enlils und wichtigstes Zentrum der sumerischen Religion war Nippur. Sein

---

[185] Alfred Jeremias, Das Alte Testament im Lichte des Alten Orients, Hinrich'sche Buchhandlung, Leipzig 1906, S. 21 (astronomischer Keilschrifttext Rawlinson III 54, Nr. 5).

[186] Hugo Winckler, Die babylonische Weltschöpfung, Leipzig 1906, Der Alte Orient, Achter Jahrgang, J. C. Hinrich'sche Buchhandlung, Leipzig 1907, S. 33.

[187] Peter Jensen, Die Kosmologie der Babylonier, S. 119.

Tempelturm dort hieß E-KUR oder Imḫursag – »Haus des Weltbergs« sowie Dur-An-Ki – »Band des Himmels und der Erde«. Der Planet Enlils und Marduks ist Jupiter. Marduk war Hauptgott der Stadt Babylon. Der Name Marduk war ursprünglich sumerisch aus ^{dingir}Amar-Utu – »Jung(s)tier der Sonne« oder Jungstier des Sonnengottes und wurde im Weltschöpfungsmythos »Enuma elisch« akkadisch uminterpretiert als Mar-(d)utu: »Sohn des Sonnengottes«.[188]

Der Name Enlil ist zusammengesetzt aus En und Lil, was »Herr des Windes« bedeutet. Er war »Herr des Landes« und »Herr der Menschen«. Sein Vater ist der Himmelsgott An, seine Gemahlin die Göttin Ninlil.

Jupiter ist auch mit dem sumerischen Stadtgott Ningirsu (Herr von Girsu) oder Ninurta, dem Hauptgott von Lagasch und Girsu, identisch. Das Wappentier Marduks ist wie beim griechischen Zeus und beim römischen Jupiter viel später der Adler, der Vogel Imdugud. Der Adler ist der Vogel des sumus deus (des obersten Gottes).

Die Zahl Marduks bzw. Jupiters ist 50. Das ist die Zahl des gesamten Kreislaufs des Weltalls, den Marduk in seiner Erscheinung verkörpert, denn das Mondjahr hat 50 Siebenerwochen.[189] Sein Tempel trägt den Namen »E-ninnu« – »Haus der 50«.

Jupiter ist im Tierkreiszeichen Krebs *erhöht* (Hypsoma, ὕψωμα auf Griechisch), hat dort seinen »geheimnisvollen Ort der Offenbarung« – »ašar niṣirti« auf Akkadisch, weil sich dort nach der Vorstellung der Babylonier der Sitz des obersten Himmelsgottes, seines Vaters An, befindet.

Als Ergänzung zu Jupiter sind vielleicht noch die Namen seiner »vier Hunde« zu erwähnen. In der babylonischen Mythologie werden dem obersten Gott Marduk »vier Hunde« beigegeben. Man vermutet, dass da die vier Monde des Planeten Marduks – Jupiter

---

188 Brigitte Groneberg, Die Götter des Zweistromlandes, Artemis & Winkler Verlag, Düsseldorf/Zürich 2004, S. 87.

189 Alfred Jeremias, Das Alte Testament im Lichte des Alten Orients, Handbuch zur Biblisch-Orientalischen Altertumskunde, Hinrich'sche Buchhandlung, Leipzig 1904, S. 16.

gemeint sein können. Die babylonischen Namen der »vier Hunde« Marduks sind: Ukkumu (»Pack an«) Akkûlu (»Vielfraß«), Ikshuda (»Einholer«), Iltipu (»Schnapper«)[190].

Die vier Monde bzw. Trabanten Jupiters wurden zum ersten Mal vom italienischen Astronom Galileo Galilei 1610 beschrieben. Ihm zu Ehre wurden sie Galileische Monde genannt. Ihre Namen sind Io, Europa, Ganymed und Kallisto.

---

[190] Fritz Hommel, Aufsätze und Abhandlungen, III, 1., Nr. 10. Die Astronomie der alten Chaldäer, Verlag von Hermann Lukaschik, 1901, S. 382.

Abbildung 17:
Jupiter am Osthorizont,
Mul Šul-Pa-E,
»Der Strahlende«,
»Aufsteigende«

Abbildung 18:
Jupiter,
Mul Sag-Me-Gar,
»Anführer, der Vorzeichen gibt«,
»Stern des Aufsteigenden«, »Stern des Kultes«,
»Der die Zeichen setzt«,
» der Tonangeber«

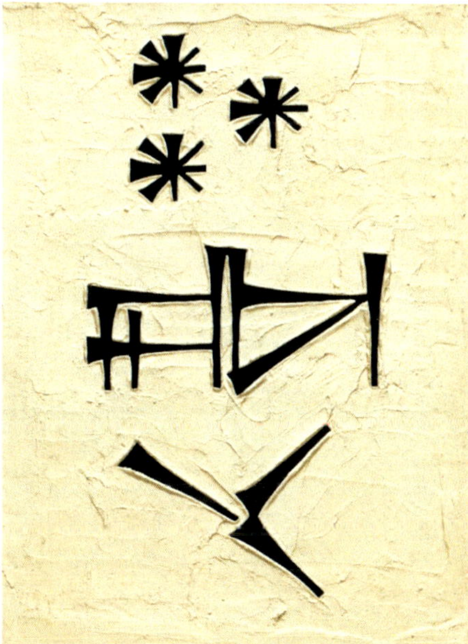

Abbildung 19:
Jupiter am
Westhorizont,
Mul Al-Tar,
»Der Absteigende«

Abbildung 20:
Jupitor,
Mul Amar-Ud,
»Kind der Sonne«

Mars – die dritte Stufe der Zikkurat

- Mul Udu-Idim-Dirig – »der Rote Stern«.
- Mul Hul – »Stern des Bösen«, »der Böse«.
- Mul Lu-Kur-Ra – »der feindliche Stern«, »der Ausländer«.
- Mul Lul-Ra – »Stern des Lügners und des Mörders«.
- Mul Nim-Ma-Ki – »der Stern von Elam« (Feindesland).
- Mul Lugal Girra – »Herr der Stärke« – Name für Gott Nergal.
- Dingir Masch-Masch (Bar-Bar) – »der Fremde« – Name für Gott Nergal.
- Mul Zal-Bat (anu) – akkadisch Salbatānu – »der feindlich gesinnte Stern«.
- Mul Ur-Bar-Ra – »der Wolf«, »böser Hund«, akkadisch ^{kakkab} Barbaru (»Stern des Wolfes«).

Abbildung 21: Mars, Mul Udu-Idim-Dirig, »Der Rote Stern«

Abbildung 22
Mars,
Mul Hul,
»Stern des Bösen«,
»Der verderbliche Planet«

Abbildung 23:
Mars,
Mul Lu Kur Ra,
»Der feindliche Stern«,
»Der Ausländer«

Abbildung 24:
Mars,
Mul Lul-Ra,
»Stern des Lügners und des Mörders«

Abbildung 25:
Mars,
Mul Nim-Ma-Ki,
»Der Stern von Elam«
(Feindesland)

Abbildung 26: Mars, Mul Lugal Girra, »Herr der Stärke«

Mars war wegen seiner Farbe schon bei den Sumerern der »rote Planet« – Mul Dir (Dirig) genannt. In der Astrologie galt Mars auch wegen seiner roten Farbe als »unheilbringender«, »feindlicher«, »aufrührerischer« Planet.

In einer babylonischen Sternliste wird eine ganze Reihe von Namen für Mars aufgeführt, die von Tieren abgeleitet werden und sich entweder auf seine Sichtbarkeit oder auf den Einfluss beziehen. Das sind zum Beispiel »der Fuchsstern«, »der Adlerstern« oder »der Leopardenstern«. Oder z.B. »der Räuberstern«, »der verderbliche Stern«, »der von Tod strotzende Stern« oder »der unberechenbare Stern«.[191]

Ein anderer Name ist »der elamische Stern«. Das Land Elam im Osten (heute im Gebiet Irans) war der Todfeind Babyloniens. Daher ist es nicht verwunderlich, dass man den unbeliebten Planeten

[191] Ernst F. Weidner, Handbuch der babylonischen Astronomie, Bd. 1, Der babylonische Fixsternhimmel, Hinrich'sche Buchhandlung, Leipzig 1915, S. 11.

Mars mit dem Feind assoziierte. Am liebsten hatte man es, wenn Mars am Himmel gar nicht erschien oder sichtbar war.

In der modernen Astrologie hat man die Einstellung gegenüber dem Planeten bzw. dem Archetyp und Prinzip Mars relativiert und erlebt man ihn als reine Energie, die, kultiviert eingesetzt, unentbehrlich ist.

Vom »göttlichen Zorn«

Als ein Teilaspekt des Göttlichen manifestiert sich Mars in seiner destruktiven, zerstörerischen Form als »Zorn«. Dieser »Zorn Gottes« wird sehr schön dichterisch zum Ausdruck gebracht im altorientalischen Erra-Epos. Erra oder Irra ist einer der vielen Namen des sumerisch-babylonischen Kriegs-, Pest- und Seuchengottes Nergal. In Kriegszeiten kam es oft zu Seuchen, die sogar oft mehr gefürchtet waren als der Krieg selbst. Nergal/Erra war auch der Gott der Unterwelt, verheiratet mit Ereschkigal, mit der düsteren Herrin des »Landes ohne Wiederkehr«, der Göttin des Reichs des Todes. Er wurde als der »mutigste« und »tapferste« oder als der »heldenhafte« unter den Göttern bezeichnet. Sein Heiligtum war in der Stadt Kutha in Nordbabylonien.

Der Verfasser dieses Epos ist Kabri-ilāni-Marduk, Sohn des Dabibu, der, wie es heißt, den Text in einer Vision erhielt. Das Gedicht datiert ca. ins 1. Jahrtausend v. Chr. und man vermutet, dass es im Zusammenhang mit den politischen und kriegerischen Unruhen in Mesopotamien in der Zeit zwischen 765 und 763 v. Chr. oder mit den Einfällen der Aramäer um die Jahrtausendwende entstanden ist.

Eines Tages beschließt der Kriegsgott Erra, die Macht an sich zu reißen und Babylon und seine Bewohner zu zerstören. Der Grund ist, dass die Menschen keinen Respekt mehr den Göttern gegenüber zeigen, vor allem weil sie ihren Kult vernachlässigt haben und sie durch ihren Lärm stören. Erra bewegt den Stadtgott von Babylon, Marduk, mit einer List dazu, ihm die Weltherrschaft zu überlassen. Marduk überlässt seine Macht über Babylon und seine

Einwohner, nachdem er sich vergewissert, dass Erra keinen Missbrauch mit der ihm übergebenen Gewalt treiben wird, und begibt sich in die Unterwelt. Der Kriegsgott aber bricht sein Wort. Nun wird die Stadt von Krieg, Verwüstung und Seuchen heimgesucht. Išum (Ischum), der Wesir des Kriegsgottes, beruhigt ihn schließlich und so beschließt Erra dann, die Stadt noch schöner und prächtiger aufzubauen.

Das Epos von Erra

Trotz seiner kriegerischen Stimmung wird Erra von Lethargie befallen und kann sich nicht dazu durchringen, zu handeln. Er heißt seine Waffen im »Schrank aufgestellt zu bleiben«, aber diese »Waffen«, unter denen die Sebitti, sieben Krieger-Götter, die an seiner Seite marschieren, herausragen, machen ihm Vorhaltungen und beginnen ihn zu provozieren:

Warum bleibst du in der Stadt wie ein schwacher alter Mann?
Wie kannst du zu Hause bleiben wie ein lispelndes Kind?
Sollen wir das Brot der Frauen essen wie jemand,
der nie auf Schlachtfeld marschiert ist?
Sollen wir furchtsam und unruhig sein,
als ob wir keine Kampfeserfahrungen hätten?
Auf das Schlachtfeld zu ziehen, ist für junge Männer so gut wie ein Fest.
Sie klagen, dass sie bald nicht mehr kriegstauglich sein werden:
Und wir, die wir die Gebirgspässe kennen, wir haben die Straße ganz vergessen.
Spinnweben haben sich über unsere Feldrüstung gezogen.
Unsere treuen Bogen haben sich aufgelehnt und sind nicht mehr biegsam genug für unsere Kräfte
Die Spitzen unserer scharfen Pfeile sind stumpf.
Unsere Dolche sind von Grünspan zersetzt,
weil sich nicht genügend geschlachtet haben.«

Der Krieger in Erra wird durch diese Worte aufgeweckt. Erra ist entschlossen gegen Marduk anzutreten. Er begibt sich in dessen Tempel in Babylon und sagt ihm unverblümt, dass sein Kleid schmutzig und seine Krone verrostet isi. Erra überredet Marduk, zu den Handwerkern, die den Glanz der Insignien Marduks wiederherstellen können, in das Reich unter der Erde hinabzusteigen, und verspricht ihm, dass er in der Zwischenzeit über den Himmel und der Erde herrschen und wachen wird.

In der Abwesenheit Marduks verwüstet der Kriegsgott Erra Babylon, verwandelt es in eine Wüste, entweiht die heiligen Schreine, legt die königlichen Paläste in Schutt und Asche und sät Streit unter den Menschen. Der Wesir Erras Ischum beschreibt verzweifelt, nach seinem erfolglosen Beschwichtigungsversuch, welche Zustände durch Erras Wüten in Babylonien eingezogen sind.

Der, die Waffen nicht kennt, zieht seinen Dolch aus der Scheide,
Der, die Schlacht nicht kennt, macht Krieg.

Ischum berichtet, dass selbst Marduk »Wehe« gerufen und sich ans Herz gegriffen habe. Erra zeigt sich uneinsichtig und spricht alle Götter an:

Seid ruhig, ihr alle, und vernehmt, was ich zu sagen habe!
Was wäre, wenn ich den Schaden absichtlich bereiten wollte,
den meine unrechten Taten verursacht haben?
Wenn ich wütend bin, zerstöre ich Menschen.

Am Schluss beruhigt ihn sein Wesir Ischum mit den Worten:

Krieger, sei still und höre meine Worte!
Was wäre, wenn du jetzt ruhest, und wir dich bedienten?
Wir wissen alle, dass niemand dir in deinem Zorn standhalten kann.[192]

Besänftigt kehrt der Kriegsgott Erra in seinen Tempel in Kutha zurück.

---

[192] Felix Gössmann, Das Erra-Epos, Augustinus, Würzburg 1955; auch in: Mythen aller Kulturen, Mesopotamische Mythen, Henrietta McCall, Philipp Reclam, Stuttgart 1993, S. 112–116.

Aus den letzten Worten des Wesirs wird ersichtlich, dass der Zorn eines der Hauptattribute des Kriegsgottes ist. Darum gehört der Zorn zu den »sieben Todsünden« und entspricht in der Astrologie dem Planet Mars.

Mars ist der alte Herrscher des Tierkreiszeichens Skorpion. In der modernen Astrologie wird Mars-Nergal im Skorpion durch Pluto ersetzt. Pluto, als Herr der Unterwelt und des Todes, wird in seinem negativen Aspekt in der Astrologie auch mit Massenkatastrophen, Epidemien, Mord und Totschlag assoziiert.

Mars ist im Tierkreisbild Steinbock *erhöht*, dort ist sein Hypsoma (»Ort mit höchster Offenbarungskraft«). Wo kann er denn am besten seine Energie kontrolliert einsetzen und kultivieren, wenn nicht im saturnischen Bild des Steinbocks? War Erras Wesir Ischum, der den Kriegsgott als Einziger zu beruhigen vermochte, vielleicht ein Saturnier?

Sonne – die vierte Stufe der Zikkurat

Die Hymne an die Sonne

Erleuchter der Erde, Richter des Himmels,
Erheller des Dunkels, droben und drunter! Schamasch!

Niedergeworfen hält wie ein Netz das Land dein Strahlenglanz;

Die den Lebensodem haben, die weidest du allzumal;
du bist ihr Hirt, seien sie oben oder drunten.

Du durchmisst die Himmelsbahn, ständig immer wieder,
gehst über die weite Erde einher, Tag für Tag.
Den Weg über Moor und Gebirge, die Erde, den Himmel
gehst du ständig Tag für Tag.

Von allen Ländern, die in ihrer Sprache so verschieden sind,
kennst du ihre Anschläge, siehst du ihren Wandel.

Welche sind die Berge, die mit deinem Strahlenglanz nicht umkleidet sind?

Aufheller der Finsternis, Erleuchter der Dunkels,
der die Dunkelheit aufbricht, die weite Erde erleuchtet, den Tag aufhellt,
die Mittagsglut auf die Erde herabsendet in den Mittagsstunden.[193]

Bekannt unter dem Namen »Die große Hymne auf Schamasch«, wurde dieser Text in der Bibliothek des Königs Assubanipal gefunden. Die Entstehungszeit wird auf das Jahr 1200 v. Chr. angesetzt. Die wenigen Zeilen oben aus der großen Hymne zeigen die Bewunderung der Babylonier für das große Licht, wie die Sonne in der Astrologie genannt wird.

Der Sonnengott Utu auf Sumerisch oder Šamaš auf Akkadisch, wird als Bewahrer der Menschen, als oberster, gerechter Richter, als Garant für Wahrheit und Recht besungen. In dieser Hymne bringt Ŝamaš den bestechlichen Richter ins Gefängnis und führt den ungetreuen Beamten der Bestrafung zu; er sorgt dafür, dass der Betrüger seinen unehrlichen Gewinn nicht ernten kann, gibt aber dem unbestechlichen und Ehrlichen die Fülle des Lebens. Derselbe Šamašhymnus zeigt aber auch, dass der Lohn des Frommen ebenso wie die Strafe des Sünders nur *diesseitig* sein konnte. An ein wirkliches Jenseits haben die Babylonier nicht geglaubt. Das unterirdische Totenreich war für Gute und für Böse gleich trostlos und ein Schattendasein wurde nie als Leben bezeichnet. Aus diesem Grund wurde auch die Idee eines Totengerichts nie richtig ausgebildet. Die sogenannten Unterweltsrichter entscheiden aufgrund der Taten der Menschen nicht über die Art des Daseins nach dem Tode, sondern über Leben und Tod des einzelnen Menschen. Die Sonne als Gott der Wahrhaftigkeit und Gerechtigkeit verlangte eine menschliche Ethik, aus der eine Staatsethik entwickelt und in der Gesetzgebung verankert wurde. Schon in altbabylonischer Zeit bestand die Überzeugung, dass die Götter sich nicht allein mit einer rein kultischen Verehrung begnügten, sondern auch ein sittliches Leben von den Menschen verlangten. Die Nichterfüllung dieser Forderung wurde

[193] Wolfram von Soden, Sumerische und akkadische Hymnen und Gebete, hrsg. von A. Falkenstein, Artemis Verlag, Zürich-Stuttgart 1953, Aus dem großen Hymnus an Schamasch, S. 240–247.

als »Sünde« betrachtet.[194] Aus dieser Vorstellung heraus ist auch später die Idee von den sieben Todsünden und Kardinaltugenden entstanden, die wieder den sieben Planetenprinzipien entsprachen und somit einen astrologischen Ursprung haben.[195]

Utu oder Šamaš war Beschützer der Armen und Schwachen und ein Gott der Gnade. Die Könige ließen sich vom Sonnengott die Rechtmäßigkeit ihrer politischen Macht bestätigen. Die Sonne hatte aber in der sumerisch-babylonischen Religion und Mythologie auch einen negativen Aspekt. Sie wurde auch als eine todbringe Gottheit und Kraft gesehen, nicht nur wegen der zu bestimmten Jahreszeiten unerträglichen, mörderischen Hitze, die alles austrocknen und sterben ließ, sondern sie machte alle anderen Gottheiten und Sterne »unsichtbar« in dem Moment, wo sie erschien. Darum wurde die Sonne auch mit dem Unterweltsgott Nergal gleichgesetzt. In der Nähe der Sonne zu verweilen kann lebensgefährlich sein, auch im Geburtshoroskop, nach der Lehre der klassischen Astrologie. Darum gilt die »Verbrennung« eines Planeten von der Sonne im Horoskop *akzidentell* als sein schlimmster Zustand. Die Nähe zum »König«, zur Sonne ist also nicht immer förderlich, sie kann auch »tödlich« ausgehen, das lehrt die Geschichte der klassischen Astrologie. In den südlichen Kulturen wie der sumerisch-babylonischen, wurde die Sonne zwar als göttlich verehrt, das milde Licht des Mondes in den kühleren Nächten wurde aber mehr geschätzt. Die Hitze des Tages wurde gemieden, das richtige Leben begann, so wie es auch heute in südlichen Ländern ganz normal ist, erst am späten Nachmittag. In altbabylonischer Zeit wurde der Sonnengott Šamaš von den nördlichen Babyloniern selbstverständlich mehr verehrt als der Utu bei den Sumerern, die im Süden Mesopotamiens lebten.

Die Sonne wurde ursprünglich als eine Scheibe, aufgehend zwischen zwei Bergen dargestellt. Dieses Bildzeichen ist in der

---

[194] Wolfram von Soden, Aus Sprache, Geschichte und Religion Babyloniens, Istituto Universitario Orientale, Neapel 1989, Religion und Sittlichkeit, S. (149) 7.

[195] Vgl. Julia Dimitrov, Die Sieben Todsünden und Kardinaltugenden in der Astrologie, Chiron Verlag, Tübingen 2017.

Keilschrift auch das Wort für Tag. In babylonischer Zeit wurde Šamaš als eine geflügelte Scheibe dargestellt.

Der Tempel des Sonnengottes in Sippar und in Larsa hieß E-Babbar – »Haus des Erleuchteten«. In Mesopotamien wurden die Sonnenfinsternisse v.a. genau beobachtet und vorausberechnet. Sie wurden gefürchtet, da sie als eine große Gefahr für den König und den Staat gedeutet wurden.

Abbildung 27: Die Sonne, Ud, Utu, (ohne Determinativ Mul für Stern)

Die Zahl der Sonne in der sumerisch-babylonischen Astrologie und Mythologie ist 20. Das Symbol für die Sonne in der Astrologie und in der Astronomie heute ist ein Kreis mit einem Punkt in der Mitte. Dieses Sonnensymbol ist ägyptisch und ist gleichzeitig die Hieroglyphe für das Personalpronomen 1. Person, für das »Ich«. Das ist auch eine der wichtigeren Bedeutungen in der Astrologie und in einem Geburtshoroskop.

In der sumerischen Astrologie und Astronomie wird die Sonne nur mit einem Kreis dargestellt, gebildet durch vier Keile. Das Symbol des Kreises wird verstanden als das allumfassende göttliche Prinzip, als der Anfang und das Ende aller Dinge. Alle Planeten und Götter werden als Teilaspekte dieses allumfassenden Prinzips verstanden, als Teilattribute des Seins, als Teile der Sonne. Auch in der

Astrologie werden die einzelnen Planeten als Teilattribute einer allumfassenden göttlichen Kraft verstanden. Diese allumfassende göttliche Kraft wird im Geburtshoroskop durch die individuelle Position der Sonne angezeigt.

Die Sonne im Geburtshoroskop symbolisiert auch das bewusste Ego. Dieses Ego, auf Griechisch εγο, steht für das Ich-Bewusstsein, und die Individualität. Hier geht es nicht um ein egoistisches, selbstbezogenes Verhalten auf Kosten der anderen, sondern dieses Ego ist das Zentrum der Persönlichkeit, sein Wesenskern. Wie die Sonne das Zentrum unseres Universums ist, um das sich alle Planeten drehen, so dreht sich alles in unserem Leben um unsere Existenz. Das ist ein biologisches Naturgesetz. Diese Sonne, dieses »Ich« der Persönlichkeit, ist das Zentrum des Horoskops, die Triebkraft, der Motor, das Herz, das »Atomkraftwerk« unseres Körpers, der unermüdlich funktioniert und uns am Leben erhält, ununterbrochen, bis er eines Tages erblasst, schwach wird und stirbt, wie ein Stern. Ja, unsere Sonne im Horoskop ist ein Stern, unser Stern! Sie stirbt auch und wir mit ihr, so wie unsere Sonne in unserem Universum, in unserem Sonnensystem auch eines Tages sterben wird und wir mit ihr.

Venus – die fünfte Stufe der Zikkurat

In Mesopotamien hatte die Göttin Venus, – Inanna (sumerisch, wahrscheinlich aus Nin-Anna), Ištar (Ischtar akkadisch) – die Herrin des Himmels eine überragende Bedeutung. In Uruk, in ihrer heiligen Stadt, galt sie als die Tochter des obersten Himmelsgottes An. Inanna hatte einen Doppelcharakter und ist wie jede Gottheit als »mannweiblich« zu verstehen. Als Morgenstern war sie die »Herrin von Kampf und Schlacht«. In assyrischen Königsinschriften erscheint sie als »Herrin der Schlacht« und als »die Göttin, die des Feindes Waffen zerbricht«. Ihre Waffe ist der Morgenstern. Als Abendstern war sie die Liebesgöttin und die »die Gebärerin aller Menschen«. Inanna ist es, die alle Kreaturen gedeihen lässt. Ohne sie stirbt die ganze Natur. Sie war eine der mächtigsten Göttinnen in der sumerisch-babylonischen Religion und Mythologie und hatte deshalb in der Astrologie eine wichtige Bedeutung. Darum wurde Venus seit Urzeiten beobachtet. Die Namen der Venus sind auch deshalb viele. Sie herrscht über die ganze Welt. Sie galt zuerst als Tochter des Himmelgottes An, später wurde sie in den Stand der »Himmelsherrin«, der »Himmelskönigin« erhoben. Sie, Inanna und ihr Planet Venus, hat, wie der Mond, auch *ihre Phasen*. Es ist erwiesen, dass die Babylonier die Phasen der Venus schon kannten, denn in dem Omina-Werk ENUMA ANU ENLIL[196] werden die »Hörner der Venus« genannt.

Venus gilt in der sumerischen und babylonischen Mythologie als »Königin des Himmels«. In einem Hymnus heißt es: »Die Anunnaki[197] gleich Schafen weide ich.« Ihr, der sumerischen Göttin Inanna bzw. der babylonischen Ištar (Ischtar), wurde mit der Zeit die Funktion der obersten weiblichen Gottheit zugeschrieben, der Allmutter mit ihren vielen Funktionen und Eigenschaften, sowie das Ewigweibliche allgemein mit seinen positiven und negativen Aspekten.

Inanna-Ischtar war die Göttin der Frauen, Göttin der Fruchtbarkeit, Göttin der Liebe, Göttin der Schönheit, aber auch eine Kriegsgöttin. Dann gilt sie als aktiv und männlich. Sie wird darum auch manchmal mit einem Bart dargestellt, als »Venus barbata«. Für den Charakter und die Art der Manifestation der Göttin ist, wie

---

196 Das ENUMA ANU ENLIL ist eine Sammlung von etwa 7000 babylonischen Omina-Texten, die in der Bibliothek des assyrischen Königs Assurbanipal und in Babylon gefunden wurden. Die ältesten Texte reichen bis ins 2 Jh. v. Chr. Diese astronomischen Aufzeichnungen enthalten Mondbeobachtungen, Sonnenfinsternisse, Stern- und Planetenkonstellationen (z.B. Venusbeobachtungen), Wetterphänomene, Erdbeben und andere Naturkatastrophen.

197 Bei der Verteilung der Fixstern-Sphären auf Anu, Enlil, Ea, gehörte Venus (Ištar) als Führerin zur Anu-Sphäre. Die Anunnaki sind im Unterschied zu den Igigi (die Zirkumpolarsterne) die Fixsterne, die nicht zirkumpolar sind und im Süden unter den Horizont hinabsteigen. Sie sind mythologisch die Richter der Unterwelt, die auf »goldenen Thronen« sitzen und mit der Schicksalsgöttin über Leben und Tod entscheiden. Die Anunnaki sind also keine »Außerirdischen« aus dem hypothetischen »Planeten Nibiru«, die laut dem Science-Fiction-Autor Zecharia Sitchin die Menschen als Arbeitssklaven erschaffen hätten.

bei allen anderen Prinzipien, die Lage des Planeten Venus am Himmel von entscheidender Bedeutung.

Die Zahl der Göttin Inanna und ihres Sterns Venus ist 15. Ihre heiligen Tiere sind der Löwe und die Schlange. Außer dem Tierkreisbild Fische, ist nach babylonischer Vorstellung auch der Löwe das Hypsoma-Tierkreisbild des Planeten der Göttin Inanna/Ištar.[198] Der Löwe, als das Tier der Göttin Ištar, ist auf dem Ištar-Tor von Babylon abgebildet.

- Mul Dingir Nin-Dar-An-Na – der älteste Name der Venus – 3. Jahrtausend v. Chr. – »Stern der bunten Herrin des Himmels«.
- Mul Dingir Inanna – Stern der Göttin Inanna – Göttin der Frauen und der Schwangeren.
- Dingir Nin-An-Na – »Herrin des Himmels«. Dingir ist Determinativ für Gott oder Göttin, Nin bedeutet Herrin, An-Na bedeutet »des Himmels«.
- Dingir Nin-An-Na ist ein Name der Inanna–Ischtar als Venusstern.[199]
- Mul Dingir Ti-Sar-A – »Stern der Göttin des Lebens«, »des fruchtbaren Gartens« (sinngemäß) Ti – Leben; Sar – Garten, Obstgarten; A – Wasser.
- Mul Nun-Sar-A – »Stern des erhabenen, fürstlichen Gartens«.
- Mul Dingir Nin-Si-An-Na – »Stern der am Himmel strahlenden Göttin«.
- Mul Nun-Dir – »Stern der Übergroßen, Erhabenen«.
- Mul Nun-Dim – »Stern der erhabenen, fürstlichen Säule« (Pfeiler).
- Mul Gisch Ban – der Bogenstern – »Stern, der die Gewalt niederwirft«
- »Stern des erhabenen Baumes«.

---

[198] »Der Löwe ist Hypsoma der Venus, daher Deckname für diesen Planeten«. In: P. Felix Gössmann, Sumerisches Lexikon, Planetarium Babylonicum, Verlag des päpstlichen Bibelinstituts, Rom 1950, S. 66.

[199] Reallexikon der Assyriologie (RLA), A. Cavigneaux, M. Krebernik, Bd. 9, Walter de Gruyter Verlag Berlin New York, 1998–2001, S. 328.

- Mul Zib – »Stern der Liebenden« – Venus als Abendstern.
- Mul Im-Schu-Girin-Na-Nu-Kusch-Scha-E-Ne – »Stern der nie ruhenden Glutöfen« – mit »e-ne« am Schluss. So wird die Mehrzahl im Sumerischen bei diesem Namen zum Ausdruck gebracht. Damit ist Venus als Morgen- und als Abendstern zu verstehen.[200] In diesem Namen will man auch den ausdauernden und besonders hellen Glanz des Planeten Venus betonen.
- Mul Dil-Bad – (akkadisch Delepat) – »Der glänzende unter den Sternen« – Venus als Morgenstern.

Venus als Morgen- und Abendstern war bei den Babyloniern schon am Anfang des 2. Jahrtausend v. Chr. als derselbe Planet bekannt, bei den Griechen nicht vor dem 6. Jahrhundert v. Chr.[201]

In der klassischen Astrologie wird der Morgenstern als »männlich« (aktiv), der Abendstern als »weiblich« (passiv) definiert und interpretiert. Diese Definitionen stammen aus der babylonischen Mythologie und Astrologie:[202]

> Die Erkenntnis, dass Morgenstern und Abendstern eins sind ist auch in Texten aus Ninive mythologisch bezeugt, und zwar mit der Angabe, dass Venus im Westen, also als Abendstern, die weibliche Venus, im Osten, also als Morgenstern, die männliche Venus sei. Diese mythologische Spaltung ist dieselbe, die später die Griechen übernehmen, indem sie ihre Madonna Athene als Kriegsgöttin trennen von Aphrodite, der Liebesgöttin. Die männliche Morgenstern-Göttin ist dann immer die kriegerische, die weibliche Abendstern-Göttin die Göttin der Liebe im Sinne des Eros.

---

200 Die Erkenntnis, dass Venus-Morgenstern und Venus-Abendstern identisch sind, muss schon der sumerischen Zeit angehören. Vgl. Ernst F. Weidner, Handbuch der babylonischen Astronomie, Bd. 1, Der babylonische Fixsternhimmel, Hinrich'sche Buchhandlung, Leipzig 1915, S. 7.

201 Franz Boll, Sternglaube und Sterndeutung, unter Mitwirkung von Carl Bezold, Teubner Verlag, Leipzig und Berlin 1931, S. 46. Auch bei: Alfred Jeremias, Artikel *Sterne (Venus)*, in: W. H. Roscher, Ausführliches Lexikon der griechischen und römischen Mythologie, Bd. 4, Hildesheim 1965, Spalte 1478.

202 Alfred Jeremias, Handbuch der altorientalischen Geisteskultur (HAOG), Walter de Gruyter Verlag, Berlin und Leipzig 1929, S. 170.

Abbildung 28: Venus, Mul Dingir Nin-Dar-An-Na, »Die bunte Herrin des Himmels«

Abbildung 29: Venus, Mul Dingir Inanna, »Stern der Göttin Inanna«

Abbildung 30:
Venus
Mul Dingir Ti-Sar-A,
»Stern der Göttin des Lebens, des fruchtbaren Gartens«

Abbildung 31:
Mul Nun-Sar-A,
»Stern des erhabenen, fürstlichen Gartens«

Abbildung 32: Venus, Mul Dingir Nin-Si-An-Na »Stern der am Himmel strahlenden Göttin«

Abbildung 33: Venus, Mul Nun-Dir, »Stern der Übergroßen, Erhabenen«

Mul Dingir Ti-Sar-A oder Mul Nun-Sar-A, diese Namen der sumerischen Göttin können mit der Gartenwirtschaft in Mesopotamien in Verbindung gebracht werden. Das Sumerogramm *Sar* erinnert auch sehr an einen Blumentopf. Venus ist schließlich auch die Göttin der Fruchtbarkeit. Innerhalb der Städte wie vor ihren Toren und in den Dörfern gab es überall im alten Sumer und in Babylonien, wo es genügend Wasser gab, Gärten. Da wuchsen und gediehen allerlei Gemüse und Kräuter. Es gab auch Fruchtbäume. Die Dattelpalme hatte unter ihnen die größte wirtschaftliche Bedeutung. In Babylonien waren Datteln eines der wichtigsten Lebensmittel. Um Früchte zu tragen, braucht sie aber viel Wasser. Das letzte Sumerogram mit diesem Namen der Venus (Abb. 30 und Abb. 31) ist das Wasser mit den zwei vertikalen Keilen als *A* dargestellt. Ursprünglich war dieses Zeichen horizontal mit zwei Wasserwellen dargestellt, wie beim heutigen Symbol des Tierkreiszeichens Wassermann.

Es gab auch andere Obstbäume wie Feigen, Granatapfel und Apfelbäume. In den Gärten wurden auch Zier- und Nutzbäume gepflanzt. Es gab auch Baumgartenanlagen, die im Besitz der Tempel waren. Die Könige in Assyrien z.B. legten auch große Parks mit vielerlei Obst- und Ölbäumen, die auch als Tierparks benutzt wurden. Dort wurden viele nicht einheimische Bäume und Pflanzen angepflanzt. Es sind schriftlich sehr viele Namen von Gartenpflanzen überliefert. Sehr viele Pflanzen wurden auch in der Medizin gebraucht.

In Urkunden und Briefen aus Babylonien und Assyrien sind Angaben über den Ertrag aus den Gärten in Fülle vorhanden. Auch der Gärtner (akkadisch *nukaribbu*) wird in den Keilschriften sehr häufig genannt, was als ein Zeichen für die große Bedeutung der Gartenwirtschaft gedeutet wird.[203]

Der Sinn des menschlichen Lebens, gesehen durch die Göttin der Liebe und der Schönheit, der Fruchtbarkeit, des Genusses und

---

[203] Wolfram von Soden, Einführung in die Altorientalistik, Wissenschaftliche Buchgesellschaft Darmstadt 1985, S. 96 ff. unter »Gärten«.

der schönen Künste, kommt zum Ausdruck bei den Sumerern und Babyloniern im Gilgamesch-Epos durch den Mund der Schenkin Siduri. Sie als Vertreterin der Göttin Inanna/Ischtar, gibt dem Gilgamesch, nachdem er fest entschlossen glaubt, das Mittel für die Unsterblichkeit zu finden, folgenden Rat auf dem Weg:[204]

Die Schenkin sagt zu ihm, zu Gilgamesch:
»Gilgamesch, wohin läufst du?
Das Leben, das du suchst, wirst du nicht finden!
Als die Götter die Menschen schufen,
Bestimmten sie für den Menschen den Tod,
Das Leben behielten sie in ihrer Hand!
Drum Gilgamesch, fülle deinen Leib,
Freue dich bei Tag und Nacht,
Feire jeden Tag ein Freudenfest!
Tag und Nacht spring und vergnüge dich!
Ziehe reine Kleider an,
Wasche dein Haupt und bade dich im Wassser,
Schau froh auf das Kind, das dich an der Hand hält,
Und dein Weib freue sich in deinen Armen«.

[204] Das Gilgamesch Epos, in Übersetzung von Hermann Ranke, Marix Verlag, Wiesbaden 2006, S. 69

Abbildung 34:
Mul Nun-Dim,
»Stern der erhabenen, fürstlichen Säule« (Pfeiler), »Stern des erhabenen Baumes«

Abbildung 35:
Mul Gisch Ban,
der Bogenstern,
»Stern, der die Gewalt niederwirft«

Abbildung 36:
Venus als Abendstern,
Mul Zib,
»Stern der Liebenden«

Abbildung 37:
Venus – Mul Im-Schu-Girin-Na-Nu-Kusch-Scha-E-Ne
»Stern der nie ruhenden Glutöfen«,
Venus als Morgen- und Abendstern,
das Bild besteht aus zwei Teilen

Man kann nicht über die Göttin der Liebe reden, ohne auch an die »nächste Liebe« zu denken. Die nächste Liebe wurde schon den alten Sumerern als Thema bekannt. Im folgenden Zitat ist ein schriftlicher Beleg dafür aus jener fernen Zeit erhalten geblieben:

> »Wir besitzen Bruchstücke einer Sammlung (Tafel) sumerischer Weisheitssprüche in akkadischer Übersetzung, die dem Sintfluthelden als Mahnung an die neue Menschheit in den Mund gelegt werden. In diesen überarbeiteten Sprüchen ist priesterliche Satzung aufgebaut auf den Grund der göttlichen Weisung mit den beiden Angelpunkten: Gottesfurcht und Nächstenliebe. Die Weisung zur Gottesliebe sagt:
>
> »Gegen deinen Gott sollst du reinen Herzens sein.« Die Weisung zur Nächsten Liebe, gesteigert bis zur Feindesliebe, sagt: »Deinem Feinde vergilt nicht Böses, dem der dir Böses zufügt, vergilt Gutes.«[205]

---

205 Alfred Jeremias, Der Kosmos von Sumer, in: Der Alte Orient, Bd. 32, J. C. Hinrich'sche Buchhandlung, Leipzig 1933, S. 25–26.

Merkur – die sechste Stufe der Zikkurat

Der mythologische Name Merkurs bei den Babyloniern war Nabû (Nebo), d.h. Verkünder. Er war der babylonische Nachfolger der sumerischen Getreidegöttin Göttin Nisaba. Die Göttin Nisaba war die Göttin der Weisheit, die Erfinderin der Schrift und der Zahlen, die »göttliche Astrologin«. Sie wird mit dem Tierkreisbild Jungfrau assoziiert. Wenn Nabû in babylonischen Hymnen als »Förderer des Getreidewuchses« besungen wird, so erkennt man seine Rolle als Nachfolger der sumerischen Göttin Nisaba. In der babylonischen Ikonografie ist das Symbol des Nabû, wie bei Nisaba, der Schreibgriffel. Dieser ist häufig auf einem Götterschrein stehend abgebildet, der von einem Mušḫuššu-Drachen (Muschhuschu) getragen wird. Dazu Alfred Jeremias:

> Nach der Lehre von Eridu ist Ea der Träger der aus dem Ozean kommenden in der Schrift niedergelegten Weisheit. Von ihm empfängt nach der Agapa-Legende der Urmensch die Geheimnisse der Wissenschaft. In den Götterlisten ist Nabû, der mit Ea über seinen Sohn Marduk hinweg in genealogische Verbindung gebracht wird, als »Schreiber des Alls« genannt. Der »Verkünder« allen göttlichen Willens und aller göttlichen Weisheit muss logisch als Schrifterfinder gelten, wie der ägyptische Thot und der hellenistische Hermes. Nabû's Tempel heißt Mummu, d.h. die (mysteriöse) Weisheit.[206]

Schreibkunst galt als Voraussetzung aller Weisheit, sie war KA-DE-PI – »Mutter der Sprache« und UM-ME-A-PI – »Vater der Weisheit«. Darum wurden Schreibkunst und Schulwesen in Babylonien seit alten Zeiten sehr gefördert. Der Gott Nabû galt als der von »gnädiger Zuneigung überströmende Berater und Lehrer der Götter und Menschen«.[207] Die Tempel des Nabû waren auch mit Schreibstuben und Schulen verbunden und dienten auch astrologischen Zwecken.

---

[206] Alfred Jeremias, Handbuch der altorientalischen Geisteskultur (HAOG), Walter de Gruyter Verlag, Berlin und Leipzig 1929, S. 21.

[207] Alfred Jeremias, Artikel Nebo, in: Ausführliches Lexikon der griechischen und römischen Mythologie, W. H. Roscher, Band 3, , Leipzig 1897–1909, Spalte 56.

Bereits um 3000 v. Chr. – schreibt Alfred Jeremias weiter – soll es Schulen (Haus der Tafel – Schule) gegeben haben. Das zeigen Schülertafeln, die in Šuruppak., der legendären Sintflutstadt, gefunden worden sind. Dass auch Frauen ausgebildet wurden, ist wenigstens aus assyrischer Zeit direkt bezeugt. Bei der hohen Stellung der Frau in Sumer wird das auch für die alte Zeit vorauszusetzen sein.

Der Codex Hammurabi bezeugt für die Zeit um 2000 v. Chr. und damit auch für frühere Zeit, dass die Kunst des Lesens und des Schreibens tief in das Volk drang. Denn er setzt voraus, dass jedermann, statt einen Rechtsrat zu fragen, aus der Sammlung der Rechtsätze seine Rechtslage herauslesen könne.[208]

Abbildung 38:
Merkur
Mul Pa-A-Til
»Stern des Weisen«,
»Stern des Aufklärers«

Mul Dingir Pa – auch Dingir Muati – »Stern des Gottes Pa«, »Stern des Gottes Nabû«, »Stern des Weisen«.

Das sumerische Ideogramm PA, das dritte Zeichen im Bild, mit

[208] Alfred Jeremias, Handbuch der altorientalischen Geisteskultur (HAOG), Walter de Gruyter Verlag, Berlin und Leipzig 1929, S. 21–22.

den zwei durchgestrichenen Keilen, wird als muduru, ĝidri auf Sumerisch gelesen und ḫaṭṭu, (ḫaṭṭi – in Personennamen) auf Akkadisch. Es bedeutet *weise.*[209] Das Zeichen PA bedeutet aber auf Sumerisch auch »Ast« oder »Gezweig«. Auf Akkadisch wird das Zeichen *PA* als ḫaṭṭu, (ḫaṭṭi) wiedergegeben und bedeutet auch »Stab«, »Hirtenstab« (im übertragenen Sinn), der die Menschen weidet, »Zepter«, »Herrscherstab«.[210] Es ist das Zepter, den Hirtenstab des Priesterkönigs. Der sumerische König war ein Priesterkönig. Er verstand sich seit alters als »Hirte« der Menschen. Gott Nabû ist der Überbringer der königlichen Insignien, Überbringer des Zepters, Überbringer des PA. Dieses PA hatte aber auch eine doppelsinnige Bedeutung, einerseits als »Zepter«, aber auch als »Griffel«, sodass damit die Abhängigkeit des Königs vom Priestergott bzw. von den Priestern angedeutet wird, in deren Händen die Schreibkunst und das Schulwesen lag. Nabû war der Schutzgott der Priester. Der Name seines Tempels in Babylon – Bît-ḫaṭṭi-kalama, der einen Bezug auf Nabû als Gott des Schreibgriffels hat, wurde auch als »Tempel des Weltenzepters« genannt.[211] Das Zepter (PA) wurde dem König verliehen und hatte nach dem Glauben eine magische Bedeutung und Kraft. Die Vorstellung von der magischen Kraft und ihrer Bindung an einen bestimmten Herrscher wird z.B. an ein assyrisches Ritual für den sogenannten Ersatzkönig ersichtlich. Das Ritual besteht darin, nach dem Tod des Ersatzkönigs dessen königlichen Insignien, dessen Thron, Tisch, Waffe und *das Zepter* zu verbrennen.[212]

---

209 Der Name Dingir Muati ist Sumerisch. Auch müdû – mit Kenntnis, Erkenntnis, Wissen begabt, daher wissend, kenntnisreich, kundig. Assyrisches Handwörterbuch, von Friedrich Delitzsch, Hinrich'sche Buchhandlung, Leipzig 1896, S. 306. Hier Nebo (Nabû) als der Allwissende.

210 Akkadisches Wörterbuch, Band I, A–L, bearbeitet von Wolfram von Soden, Otto Harrasowitz Verlag, Wiesbaden 1985, S. 337.

211 Alfred Jeremias, Artikel Nebo, Spalte 57.

212 Reallexikon der Assyriologie (RLA), Bd. 5, Walter de Gruyter Verlag, Berlin, New York, 1976–1980, Artikel *Insignien*, von J. Krecher, S. 109–114, S. 112.

Wahrscheinlich leitet sich aus der akkadisch-babylonischen Bezeichnung ḫaṭṭu, (ḫaṭṭi in Personennamen) auch viel später das Wort »Hadji« (Hadschi), ein religiöser Titel und ein Ehrenname bei den orthodoxen Christen ab. Dieser Name wurde nach der Pilgerreise bzw. nach der Wallfahrt zu den heiligen Orten des Christentums, ins Heilige Land und nach Jerusalem, verliehen.

Bei den Moslems ist diese Pilgerfahrt die Reise nach Mekka, wofür auch derselbe Begriff »Hadj« (Hadsch) benutzt wird.

Für beide Religionen sind Pilgerfahrten zu den heiligen Orten des eigenen Glaubens die höchste spirituelle Erfahrung.

Die Spuren dieser alten Tradition, die, wie vermutet wird mit der Wallfahr der heiligen Helena[213] ins Heilige Land im 4. Jh. n. Chr.

---

213 Flavia Julia Helena (ca. 250 – ca. 330 n. Chr.) ist die Mutter des römischen Kaisers Konstantin der Große. Sie wird in der katholischen und in der orthodoxen Kirche als Heilige verehrt. Ihr Gedenktag ist in der römisch-katholischen Kirche der 18. August, in der orthodoxen der 21. Mai. Hoch betagt reiste Helena als eine der ersten Pilgerinnen ins Heilige Land. Sie wollte mit ihren eigenen Augen sehen und mit ihren Füßen den Boden betreten, wo Jesus Christus gelebt und gewirkt hatte, wo er litt und starb und wo er auferstand. Über dem Grab und der Kreuzauffindungsstelle ließen Helena und ihr Sohn Konstantin eine Basilika errichten, die sogenannte Grabeskirche. Auch die Geburtskirche in Betlehem und die später zerstörte *Eleona-* (also Helena) Basilika auf dem Ölberg gehen auf Helena zurück.
Der Kirchenhistoriker Eusebius von Cäsarea (ca. 260 – ca. 340 n. Chr.) berichtet: »Da diese nämlich den Entschluss gefasst hatte, Gott, dem König aller, den schuldigen Tribut ihrer frommen Gesinnung zu erstatten, und glaubte, für ihren Sohn, den so mächtigen Kaiser, und seine Söhne, die von Gott so geliebten Cäsaren, ihre Enkel, demselben Dankgebete darbringen zu müssen, kam sie auch dorthin, trotz ihres hohen Alters voll von jugendlichem Eifer, um mit ihrer außerordentlichen Klugheit das bewunderungswürdige Land zu durchforschen und die Provinzen, all die Gemeinden und Völker des Ostens mit kaiserlicher Fürsorge zu besuchen. Als sie aber den Fußstapfen des Erlösers die gebührende Verehrung erwies, nach dem Worte des Propheten, der da sagt: »Lasst uns anbeten an dem Orte, an dem seine Füße gestanden«, wollte sie sofort eine Frucht ihrer eigenen Gottesfurcht auch den späteren Geschlechtern hinterlassen.« Aus: Eusebius, Vier Bücher über das Leben des Kaisers Konstantin

ihren Anfang bei den Christen nahm, sind bei den orthodoxen Griechen und Bulgaren bis heute erhalten geblieben. Das erkennt man noch an manchen Familiennamen, in denen immer ein vorangestelltes »Hadji« (Hadschi) entweder getrennt oder zusammen mit dem eigentlichen Familiennamen geschrieben wird.

Bei der älteren Schreibweise im Bulgarischen z.B., die bis vor ca. 50 Jahren noch verbreitet war, wurde der Ehrenname »Hadji« vor dem Familiennamen mit einem griechischen »X« für römisch »H«, was den Initialbuchstaben von Χϱιστός (Christos) darstellt, plus darüber das Keilschriftzeichen PA geschrieben. Zusammen symbolisieren beide Zeichen den spirituellen Lehrer.

Diese Pilgerreise ist folglich nicht bloß eine touristische Unternehmung, sondern vielmehr eine »innere Reise«, eine spirituelle Reise, im Sinne des elften astrologischen Hauses zu verstehen. In früheren Zeiten waren lange Reisen ein gefährliches und riskantes Unternehmen sowie ein Privileg. Darum war es z.B. die anfängliche Idee der Tempelritter im 12. Jh., die Straßen auf dem Weg ins Heilige Land für die christlichen Reisenden zu sichern.

Eine solche »Reise« kann zu jeder Zeit auch heute durchgeführt werden. Sie kann unter Umständen auch mehrere Jahre dauern und ist, genau genommen, nicht an einen *heiligen Ort* gebunden. Denn wie die alten Sumerer glaubten, ist jedes Land ein »heiliges Land«, ein »gelobtes Land«! Jeder Kultort ist ein »Band des Himmels und der Erde«.[214] Die Wurzel dieser Idee liegt also wieder bei den Sumerern. Das sieht man an der Bezeichnung der Metropole des ältesten sumerischen Reiches, der Stadt Nippur, als DUR-AN-KI, »Band des Himmels und der Erde«. Nach Nippur führte also einst »die Reise«, zum religiösen Zentrum der Sumerer, in das Land, wo alles begann.

---

und des Kaisers Konstantin Rede an die Versammlung der Heiligen (Vita Constantini et Oratio ad coetum sanctorum), Buch III, 42. Kapitel: Die Kaiserin Helena, die Mutter Konstantins, kommt an diese Orte, um zu beten, und baut dort Kirchen.

214 Alfred Jeremias, Die Weltanschauung der Sumerer, in: Der Alte Orient, Bd. 27, Heft 4, Hinrich'sche Buchhandlung, Leipzig 1929, S. 12.

Später, mit der Expansion des altbabylonischen Reiches unter Hammurabi (1792–1750 v. Chr.) beginnt sich der religiöse und kulturelle Mittelpunkt nach Babylon zu verlagern.

In der babylonischen Astrologie war der Gott Nabû mit dem Planet Merkur verbunden. Wie bei Venus haben die Sumerer und Babylonier die Doppelgestalt Merkurs als Morgen- und Abendstern früh erkannt. Wegen seiner Sonnennähe ist Merkur in unseren Breitengraden ganz selten mit bloßem Auge zu sehen. Nikolaus Kopernikus, der Entdecker des Heliozentrischen Systems, soll am Ende seines Lebens darüber geweint haben, dass er nie in seinem Leben den Merkur gesehen hat. In den südlichen Breiten war die Sichtbarkeit Merkurs aber besser. Im Orient ist Merkur als Begleiter der Sonne deutlich zu sehen.

Die Kenntnis der Doppelgestalt Merkurs ist in den assyrischen Omina belegt. Dort wird Merkur als »Stern des Sonnenaufgangs und Stern des Sonnenuntergangs«.[215]

Warum wurde aber der Planet Merkur von den babylonischen Astrologen als Planet des Gottes Nabû ausgewählt? Zu dieser Frage der Kommentar von Alfred Jeremias: »Marduk, der Gott der Frühsonne, ist im Kultus von Babylon-Borsippa Nebos Vater, Merkur aber steht der Sonne am nächsten; von den Merkurdurchgängen haben die Astrologen gewiss Kenntnis gehabt; auch wussten sie, dass er nur im Osten und im Westen sichtbar ist. Man darf daher erwarten, dass die Babylonier den Nabû mit Marduk, dem Gott der Frühsonne, deshalb verknüpft haben, weil er als Morgenstern der Tagverkündiger ist. Der Name DUN-PA-DU-DU, der ursprünglich den Merkur bezeichnet, stimmt gut dazu, denn er bedeutet »Herr des Lichtaufganges« als »König des Tages gepriesen.«[216] Kultort des Gottes Nabû war Borsippa. Dort befand sich sein Tempel, der Stufenturm mit dem Namen Ezida. In Borsippa herrschte eine rege literarische Tätigkeit, und zahlreiche Fragmente, Abschriften aus der

---

[215] Alfred Jeremias, Handbuch der altorientalischen Geisteskultur (HAOG), Walter de Gruyter Verlag, Berlin und Leipzig 1929, S. 175.

[216] Alfred Jeremias, Artikel Nebo, Spalte 59.

Regierungszeit der assyrischen Königen Sargon II. (721–705 v. Chr.) und Assurbanipal (669–627 v. Chr.) sind erhalten und werden im Britischen Museum aufbewahrt. In der Bibliothek vom assyrischen König Assurbanipal in Ninive wurde im 19. Jh. die größte Sammlung literarischer Werke des Alten Orients, bestehend aus über 25000 Tontafeln, gefunden. Sie besteht zum großen Teil aus Kopien alter babylonischer Werke. Darunter befanden sich auch viele Tafeln mit astrologischen Texten. König Assurbanipal ist ein großer Freund der alten Kultur gewesen und es war sein Stolz, alte babylonische Weisheit in seiner Bibliothek zu haben.

> Assurbanipal – hat seinen Namen in die Annalen der Weltgeschichte vor allem dadurch eingegraben, dass er die Geistesliteratur der Babylonier vor dem Untergange rettete.[217]

Noch zu der Zeit von Plinius gab es in Babylonien drei bekannte Schulen, wo astronomische und astrologische Studien betrieben wurden. Eine davon war die Schule in der Stadt Nabûs, in Borsippa.[218]

> Aus den vielen astrologischen Fragmenten, die noch im Britischen Museum auf die Herausgabe harren, zu schließen, scheint die Astrologie eine Hauptbeschäftigung der damaligen Priester gewesen zu sein, und einzelne ihrer astrologischen Werke umfassten mehr als 200 Tafeln mit kleiner Schrift, waren also von einem Umfang wie etwa der Pentateuch von Moses. Das astrologische System von Assyrien, wie es jetzt noch in Fragmenten uns vorliegt, ist wahrscheinlich zur Zeit von Sargon von Babylon her eingeführt worden und reicht in Babylonien wohl bis in die älteste Zeit zurück.[219]

Die Stadt Borsippa, das Kultzentrum des Nabû, war durch einen Kanal mit der Schwesterstadt Babylon verbunden. Über den Kult Nabûs in seinem Tempel Ezida ist nicht viel bekannt. Die wenigen Informationen verdanken wir den Bauberichten der babylonischen

---

[217] Alfred Jeremias, Das Alter der babylonischen Astronomie, Leipzig 1909, S. 19.

[218] Joseph Epping (1835–1894), Astronomisches aus Babylon, Herder'sche Verlagshandlung, Freiburg in Breisgau 1889, S. 2.

[219] Joseph Epping, Astronomisches aus Babylon, S. 172.

Könige. Nabukadnezar II sagt, dass er den Tempel gebaut habe, wie er von alters her gewesen sei, und seine Zinnen erhöht.[220] Sein Name war: E-UR-IMIN-AN-KI »Tempel der 7 Befehlsübermittler des Himmels und der Erde«.[221]

Als feierliche Zeremonie für den Gott Nabû galt die Besteigung des Stufenturmes.

Nach Messungen vom englischen Archäologen Henry Rawlinson war jede Stufe 8 Meter hoch, die Breite der untersten Stufe betrug 82 Meter.[222]

Nabû – der Träger des »Griffels der Geschicke« und die Huldigung Marduks

Am Neujahrsfest im Frühling hält Nabû seinen feierlichen Einzug von Borsippa nach Babylon in den Tempel Marduks Esagila. Als Sohn des obersten Gottes Marduk hat Nabû dort die Aufgabe, die Geschicke der Menschen für das kommende Jahr niederzuschreiben. Mit dieser hohen Funktion bekommt er eine andere Bedeutung als das Kommen der anderen Götter, die sich ehrfurchtsvoll, gebeugt vor Marduk versammeln.[223] Die Huldigung des obersten Gottes durch die anderen Götter am Neujahrsfest in Babylon im Tempel Esagila hatte nach außen gesehen einen politischen Zweck. Das war ein Symbol der Huldigung aller Stadtbezirke und Provinzen vor der Metropole Babylon. Nabû fungierte dabei in seiner hohen Position als Schreiber und als Fürsprecher, er trug den »Griffel der Geschicke«. Diese Zeremonie kann auch als astrologische Symbolik gedeutet werden. In ein Horoskop übertragen, auf die Bühne des Lebens mit allen beteiligten »Akteuren«, bekommt diese Aufführung eine andere Dimension.

---

220 Alfred Jeremias, Artikel Nebo, Spalte 53.

221 Alfred Jeremias, Das Alte Testament im Lichte des Alten Orients, Handbuch zur Biblisch-Orientalischen Altertumskunde, Hinrich'sche Buchhandlung, Leipzig 1904, S. 6.

222 Alfred Jeremias, Artikel Nebo, Spalte 53.

223 Alfred Jeremias, Artikel Nebo, Spalte 55.

Die »Huldigung des obersten Gottes«, in diesem Fall Marduk, als Vertreter der Sonne, durch die anderen Götter (»Vertreter der Provinzen«), bedeutet eine »Huldigung« ein Bewusstwerden der höheren Instanz der Persönlichkeit, eine freiwillige Unterordnung aller Planeten, d.h. aller Instinkte, aller Teilaspekte des Göttlichen und aller »Provinzen« in einer Persönlichkeit, unter das höhere Prinzip, welches das große Ganze koordiniert und kontrolliert. Ohne diese obere, höhere Instanz im Horoskop, d.h. in der Persönlichkeit, die man heute als Über-Ich oder als Selbst bezeichnen kann, würden sich die einzelnen Planetenprinzipien, die »Götter« in uns in einer destruktiven Form »verselbstständigen«. Das würde zu einem inneren und äußeren Chaos führen und das ganze »System« zum Einstürzen bringen. Erinnern wir uns an das Epos vom Kriegsgott Erra, wird klar, was passieren kann, wenn man die Kontrolle und die Regierung einem einzigen Teilaspekt überlässt, und das dazuhin einem destruktiven. Es war Marduk im babylonischen Weltschöpfungsmythos, der die »Weltordnung« erst nach dem Kampf mit dem Chaos-Drachen neu erschaffen hatte. Dieser Kampf mit dem Drachen wird immer wieder von jedermann geführt. Die Welt, unsere Welt, wird immer wieder neu erschaffen. Sie geht nicht unter, sie kann nicht untergehen, denn: »Es gibt keine Weltuntergänge, sondern nur Weltumwandlungen« – sagt der Weise.[224]

Darum müssen alle Planeten sich dem Sonnengott, dem Sonnenprinzip im Horoskop, in diesem Fall Marduk als seinen Vertreter, unterordnen, sich vor dem »König« verbeugen, um mit seiner Hilfe den Drachen zu bändigen. Der weise Gott Nabû, mit seinem Planet Merkur, der Helfer und Berater der Götter und der Menschen, wird uns dabei zur Seite stehen.

- Mul Pa-A-Til – »Stern des Weisen«, »der das Wasser des Lebens bringt«, »der Aufklärer«.
- Mul Udu-Idim-Gud-Du – »Stern bzw. Planet des Stiers der

[224] Alfred Jeremias, Der Kosmos von Sumer, Der Alte Orient, Hinrich'sche Buchhandlung, Leipzig 1933, S. 7.

Sonne«, als Begleiter der Sonne gemeint. Udu-Idim ist die eigentliche Bezeichnung für Planet – »ein wilder Schaft« – *bibbu* auf Akkadisch.

Im Fall Merkurs ist es tatsächlich so, denn Merkur ist schnell und unruhig.

Nabû und Hermes Trismegistos

Wie schon erwähnt, ein anderes Attribut des Gottes Nabû ist, wie auch beim obersten babylonischen Gott Marduk, der Drache Mušhuššû (Muschhuschu).

Hier erinnert man sich an Hermes Trismegistos in der Alchemie und an die Symbolik des Drachens (Uroborus). In der Alchemie symbolisiert der Drache die *Prima Materia* (die Ur-Materie) und das Ur-Chaos. Der Drache des Gottes Nabû (Nebo) ist kein gewöhnlicher, er vereinigt in sich alle vier Symbole der Naturgewalten, ähnlich wie in der Astrologie die vier Elemente durch vier Gestalten dargestellt werden – Stier für Erde, Löwe für Feuer, Skorpion, Schlange oder Adler für Wasser und ein Mensch oder ein Engel für Luft.

Im Neuen Testament werden die vier Evangelien mit den vier Evangelisten ähnlich als Vertreter der vier Elemente sowie der vier Himmelsrichtungen dargestellt. Matthäus – Stier; Markus – Löwe; Lucas – Mensch; Johannes – Adler. Ähnlich sind auch die »vier Tiere« in der Vision Ezechiel (Hesekiel) im Alten Testament zu verstehen.

Ein anderes Attribut, das mit Hermes/Merkur in Verbindung gebracht wird, ist der Caduceus. Der Caduceus oder Hermesstab ist ein Stab mit zwei Flügeln, der von zwei Schlangen umschlungen wird. Dieses Symbol ist zum ersten Mal in Alten Orient nachgewiesen worden, und zwar als Attribut des sumerischen Unterwelts-Heil- und Fruchtbarkeitsgottes Nin-Giš-Zi-Da (Ningischzida). Er war der persönliche Schutzgott des sumerischen Fürsten Gudea. Der Schutzgott hatte die Funktion eines »Fürsprechers« vor der höheren Gottheit. Nin-Giš-Zi-Da wurde als Gott der Heilung angerufen. In den babylonischen Keilschriften wird er mit Nabû gleichgesetzt.[225] Hermes/Merkur wird in der Astrologie auch mit Medizin und Heilung in Verbindung gebracht. Dieses Symbol hat eine Beziehung auch zum Hermes Trismegistos in der Alchemie. Es ist von Interesse hier darauf aufmerksam zu machen, dass der Heilgott Nin-Giš-Zi-Da wie Hermes/Merkur einen Bezug zur Unterwelt hat. In der griechischen Mythologie ist es Hermes als einziger unter den Göttern, der einen Bezug zum Totenreich hat, abgesehen von den Herrschern des Hades. Hermes begleitet die Seelen der Toten in die Unterwelt und wird darum als Hermes Psychopompos bezeichnet.

Auch Traumdeutung wurde dem Gott Nabû zugeschrieben. Als Schreiber des Schicksals weiß er die »Orakel der Götter« zu lesen. In den Annalen Assurbanipals wird erzählt: »Nebo, der Allschreiber, verwaltete das Geschäft seiner Gottheit und las die Inschrift auf der Mondscheibe.«[226] Der Mond als Projektionsfläche für den Verstand steht hier mit dem Traum und der Traumdeutung in Verbindung.

---

225 Alfred Jeremias, Artikel Sterne, in: Ausführliches Lexikon der griechischen und römischen Mythologie, Bd. 4, Georg Olms Verlagsbuchhandlung, Hildesheim 1965, Spalte 1443; nach Rawlinson IV, 33 – Ningišzida – Nabû – Merkur.

226 Alfred Jeremias, Artikel Nebo, in: Ausführliches Lexikon der griechischen und römischen Mythologie, W. H. Roscher, Band 3, B. G. Teubner Verlag, Leipzig 1897–1909, Spalte 56.

Abbildung 39:
Merkur,
Mul Pa-A-Til,
»Stern des Weisen«,
»Stern des Aufklärers«

Abbildung 40:
Merkur,
Mul Udu Idim-Gud-Du,
»Stern bzw. Planet des Stiers der Sonne«

Mond – die siebte Stufe der Zikkurat

Der Mond als sich zyklisch verändernder nächtlicher Himmelskörper spielt eine sehr wichtige Rolle im religiösen und im mythologischen Denken. Der Mondzyklus dient zur Zeiteinteilung und die Bezeichnung für Mond und Monat sind häufig verwandt.

Im Mesopotamien sind zwei Gottheiten – sumerisch Nanna und akkadisch – Su'en oder Sin – miteinander verschmolzen. Diese Gottheit ist männlich, im Unterschied zu der griechischen Selene und der lateinischen Luna.

Die Eltern des Mondgottes Nanna in der sumerisch-babylonischen Religion und Mythologie sind Enlil und Ninlil.

In Mesopotamien hat der Mondgott eine hervorragende Bedeutung im Pantheon. Er wird mit zahlreichen Namen angerufen, wie »König«, »Held«, »Schicksalsbestimmer«. Nebst dem Sonnengott Utu ist auch der Mondgott für das Rechtswesen und die Divination von Bedeutung. Hauptkultort des Mondgottes war die Stadt Ur in Südmesopotamien.

Der Mondgott wird auch mit einem Stier assoziiert, dessen Hörner die Mondsichel bilden. Damit wird eine Beziehung des Mondgottes zu Rindern und zum Hirtentum hergestellt. In der Astrologie ist der Mond im Tierkreiszeichen Stier *erhöht*, hat dort sein sogenanntes »Hypsoma« (ὕψωμα auf Griechisch), seinen »geheimnisvollen Ort der Offenbarung« – ašar niṣirti auf Akkadisch, Exaltation auf Lateinisch. So wird in der klassischen Astrologie die *höchste essentielle Würde* eines Planeten bezeichnet. Das ist der Ort, wo sich ein Planet am besten entfalten und seine beste Qualität zeigen kann.

Die Beziehung des Mondgottes zum Hirtentum zeigt sich z.B. in der Gestalt seines Sohnes Ningublaga, der in der Gestalt eines Rindes dargestellt wird mit dessen Gattin, die Dingir Nin-E-I-Gara heißt, was »Herrin des Butter- und Käse-Hauses« bedeutet. Auch der Hirte Gaju hat eine Beziehung zum Mondgott. Mit dem Stier verbindet sich auch die Fruchtbarkeit, ein Hauptattribut des Mondes in der Astrologie.

- Dingir En-Zu – ohne Determinativ »Mul« – »der wissende Gott« – ist die Bezeichnung als Gott und nicht als Himmelskörper, man versteht aber das Gleiche. Auf Akkadisch wird dieser Name als Su'en oder Sîn gelesen.
- Seit altbabylonischer Zeit wird Sîn auch mit dem Zahlzeichen für 30, Zahl der Tage eines Monats, geschrieben – als Dingir 30, als »Gott der 30 Tage«.
- Dingir Šeš-Ki (Schesch-Ki) – Nannar gelesen. Šeš bedeutet Bruder und Ki steht für Erde.
- Dingir Nin-Gal – »die Große Herrin« – die Gattin des Mondgottes und Mutter des Sonnengottes.
- Dingir Asch-Im-Babbar – man vermutet, dass die Bedeutung wörtlich »der Leuchtende (Babbar)« bedeutet. Im Akkadischen wird dieser Name als »dessen Name leuchtend ist« wiedergegeben. »Babbar« bedeutet der Weiße.[227]

Abbildung 41: Der Mondgott, Dingir En-Zu, »Der Wissende Herr«, (ohne Determinativ »Mul« für Stern, nur mit Determinativ »Dingir« für Gott)

[227] Manfred Krebernik, Artikel Mond, in: Reallexikon der Assyriologie (RLA), Bd. 8, Walter der Gruyter, Berlin New York 1993–1997, S. 360 ff.

Abbildung 42: Der Mondgott, Dingir Šeš-Ki (Schesch-Ki), Nannar (ohne Determinativ »Mul« für Stern, nur mit Determinativ »Dingir« für Gott)

Abbildung 43: Die Mondgöttin, Dingir Nin-Gal, »Die große Herrin«, »Die große Göttin«

Wie wir bei der Bedeutung des Namens bei den Sumerern und den Babyloniern gesehen haben, offenbart der Name das Wesen. Bei der Bedeutung des Mondes bzw. des Mondgottes und der Mondgöttin wird u.a. erwähnt, dass »Gudea geklagt habe, daß der Name des Mondgottes nicht zu deuten sei«.[228] Im ersten Moment eine sehr merkwürdige Bemerkung. Wie soll *ich* dann den Lesern die genaue Bedeutung des Namens des Mondes vermitteln können, wenn selbst der der große Priesterkönig von Lagasch Patesi Gude, dessen Name »der Berufene« bedeutet, nicht imstande zu sein scheint, dessen Name zu deuten. So unergründlich ist nämlich das Wesen des Mondes und dessen Name. »Der Name, d.h. das Wesen der Gottheit ist »unerforschlich«. So sagt Gudea, der beim Neujahrsfest den Namen der Gottheit ausruft, wenn er von Nannar-Mond als der höchsten göttlichen Emanation spricht.«[229]

Sogar bei der modernen astrologischen Deutung habe ich mehrmals beobachtet, wie schwierig das Mondhafte zu »verstehen« ist, wie schwer es ist, diese Emotion und Empfinden zu beschreiben und zu erklären. Wie gerne wird das Mondhafte verdrängt! Lieber stürzt man sich mit größtem Vergnügen auf die Deutung von Pluto, von hypothetischen Planeten oder auf immer neuen Horoskopfaktoren. Dabei erscheint der Mond jeden Abend am dunklen Himmel, sich immer wieder *verhüllend* und *enthüllend*, um uns *sein* bzw. *ihr* unergründliches Wesen zu offenbaren, um mit uns in *Beziehung* zu treten. Nun, wir wollen versuchen, uns ihm zu nähern, seinen Namen verstehen.

In der traditionellen Astrologie wird nämlich nicht etwa nur Hermes/Merkur (Nabû) mit der menschlichen Intelligenz und Weisheit in Verbindung gebracht, sondern, – wer hätte das nur gedacht – der Mond! Jetzt wissen wir warum. Heute wird das Mondhafte in der

---

[228] Alfred Jeremias, Handbuch der altorientalischen Geisteskultur (HAOG), Walter de Gruyter Verlag, Berlin und Leipzig 1929, S. 34, Anmerkung 2 – Gudea-Statue B8, 48.

[229] Alfred Jeremias, Der Kosmos von Sumer, Der Alte Orient, Hinrisch'sche Buchhandlung, Leipzig 1933, S. 11.

traditionellen Astrologie der rechten Hirnhälfte zugeordnet, man könnte auch sagen – dem unergründlichen Teil des kollektiven Unterbewussten. Es ist nämlich ein großer Unterschied, ob man etwas versteht oder etwas richtig verinnerlicht hat. Diese Fähigkeit entspricht dem Mondprinzip.

Auch als Projektionsfläche für die Traumdeutung und für das Orakel wurde der Mond in Babylonien gesehen. Seine Oberfläche wurde akkadisch pânê genannt – »Angesicht« – und sie erscheint auch als »Schreibtafel«, auf der der Priester bei Nacht die Botschaft der Götter geschrieben sieht.[230]

[230] Alfred Jeremias, Artikel Sterne, in: Ausführliches Lexikon der griechischen und römischen Mythologie, Bd. 4, Georg Olms Verlagsbuchhandlung, Hildesheim 1965, Spalte 1472.

Gudeas Traum: Die göttliche Offenbarung aus der Schrift des Himmels

Fürst Gudea von Lagasch

Gudea von Lagaš (Lagasch) war ein Fürst (*Ensi*) des sumerischen Staates Lagaš mit der Hauptstadt Girsu. Das ist die heutige Stadt Tello im Süden des Irak. Die Zeit seiner Regierung wird vermutet zwischen 2141 v. Chr. bis ca. 2122 v. Chr., ab 2122 v. Chr. bis 2102 v. Chr. oder 2080 v. Chr. bis 2060 v. Chr. Er wird als Priesterfürst oder Priesterkönig bezeichnet. Gudea war der dritte und bedeutendste *Ensi* der zweiten Dynastie von Lagaš in Sumer und Akkad. Er ist die bekannteste sumerische Persönlichkeit. Nach einer langen Zeit der Fremdherrschaft, in einer Epoche von Kriegen und Zerstörung übernahm Gudea die Regierung über den sumerischen Staat. Lagasch umfasste ein Gebiet von 160 000 Hektar Fläche mit 17 Städten und mit einer Anzahl Dörfer und Siedlungen und mehr als 216 000 Einwohnern.[231] Der Staat Lagasch war vom Dreistädtebund Girsu, Lagaš und Nina-Siraran gebildet. Hauptstadt und Kultzentrum war aber nicht die namensgebende Stadt Lagaš, sondern die Stadt Girsu. Die Regierungszeit Gudeas stand am Ende der akkadischen Epoche Mesopotamiens. Das ehemals mächtige Reich von Akkad war zu einem Stadtstaat geschrumpft.

Fürst Gudea war sehr fromm und beruft sich in seinen Inschriften darauf, den Göttern nur gefällige Werke getan zu haben. In einer kriegerischen Zeit war die Regierung Gudeas recht friedvoll. Er

[231] Die Zahlenangaben sind entnommen aus: Helmut Uhlig, Die Sumerer, Volk am Anfang der Geschichte, C. Bertelsmann Verlag, München 1976, S. 268.

blieb in der Geschichte durch sein Bauprogramm bekannt, v.a. durch den Bau des Eninnu-Tempels, des zentralen Ningirsu-Tempel in Girsu und durch die Förderung des Handels. In vielen Städten ließ er Tempel restaurieren und neu bauen. Er förderte viele Bauprojekte, um die zerstörten Städte wieder aufzubauen und ließ Kanäle erneuern. Gudea förderte die sumerische Sprache, die sumerische Literatur und Kultur. Seine religiösen Texte sollten die Religion der Babylonier und Assyrerin in den nächsten 2000 Jahren prägen. Die Regierungszeit Gudeas war ein letzter Höhepunkt des einst so bedeutenden sumerischen Staates. Ein Bündnis aus Elamitern und Aramäern zerstörte 100 Jahre nach der Herrschaft Gudeas das letzte sumerische Reich und machte den Weg frei für eine neue Epoche der mesopotamischen Geschichte. Die Zeit der Babylonier war gekommen. Sie übernahmen einen großen Teil der sumerischen Kultur und Religion und entwickelten sie weiter.

Gudea ist durch mehrere überlieferte Statuen, die überwiegend aus Diorit hergestellt wurden, sowie durch diverse Inschriften auf Zylindern und Kegeln, vor allem Bauhymnen, verewigt worden. Das überlieferte sumerische Inschriftenwerk des Fürsten Gudea ist das umfangreichste eines Herrschers im gesamten 3. Jahrtausend, das bisher bekannt geworden ist. Auf zwei Tonzylindern, bekannt als »Zylinder von Gudea«, mi einer Höhe von ca. 60 cm und 30 bzw. 24 Schriftkolumnen, die im Louvre in Paris aufbewahrt werden, sind insgesamt 1363 Zeilen enthalten. In ihnen wird die hymnische Schilderung dargestellt, wie Fürst Gudea den Tempelturm Eninnu des Stadtgottes Ningirsu restaurierte.

Auf dem Zylinder A ist ein Text zu uns gekommen, in dem zum ersten Mal in der Geschichte der Menschheit schriftlich die Wörter »Stern« und »Sternentafel« erwähnt worden sind. Mit diesem keilschriftlichen Zeugnis ist die astrale Weltanschauung und eine frühe Beobachtung der Phänomene am Himmel bei den Sumerern historisch schriftlich belegt. Ein kurzer Kommentar von Ernst F. Weidner: »Die Stelle beweist, dass man schon zu der Zeit Gudeas Zeich nungen vom Sternenhimmel (bestimmte Konstellationen, usw.) machte, wahrscheinlich doch auch schon eigentliche Sternkarten besaß.«[232] Fürst Gudea hatte einen Traum. Träume waren für die Sumerer Botschaften der Götter. In diesem Traum erscheinen fünf Götter und werden mit ihren Namen erwähnt. Der erste Name ist jener der Göttin Gatumdu. Der zweite ist der Name der Göttin Nina, auch als Nansche bekannt, der dritte ist der Name des Gottes Ninduba, der vierte Name ist der des Gottes Ningirsu. Und der fünfte Name ist dieser der Göttin Nisaba. Wer waren diese Götter und welche waren ihre Botschaften?

Die beteiligten Personen bzw. Götter in der Inschrift auf dem Tonzylinder A sind: Fürst Gudea, die Göttin Gatumdu, die Göttin Nina auch als Nansche bekannt, der Gott Ningirsu, die Göttin Nisaba und der Gott Ninduba.

Die Göttin Gatumdu: Die Göttin Gatumdu (Gatumdug) ist die Muttergottheit der Stadtstaates Lagasch. Sie ist Tochter des obersten sumerischen Gottes An und Mutter der obersten Göttin von Lagasch und Girsu, Baba. Das Neujahrfest, das in Sumer ursprünglich um die Wintersonnenwende gefeiert wurde, war der Geburts- und Heilgöttin Baba und ihrem Gemahl, dem Gott Ningirsu (Herr von Girsu), gewidmet.

Der fromme Fürst Gudea von Lagasch hatte eine besondere Beziehung zu der Muttergöttin Gatumdu und nannte sie »meine Mutter und mein Vater«. Die große Muttergöttin hatte in alten Zeiten, auch im alten Sumer, eine überragende Bedeutung.

Die Königin der Fische Nina – die himmlische Traumdeuterin: Die Göttin Nina, so genannt nach ihrer Stadt oder Nansche, ist Tochter des Weisheitsgottes Enki/Ea, Herr des Abzu, des tiefen Süßwasser-ozeans. Sie ist Königin der Fische und herrscht im Sternbild der Fische. In der Inschrift deutet die Göttin Nina den Traum des Fürsten Gudea. Das Sternbild bzw. das Tierkreiszeichen der Fische wird traditionell in Verbindung mit Traumdeutung und Transzendenz gebracht.

---

[232] Ernst F. Weidner, Astronomisches bei Gudea, in: Orientalische Literaturzeitung, 1913, Nr. 2, Spalte 54.

Ninduba – der Herr der Tafel: Ninduba – auf Sumerisch der Herr der Tafel, war der göttliche Architekt. Er hält eine Platte aus Lapislazuli und setzt darauf vor den Augen des Fürsten Gudea in seinem Traum den Grundriss des Tempels.

Ningirsu – der Sohn Enlils: Ningirsu oder auch Ninurta, als Sohn Enlils bekannt, ist der Hauptgott von Lagasch und Girsu. Beide sind identisch und entsprechen dem griechischen Zeus und dem römischen Jupiter im lokalen Pantheon Sumers. Wie beim Zeus und viel später bei Jupiter, ist der Adler das Wappentier des sumerischen Gottes Ningirsu. Der Adler – das ist der Imdugud-Vogel – ist der summus deus (des obersten Gottes).[233] Im Traum des Königs Gudea übernimmt Ningirsu die Rolle des göttlichen Bauherren. Ningirsu befiehlt dem König, seinen Tempel, das Eninnu, zu bauen.

Die Korngöttin Nisaba – die himmlische Astrologin: Die Korngöttin Nisaba ist die sumerische Göttin der Weisheit und der Wissenschaft. Sie »kennt die Zahlen«, versteht die Sprache der Sterne und kann die Himmelsschrift lesen. Sie offenbart Gudea »den guten Stern«, kündigt die günstige Konstellation an und bestimmt die Zeit für den Bau des Tempels von Ningirsu in Lagasch. Die sumerische Göttin Nisaba ist die Patronin und Initiatorin der Mathematik, der Erfindung der Schrift und der Astrologie. Ihr babylonischer Nachfolger ist der Gott Nabû, später bekannt als Hermes Trismegistos und Merkur.

[233] Alfred Jeremias, Das Alte Testament im Lichte des Alten Orients, Leipzig 1904, S. 25.

Das Märchen vom König Gudea und seinem Traum

In einem fernen Land, in uralten Zeiten, im Süden Mesopotamiens, lebte ein König. Der König hieß Gudea – »der Berufene«. Als er von den Göttern zum König gewählt wurde, war sein Land von fremden Kriegern verwüstet, viele Städte zerstört, das Volk ausgeplündert und verarmt. Lange Zeit hat Nergal – der Kriegsgott – gewütet, viel Leid und Tränen über das Land gebracht.

Der gute und fromme König Gudea von Lagasch, so hieß der Staat, den er regierte und wo er mit seinem fleißigen Volk lebte, erwachte eines Morgens und war sehr beunruhigt. Er hatte einen seltsamen Traum gehabt! Die Götter wollten ihm etwas Wichtiges sagen. Das wusste er, aber was? Und so sagte er zu sich: »Was mir der Traum gebracht hat, dessen Sinne habe ich nicht verstanden. Meiner Mutter will ich meinen Traum vorlegen!«.

Er beschloss zu seiner Schwester aus Sirara zu gehen, die ihn seinen Sinn schauen lassen sollte. Die Göttin Nansche oder Nina, die er »seine Schwester« nannte, war hellsichtig, sie konnte nicht nur die Träume der Menschen, sondern sogar die Träume der Götter deuten. Er setzte seinen Fuß in sein Lastschiff und ließ dieses nach der Stadt Nina lenken, wo die Göttin Nansche ihren Tempel hatte. Den neuen Kanal befuhr er voller Freude. König Gudea war ein fleißiger Bauherr und hatet viel zur Wiederherstellung und zum Neubau vieler Häuser, Tempel und Kanäle in seinem Land beigetragen. Als er das Bagara, das Haus am »Neuen Kanal« erreichte, opferte der fromme König Brote, goss kaltes Wasser aus und betete. Dann besuchte er den kleinen Tempel der Muttergöttin Gatumdu, die er sehr verehrte und sie seine »Mutter und Vater« nannte. »Gatumdu« – betet Gudea – »dein reiner Name ist süß! Gatumdu, ich habe keine Mutter, meine Mutter bist du, ich habe keinen Vater, mein Vater bist du.« So sprach er zu Gatumdu und bat sie, seine Schwester möge ihm den Sinn seines Traumes schauen lassen. Die große Mutter, die heilige Gatumdu nahm die Opfer gnädig an, gab dem König ihren Segen für auf den Weg. Dann stieg

König Gudea wieder in das Schiff und segelte weiter in die Stadt Nina.

Dort angekommen, hob der Fürst sein Haupt zum Himmel, opferte Brote, goss kaltes Wasser aus, ging zum Tempel der Göttin Nansche und betete zu ihr: »Herrin der hochgeschätzten göttlichen Kräfte, dein Wort steht fest, Seherin der Götter, die Mutter, die die Träume deutet.« Dann erzählte er ihr voller Aufregung seinen Traum: »Im Traum war ein Mann, wie der Himmel war er riesengroß! Wie die Erde war er riesengroß! Er hatte große Flügel wie der Imdugud-Vogel (wie ein Adler), auf seiner linken und rechten Seite lagerte je ein Löwe. Er befahl mir sein Haus zu bauen! Seinen genauen Willen habe ich aber nicht erkannt.« Dann erzählte der König weiter: »Vom Horizont ist mir eine Sonne aufgegangen und eine Frau erschienen – wer war sie? Sie hielt ein Schreibrohr aus leuchtendem Edelmetall in der Hand, setzte auf eine Tafel »die Sterne des guten Himmels« und dachte bei sich nach. Dann erschien ein anderer Mann. Er hielt eine Platte aus Lapislazuli in der Hand und setzte darauf den Grundriss eines Hauses, stellte mir einen Tragkorb bereit und legte mir die Ziegelform zurecht.«

Dann antwortete die himmlische Seherin dem König: »Mein Hirte, deinen Traum will ich dir deuten!« Sie sagte dem Fürsten, dass der große Mann, der ihm im Traum erschienen war, ihr Bruder gewesen sei, der Gott Ningirsu. »Sein Heiligtum, das Eninnu, zu bauen, hat er dir befohlen«, sagte sie zum König Gudea. »Und die Frau, die ein Schreibrohr aus leuchtenden Edelmetall hielt, die auf eine Tafel »die Sterne des guten Himmels« setzte, die bei sich nachdachte, das war meine Schwester Nisaba. Den reinen Stern für den Bau des Hauses hat sie dir verkündet. Der zweite Held, der eine Platte aus Lapislazuli in der Hand hielt, das war Ninduba.«

So erklärte die Göttin Nansche dem König Gudea den Traum und gab ihm Ratschläge mit für auf den Heimweg. Sie beruhigte ihn und versicherte ihm, dass ihr Bruder, der große Gott Ningirsu gnädig gesinnt sei und ihm helfen werde beim Bau seines Hauses. König Gudea beugte ehrfürchtig sein Haupt bei den Worten der hellsichtigen Göttin Nansche. »Der gute Hirte Gudea ist weise«, steht weiter in der großen Hymne geschrieben, »und setzt Großes in die Tat um«. Er ging nach Hause zurück und machte sich an die Arbeit, die seinen Namen verewigen und ihn in der Geschichte unsterblich machen sollte. Der große Herr Ningirsu versicherte dem König dann großzügig: »Durch die Gründung meines Hauses wird Überfluss kommen, die großen Getreidefelder werden dir üppig gedeihen, die Kanäle werden dir hohes Flutwasser bringen. Die Höhen, zu denen kein Wasser hinaufkommt, werden dir Wasser bringen, Sumer wird dir überreichlich Öl ausgießen, überreichlich Wolle dir darwägen.«

So brachte der Gott Ningirsu nach einer schweren Zeit wieder Segen und Reichtum in das Land Sumer. Der König, das ganze Land und sein Volk waren glücklich und zufrieden. Und wenn sie nicht gestorben sind, so leben sie noch im Paradies, im Garten Eden.[234]

Über die Elektionen

Der astrologische Fachbegriff Elektionen kommt von dem lateinischen Ausdruck *elektio* für Wahl oder Auswahl. Das ist eine der ältesten Techniken in der Astrologie, um einen geeigneten, guten Termin für ein Unternehmen, eine Stadtgründung, den Beginn einer Reise, vor allem einer Schiffsreise, vorauszuberechnen und zu bestimmen. Das Elektionshoroskop wird berechnet und angewendet für Geschäftseröffnungen, Hochzeiten, Hauskäufe, Umzüge, berufliche Fragen, Weiterbildung. Dabei wird der bestmögliche Zeitpunkt bearbeitet und berechnet und wenn möglich mit dem Horoskop der betreffenden Personen verglichen.

Über die Elektionen oder, wie es früher hieß, die Tagewählerei in Mesopotamien schreibt Alfred Jeremias:

---

[234] Für dieses Märchen habe ich mich inspirieren lassen durch die große sumerische Hymne vom Tempelbau des Königs Gudea. In: Adam Falkenstein, Wolfram von Soden, Sumerische und akkadische Hymnen und Gebete, Artemis, Zürich-Stuttgart 1953, S. 137–182 (Tempelbau-Hymne Gudeas von Lagasch).

Die Tagewählerei hängt eng mit der religiösen Kalenderwissenschaft zusammen, die ihrerseits auf der Himmelsschau beruht. Es handelt sich darum, astrologisch oder kalendarisch günstige und ungünstige Tage für Tempel- und Hausbau und für Geschäfte und andere Dinge des täglichen Lebens festzustellen. In Hemerologien wurde das alles dann systematisch notiert. Die Angabe bei Gudea, dass Nisaba, die im Träum die Angaben für den Tempelbau vermittelt, »die Zahlen kennt«, zeigt, dass es sich hier neben der visionären Offenbarung des Bauplanes um Tagesbestimmung handelt. In der alten gnostischen Zeit hat man dabei sicher an die Sicherung der Hilfe bestimmter Hierarchien gedacht, die bei den betreffenden Konstellationsterminen wirksam gedacht sind. Bei Bauten wird immer notiert, dass die Grundsteinlegung am günstigen Tage eines günstigen Monats geschah. Auch bei Palastaudienzen, Opferhandlungen, Eidesleistungen und Reisen wird der Tag sorgfältig gewählt. Aber auch bei Prozessen, Heirat, Flussüber querung. Die Antworten werden durch Träume erforscht, aber im letzten Grunde beruhen sie doch auf Himmelsschau, wenigstens in der Theorie und damit auf der damit verbundenen Kalenderfeststellung.[235]

[235] Alfred Jeremias, Handbuch der altorientalischen Geisteskultur (HAOG), Walter de Gruyter Verlag, Berlin und Leipzig 1929, S. 263.

Der »gute Stern« für den Tempelbau

In den Inschriften des sumerischen Priesterkönig Gudea von Lagasch erscheint als Prophetin des Königs Gudea Nisaba, die den Sinn öffnet und die Bedeutung der Zahlen kennt. Den reinen Schreibgriffel hielt sie in der Hand, eine Tafel mit dem guten Tierkreiszeichen trug sie und sann bei sich nach. Nisaba kündigt die gute Konstellation, für den Tempelbau an. Die »göttliche Astrologin« wird bei der Arbeit geschildert.

In einem Sanherib-Text heißt es: »Ein für die Dauer bestimmtes Fundament (temennu), eine Grundlage für die Zukunft, deren Grundriss von Urzeit her zugleich mit der Schrift des Himmels (= Sternenschrift) eingeritzt wurde.«

Was der Vorgang bedeutet, zeigen die assyrischen Inschriften. In den Bau-Inschriften Assarhadons wird eine Konstellation erwähnt, unter der die Weihe des Tempels Esagila vorgenommen werden darf. Hier handelt es sich um den Termin, an dem Jupiter sein Hypsoma erreicht hat. Und in einem anderen Text wird gesagt, dass die Zeichnungen zum temennu (Grundriss) und zum Bau des Tempels zugleich mit der Schrift des Himmels von Urzeiten her vorgezeichnet seien.[236]

Im erwähnten Text handelt es sich offensichtlich um eine astrologische Elektion. Und was bedeutet der Termin im assyrischen Text in der Bau-Inschrift Assarhadons, an dem Jupiter sein *Hypsoma* erreicht? Es muss erwähnt werden, dass bei es sich diesem Bau um den Tempel Esagila, um ein Heiligtum für Marduk handelt, also ein Jupitertempel. Für den Bau eines Jupitertempels oder beim Beginn eines Unternehmens, das eine Beziehung zu Jupiter hat, muss astrologisch gesehen- eine gute, in diesem Fall die beste - Konstellation bzw. Position des Planeten Jupiter ausgewählt und vorausberechnet werden.

Das Hypsoma, die Exaltation oder die Erhöhung, ist der »Ort

---

[236] Alfred Jeremias, Artikel Sterne, in: Ausführliches Lexikon der griechischen und römischen Mythologie, Bd. 4, Georg Olms Verlagsbuchhandlung, Hildesheim 1965, Spalte 1439.

mit höchster Offenbarungskraft« eines Planeten. Diese astrologische Technik ist uralt und stammt aus Babylonien. In seinem Hypsoma zeigt sich der Planet von seiner besten Seite, kann sich am besten entfalten und im Falle Jupiters hier sein Füllhorn am besten und am reichsten über die Stadt oder über das Land ausschütten. Darum wurde das Hypsoma Jupiters für den Baubeginn des Marduk-Tempels vorausberechnet und auf diese Zeit gewartet. Der Planet des babylonischen Gott Marduks ist Jupiter und er hat einen Zyklus von zwölf Jahren. Alle zwölf Jahre also, wenn Jupiter sein Hypsoma im Tierkreisbild Krebs erreichte, konnte man mit dem Bau eines ihm geweihten Tempels beginnen. Um diesen Zeitpunkt vorauszubestimmen brauchte man Tafeln mit den Eintrittszeiten in die Zeichen, die heute als »astronomische Tagebücher« bezeichnete werden, vergleichbar mit den Ephemeriden heute.[237]

Um »Sternentafeln« erstellen zu können mussten die sumerischen und babylonischen Priesterastrologen viele Jahre und Jahrunderte den Himmel beobachten, um die Zyklen der Planeten wahrzunehmen und diese in Keilschrift niederzuschreiben. Erst dann konnte die astrologische Arbeit richtig beginnen. Die sumerische Göttin Nisaba und der babylonische Gott Nabû waren Besitzer solcher Tafeln.

In der Geschichte der Astronomie ist die erste Ephemeride offiziell aus dem 37. Regierungsjahr Nebukadnezars bezeugt. Ab diesem Zeitpunkt sind in ununterbrochener Folge babylonische astronomische Texte bis zu Beginn unserer Zeitrechnung erhalten.[238]

---

[237] Der Ausdruck Ephemeriden, von griechisch: ἐφήμερος (ephēmeros) »für einen Tag«, aus ἐπί (epi) »auf« und ἡμέρα (hēméra) »Tag«. Die Positionswerte astronomischer Objekte werden bezogen auf ein astronomisches Koordinatensystem festgehalten. Der Name Ephemeriden drückt aus, dass die Positionsangaben jeweils für einen Tag gemacht werden. Heute werden sie in Form von Tafelwerken und Tabellen mit täglichen Positionswerten von Sonne, Mond und Planeten veröffentlicht.

[238] Ernst F. Weidner, Handbuch der babylonischen Astronomie, Bd. 1, Der babylonische Fixsternhimmel, Hirich'sche Buchhandlung, Leipzig 1915, S. 2. Vgl. Abraham J. Sachs and Hermann Hunger, Astronomical Diaries and related Texts from Babylonia, Volume I – Diaries from 652 B.C. to 262 B.C.; Volume II Diaries from 261 B.C. to 165 B.C.; Volume III – Diaries from 164 B.C. to 61

Zum astronomisch-astrologischen Hintergrund, der in dem Traum des Königs Gudea offenbart wird, hier der Kommentar:

> In dem Traumgesichte Gudeas, von dem uns in dem großen Zylinder A, 4, 14–6, 13 erzählt wird, erscheint dem Patesi auch die Göttin Nisaba. Von ihr heißt es (4, 25-5,1): gi-dub-ba azag-gì-a šú-im-mi-dů dub mul-an-du(g)-ga im-mi-gál ad-im-dá-gí-gí – »den reinen Schreibgriffel hielt sie in der Hand, eine Tafel mit der günstigen Himmelskonstellation trug sie, sie sann (darüber) nach bei sich. Die Tafel in Nisabas Händen war also mit einer astronomischen Zeichnung bedeckt, und zwar von jener bestimmten günstigen Sternkonstellation, bei deren Eintritt der Bau des Tempels begonnen werden konnte.
>
> Die entsprechende Stelle in der Deutung des Traumes führt zu dem gleichen Resultate. 6,1 – 2 lautet: ê-a dū-ba mul-azag-ba gù-ma-ra-a-de »die günstige Konstellation für die Erbauung des Tempels kündigte sie dir an. Die Stelle beweist, dass man schon zur Zeit Gudeas (um 2500 v. Chr.) Zeichnungen vom Sternenhimmel (bestimmte Konstellationen usw.) machte, vielleicht also auch schon eigentliche Sternkarten besaß. Um das »Horoskop« für den richtigen Termin, dass der Bau begonnen werden konnte, zu stellen, musste der babylonische Astronom den Lauf von Mond und Planeten verfolgen, also die ungefähre Lage der Ekliptik kennen, und die Stellung von Mond und Planeten zu den Sternbildern der Ekliptik, d.h. den Tierkreisbildern beobachten. Diese drei Faktoren sind zur Stellung des Horoskops unbedingt nötig. Ihre Kenntnis aber setzt den Betrieb einer wissenschaftlichen Astronomie (wenn auch in bescheidenen Grenzen) voraus.[239]

B.C., Verlag der Österreichischen Akademie der Wissenschaften, Wien 1988.

239 Ernst F. Weidner, Alter und Bedeutung der babylonischen Astronomie und Astrallehre, Hinrichs'sche Buchhandlung, Leipzig 1914, S. 2–3.

Die sieben Zeilen der »Sternentafel«

Aus der Tempelbau-Hymne Gudeas von Lagasch. In diesem Text sind zum ersten Mal schriftliche Zeugnisse für das Wort »Stern« und »Sternentafel« historisch belegt. Die Zeit ca. 2122 v. Chr., Gudea, Zylinder A, heute im Louvre, Paris.

Textes Cunéiformes, Tome VIII, Les Cylindres de Goudéa, Découverts par Ernest de Sarzes, Texte copié par F. Thureau-Dangin, 54 Planches, Musées du Louvre – Département des Antiquités Orientales, Libarie Orientaliste Paul Geuthner, Paris 1925.

Sumerisch

Zylinder A

Aus Platte V, 5:

1. Zeile: (12) sib-mu ma-mu-zu ma ga-mu-ra-bur-bur
2. Zeile: (21) ki-el sag-ga-e ki-schusch-sur-schusch-sur mu-ag
3. Zeile: (22) gi-dub-ba azag-gi-schu-ne-du-a
4. Zeile: (23) dub-mul-dug-ga ne-gal-la-a
5. Zeile: (25) sal-ku-mu ^{dingir}Nidaba ga-nam-me-am

Aus Platte VI, 5:

6. Zeile: (1) e-a du-ba mul-azag-ba
7. Zeile: (2) gu-ma-ra-a-de

Übersetzung auf Deutsch:

»Mein Hirte, deinen Traum, ich will ihn dir erklären:
Das junge Weib, welches in der Hand
einen reinen Schreibgriffel hielt,
welches trug die Tafel des guten Sternes,
ist meine Schwester Nisaba,
den reinen Stern der Erbauung des Tempels
kündigte sie dir an.«

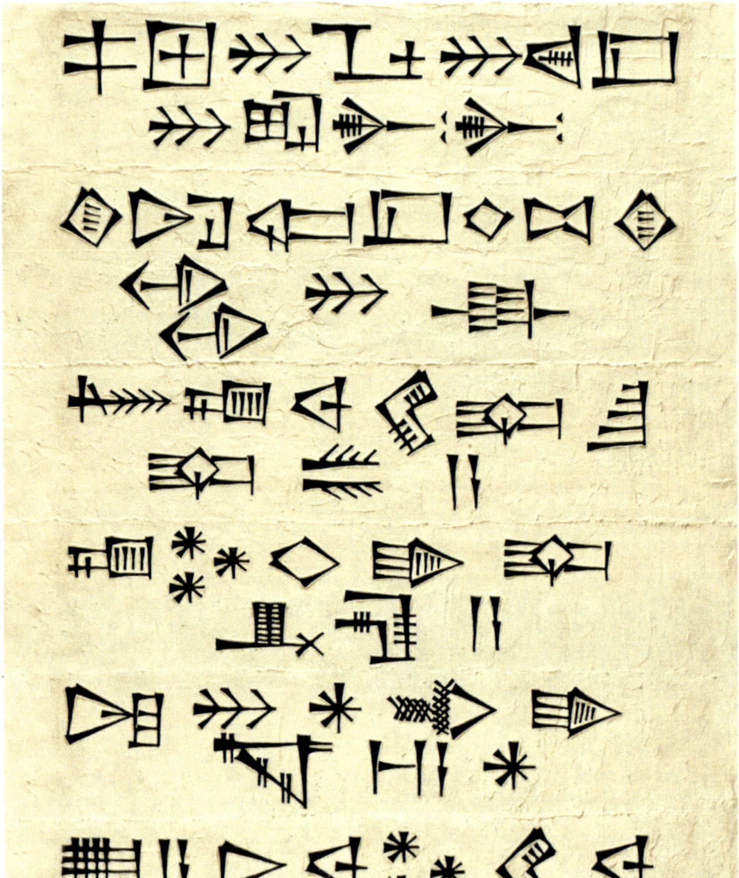

Abbildung 44:
Sieben Zeilen aus »Gudeas Traum«
Julia Dimitrov, Bern–Eymatt 2006, Größe: 80/120 cm

Gudeas Traum – Text auf Sumerisch

Zylinder A

Platte II

Abschnitt 2, ab Zeile 26:

Azag ^{dingir}Gatumdu-ra mu- na- gin (27) amar sche amar sche mu-na-bi
(28) Nin mu dumu an-azag-gi tud-da (29) Nirgal me-ten-na an-sag-zig

Platte III, 3. (1) Kalam-ma til-la (2) nu-du-zu uru-na (3) Nin ama Schirburla^{ki} ki-gar-ra-me (4) igi-ug-schu u igi-bar-ra-zu ni-a he-gal-la-am
(5) Dun-zid galu igi-mu-bar-ra-zu nam-til mu-na-sud
(6) ama nu-tug-me ama-mu tzi-me (7) a nu-tug-me a-mu tzi-me
(8) a-mu schag-ga schu-ba-ni-dug unu-a nu-tug-e (9) ^{dingir}Gatum-dug-mu
azag-zu dug-ga-am
(22) ga-na ga-na-ab-dug (24) dug-ba ha-mu-da-tum (25) ama-mu ma-mu-mu ga-na-tum (26) ensi azag-zu me-ten-na-mu (27) ^{dingir}N-ina Sal-Ku ^{dingir} Sirara^{ki} um-ta-mu (28) Gudea-ni gisch-ba-tug-am

Platte IV, (7) ^{dingir}Nina mu-na-gin sub mu-na-tum (8) ^{dingir}Enlil-dim nam-tar-tar-ri (10) ^{dingir}Nina-mu dug-ga-zu zid-dam (11) sag-bi-schu e-a-am
(12) ensi-dingir-ri-ne-me (13) Nin-kur-kura-ra-me ama Ka-mu-du-da
ma-mu-da (14) schag-ma-mu-da-ka galu-de-am an-dim ri-ba-ni
(15) ki-dim ri-ba-ni (16) a-gig sag-ga-ni-schu dingir-ra-am (17) a-ni-schu
^{dingir} Imgig^{hu} –dam (18) sig-ba-ni-a-schu a-ma-ru-kam (19) zid-da-gib-na ug ni-nad-nad (20) e-a-ni-du-da ma-an-dug (21) scha-ga-ni nu-mu-zu

(23) sal-ge-em a-ba-me-a-nu a-ba-me-a-ni (25) gi-dub-ba azag-gi-a schu-im-mi-du (26) dub mul-an-dug-ga im-mi-gal

Platte V, 5. (1) ad-im-da-gi-gi (11) patesi-ra ama-ni ^{dingir}Nina mu-na-bi-gi-gi

(12) sib-mu ma-mu-zu ma ga-mu-ra-bur-bur (13) galu an-dim ri-ba ki-dim ri-ba-schu (14sag-ga-schu dingir a-ni-schu (15) ^{dingir}Im-gig^{hu}-schu sig-ba-a-ni-schu a-ma-ru-schu (16) zid-da gub-na ug ni-nad-nad-a

(17) schesch-mu ^{dingir}Ningirsu ga-na-me-am (18) esch-e-ninnu-na du-ba za-ra ma-ra-an-dug

(21) ki-el sag-ga-e ki-schusch-sur-schusch-sur mu-ag (22) gi-dub-ba azag-gi-schu-ne-du-a (23) dub-mul-dug-ga ne-gal-la-a

(24) ad-im-da-gi-a **(25) sal-ku-mu ^{dingir}Nidaba ga-nam-me-am**

Platte VI, 6. (1) e-a du-ba mul-azag-ba (2) gu-ma-ra-a-de

Platte VII, 7. (4) en-na schag-an-dim sud-du-ni (5) ^{dingir}Ningirsu dumu ^{dingir}Enlil-la-ka za-ra ma-ra-schu-ga-e (6) gisch-har e-a-na ma-ra-pad-pad-de

(7) ur-sag-e me-ni gal-gal-la-am (8) schu-ma-ra-ni-ib-sar-sar

(9) sib-zid Gudea (10) gal-mu-zu gal-ni-ga-tum-mu (11) dug ^{dingir}N-ina mu-na-dug-ga (12) sag-sig ba-schi-gar.

Text aus: Die sumerischen und akkadischen Königsinschriften, F. Thureau-Dangin, Vorderasiatische Bibliothek, Band I, 1907.

Gudeas Traum – Text auf Deutsch
Zylinder A, Platte II, Abschnitt 2, ab Zeile 26:

Er ging zur reinen Göttin Gatumdu (27) und sprach ein Gebet: 28) »Meine Königin, Tochter des reinen Himmels, (29) die du rätst was frommt, die du den ersten Rang im Himmel einnimmst.

Platte III, 3. (1) die du leben machst das Land, (3) du bist die Königin, die Mutter, die Lagasch gegründet hat. (4) Bei dem Volke, das du ansiehst, ist reichlich die Kraft, (5) der Fromme, den du ansiehst, sein Leben wird verlängert.
(6) Ich habe keine Mutter: du bist meine Mutter. (7) Ich habe keinen Vater: du bist mein Vater.
(9) Meine Göttin Gatumdu, du hast das Wissen von allem Guten.
(22) Wohlan, ich will sprechen, (24) diese Worte will ich vorbringen!
(25) Meiner er möchte ich vortragen diesen Traum! (26) Möchte die Deuterin, die, welche hat Wissen von allem, was mir frommt, (27) möchte meine Göttin Nina, die Schwester von Sirara-schumta, (28) mir seine Bedeutung kundtun.

Platte IV., 4. (7) Er ging zur Göttin Nina und richtete an sie die Bitte:
(8) »Nina, Königin, Herrin der unschätzbaren Beschlüsse, (9) Königin, welche wie Enlil die Lose bestimmt, (10), meine Nina, dein Wort ist zuverlässig
(11) und aufs Äußerste hervorragt. (12) Du bist die Deuterin der Götter,
(13) du bist die Königin der Länder. Mutter, Erklärerin der Träume,
(14) in dem Traume ein Mann, dessen Wuchs erreichte den Himmel,
(15) dessen Wuchs erreichte die Erde,
(16) welcher nach der Tiara seines Hauptes ein Gott war,
(17) an dessen Seite der göttliche Vogel Imgig (oder Imdugud) war,
(18) zu dessen Füßen ein Sturm war, (19) zu dessen Rechter und Linker ein Löwe gelagert war,
(20) hat mir befohlen, sein Haus zu bauen: (21) ich habe ihn nicht erkannt.

(23) Ein Weib – wer war sie nicht? Wer war sie? (25) Sie hielt in der Hand einen reinen Schreibgriffel, (26) sie hielt die Tafel des guten Gestirnes des Himmels.

Platte V, 5. (1) sie hielt Rat mit sich selbst.
(11) Dem Patesi antwortete seine Mutter Nina: **(12) »Mein Hirte, deinen Traum, ich will ihn dir erklären:** (13) Der Mann, dessen Wuchs den Himmel erreichte, die Erde erreichte, (14) welcher dem Kopfe nach ein Gott war, an dessen Seite (15) der göttliche Vogel Imgig (Imdugud) war, zu dessen Füßen ein Sturm war, (16) zu dessen Rechter und Linker ein Löwe gelagert war, (17) ist mein Bruder Ningirsu: (18) Er befahl dir , sein Haus, das E-ninnu, zu erbauen.
(21) Das junge Weib, (22) welches in der Hand einen reinen Schreibgriffel hielt, (23) welches trug die Tafel des guten Sternes, (24) welches Rat hielt mit sich selbst, **(25) ist meine Schwester Nisaba,**

Platte VI, 6. (1) den reinen Stern der Erbauung des Tempels (2) kündigte sie dir an.

Platte VII, 7. (4) Der Herr, der unergründlich ist wie das Innere des Himmels,
(5) Ningirsu, der Sohn Enlils, wird dir Heil geben. (6) Er wird dir verkünden den Entwurf seines Tempels, (7) der Krieger, dessen Beschlüsse groß sind,
(8) wird dich segnen.
(9) Der rechtmäßige Hirte Gudea, (10) war voller Weisheit und trug sich mit Größe: (11) den Worten, welche ihm Nina gesagt hat, (12) neigte er das Haupt.

Text aus: Die sumerischen und akkadischen Königsinschriften, F. Thureau-Dangin, Vorderasiatische Bibliothek, Band I, 1907.

Nachtrag

Über das Gestirn des »Greisen« Mul Šu-Gi und den sumerischen Gott Enmešarra

Über die Gorgone Medusa und Mul Šu-Gi – ein Vergleich

In der klassischen Astrologie haben die Fixsterne eine besondere Bedeutung. Einer unter ihnen ist der Stern Algol oder »Haupt der Medusa«, wie man ihn auch nennt, der Stern β Persei. In den babylonischen Keilschrifttexten wurde Algol zu den Sternen des Sternbildes Mul Šu-Gi gerechnet. Heute befindet sich Algol 26 Grad 25 Min. im Tierkreiszeichen Stier. Dieser Stern im Horoskop wird besonders gefürchtet. Aber warum, und ist diese Angst überhaupt begründet? Wir wollen nun zurück zu den Quellen gehen und untersuchen, was dieser Stern ursprünglich symbolisierte.

Mul Šu-Gi ist der sumerische Name des Sternbildes Perseus und die Sterne des Stiers nördlich von den Hyaden.[240] Diese Sterne stellen den Wagen dar, auf dem der »Greis« steht. Mit seinen Füßen reicht er bis in die Nähe der Ekliptik. Im babylonischen Text heißt es von ihm, dass er »ein Kleid« und »einen Bart« trage. Da das »Kleid« und der »Bart« eine wichtige Bedeutung in der babylonischen Kultur haben, kann man diese Gestalt als eine weise, angesehene Person deuten. Es ist nicht selten, dass sogar weibliche Gottheiten manchmal mit Bart dargestellt werden, um ihre aktive Funktion zu unterstreichen.

Was trägt er in der rechten Hand? Die Zügel des Wagens? Bei

[240] Ernst Weidner, Eine Beschreibung des Sternenhimmels aus Assur, Archiv für Orientforschung (AfO), Berlin 1927, S. 78. Sumerisches Lexikon, Planetarium Babylonicum oder die sumerisch-babylonischen Sternnamen, P. Felix Gössmann, Verlag des päpstlichen Bibelinstituts, Rom 1950, S. 208–209.

der Interpretation des Textes wird genau das angenommen. Also kein abgeschnittener Kopf einer weisen Frau mit Schlangenhaaren wie beim Perseus in der griechischen Sage.

Die Kontrolle der Zugtiere, und damit die Lenkung des Gespanns, liegen in den Zügeln und in der Hand des Wagenlenkers.

Auch hier werden uns die alten Sumerer und Babylonier helfen, dieses Bild zu entschärfen und zu zeigen, was es ursprünglich für eine Bedeutung hatte. Šu-Gi – der »Weise«!

Bevor wir uns weiter an die Bedeutung des sumerisch-babylonischen Gestirns des »weisen Mannes«, Mul Šu-Gi und seiner Entsprechung im klassischen Altertum – der Medusa –, wagen, müssen wir einen größeren Umweg in der griechischen Mythologie machen, um diesen komplizierten Vorgang nachzuvollziehen. Wir müssen zuerst bei der Mutter der Göttin Athene beginnen, bei Metis.

Die Göttin Metis

Metis, gr. Μῆτις, – »kluger Rat« – ist in der griechischen Mythologie eine Okeanide und die erste Geliebte des Zeus. Philosophisch steht Metis für »Scharfsinn«. In der griechischen Mythologie wird gesagt, dass Metis die meistwissende unter Göttern und Menschen gewesen sei. Da sie sich Zeus widersetzte, machte er sie »klein« und verwandelte sie in eine Fliege. Ein Orakel hatte ihm geweissagt, eine Tochter der Metis wäre ihm gleichrangig. Er zeugte schließlich mit ihr die Göttin Athene. Und da er keine Konkurrenz, vor allem von Frauen, ertrug, »fraß« er sie auf, ja, er »verschlang« sie buchstäblich und so hatte er sich deren ganzes Wissen »einverleibt«. So wurde Zeus, nach dem er die Göttin Metis verschlungen hatte, zum »Gott des klugen Rates«. So werden manchmal Frauen und ihre Leistungen und Wissen von Männern »klein gemacht«, damit diese ihnen keine Konkurrenz werden können. Hier muss aber, betont werden, es handelt sich nur um dumme Männer. Intelligente Männer wissen die Frauen und ihre Fähigkeiten, Leistungen und ihr Wissen zu schätzen. Bei Zeus, in seiner Rolle als »Schürzenjäger«, handelt es sich um ein patriarchales Macho-Konzept bzw. einen Komplex, der bis heute in patriarchalen, von Männern dominierten Religionen und Gesellschaften, enthalten ist.[241] In der Astrologie entspricht Metis dem Prinzip Merkur.

Die Göttin Athene

Athene, Athena, Athina oder auch Athana ist eine Göttin der griechischen Mythologie. Sie ist die Göttin der Weisheit, aber v.a. die Göttin der Strategie. Sie hat Ähnlichkeiten mit der sumerisch-babylonischen Göttin Inanna/Ischtar in ihrer kriegerischen Version, in der Venus als Morgenstern. Der Name ist vorgriechisch und soll wörtlich die »Vaterstochter« heißen, was aber sprachhistorisch immer noch nicht gesichert ist. Um sich diese »Göttin« bildlich vorzustellen, können sie sich z.B. imaginär bei einem militärischen Generalstab oder bei einer Vorstandssitzung eines Großkonzerns, eine kluge und gebildete Frau unter lauter Generälen und Managern vorstellen. Sie beobachtet schweigend die Lage und hört ganz aufmerksam zu, eine Art göttliche »Supervisorin« würden die Psychologen heute sagen. In einer wichtigen, entscheidenden Situation und Frage wird ihr das letzte Wort gegeben. Wenn das nicht geschieht, verliert man häufig die »Schlachten« und das kann verheerende Folgen für die Menschen, den Ausgang des »Krieges« oder für die Firma haben. Vielleicht erinnern sich einige Leser von Odysseus, dank dem die Achäer den Krieg gegen Troja schlussendlich nach einem zehnjährigen Kampf, gewonnen haben. Odysseus wurde nicht etwa vom Kriegsgott Ares/Mars, sondern stets von der Göttin Athene beraten! Über die Zeugung der Göttin Athene von Zeus haben wir schon im Abschnitt über die Göttin Metis erfahren. Die zu Fliege klein gemachte Metis hat sich den Weg in den Kopf des Zeus gebahnt und so verursachte sie ihm mit Athene schwanger, solche unerträglichen Kopfschmerzen, dass er Hephaistos, den olympischen Schwerarbeiter und Schmied, zur Hilfe rufen musste.

---

[241] Monotheistische Religionen sind das Judentum, das Christentum und der Islam. Alle drei sind frauenfeindlich.

Dieser schlug ihm mit einem Hammer den Kopf entzwei und so wurde Athene zu einer »Kopfgeburt« des großen Gottvaters Zeus. Von nun an war *alles* »seine Idee«. Also, liebe Leserinnen, wagen Sie es ja nicht, sich mit diesem Macho zu messen, schweigen Sie lieber, denn er wird Sie sicher schon »kleinkriegen«!

Die Geschichte von der Gorgone Medusa

Von der Gorgone Medusa oder von der philosophierenden Frau und wie aus einer Tugend ein Monster gemacht wurde. Im Traktat SOLLTEN AUCH FRAUEN PHILOSOPHIEREN? widmet der römische Stoiker Gaius Musonius Rufus der philosophierenden Frau eine wahre Hommage.

Manche Überlegungen dieses bedeutenden, aber weniger bekannten Stoikers wurden in den letzten Jahren immer mehr beachtet, weil sie heute überraschend zeitgemäß wirken. Überraschend, ja, wenn man seine Einstellung über die Gleichstellung zwischen Mann und Frau berücksichtigt und dies schon vor ca. 2000 Jahren. Nach Musonius ist die Wissenschaft vom Leben nichts anderes als Philosophie. Darum empfiehlt er Frauen, am philosophischen Studium teilzunehmen, vor allem wegen der praktischen Anwendung im Leben.[242]

Die Gorgone Medusa, dieses in den Augen vieler »Machos« erstarrend wirkende »weibliche Ungeheuer«[243] aus der altgriechischen Mythologie, war *ursprünglich* eine wunderschöne Frau und Priesterin

---

[242] Gaius Musonius Rufus (30–85 n. Chr.), römischer Philosoph – Stoiker. Diatriben 3, »Sollten auch Frauen philosophieren?«; vgl. Die Philosophie der Stoa, Ausgewählte Texte, Reclam, Stuttgart 2012, S. 64–67.

[243] Eine ähnliche Dämonisierung ist in der Literatur und Kunst in der Gestalt der klugen Prinzessin Turandot bekannt, die einen ebenbürtigen Partner suchte und fand. Die meisten kennen sie nur aus der Puccini-Oper gleichen Namens, komponiert Anfang des 20. Jh. nach dem Theaterstück von Carlo Gozzi aus dem 18. Jh., wo diese außergewöhnliche Frau weit in den fernen Osten (damals noch *exotisch*) platziert wurde, damit sie von hier aus, aus sicherer Distanz, angegriffen und zu einer bösen Hexe entstellt werden konnte.

der Göttin Athene. Ihr wurde aber, wie es sehr oft der Fall ist in der griechischen Mythologie, von einem Mann sehr aggressiv nachgestellt. Für sie als Priesterin war das selbstverständlich eine Schande und Erniedrigung. Dieser hemmungslose Mann und Gott war Poseidon, der Meeresgott, der Erd-Erschütterer, der immer mehr und mehr Landesstriche, also Materie verschlungen hatte. Poseidon oder Neptun[244] in der griechischen Mythologie, dieser Inbegriff des Chaos, der Naturgewalt und der unkontrollierten Emotionen und Begierden, der Inbegriff des unkritischen Glaubens, hat er ausgerechnet sie sich ausgesucht und überwältigt. Medusa (gr. Μέδουσα), die Priesterin der Göttin Athene, die eigentlich die höhere Vernunft und die Ordnung auf Erden vertreten sollte, »ließ es zu«, so nach der patriarchalen Vorstellung, sich von diesem »Chaot«, dem Poseidon, vergewaltigen zu lassen. Athene war empört! Anstatt mit ihrem »göttlichen Bruder« ins Gespräch zu kommen und eine Kompromisslösung zu finden, verwandelte sie *ihre* Priesterin Medusa, die eigentlich ein Opfer war, in ein »schreckliches Ungeheuer«, so die griechische Sage, merkwürdigerweise v.a. für Männer. Ihr Antlitz und ihr *Kopf*, der mit aus Hunderten von Schlangen bestehendem Haar, verwandelte jeden Mann, der ihn anblickte, in eine Steinsäule. Die Schlangensymbolik war aber charakteristisch für die Große Göttin (die Große Mutter) überall in der vorgriechischen, thrakisch-phrygischen Welt auf der Balkanhalbinsel, in der Ägäis und in Kleinasien sowie im Vorderen Orient. Für die sumerische Göttin Inanna und für die babylonische Ištar war die Schlange heilig. Aber nicht nur dort, ihre Spuren sind überall in ganz Europa zu finden.

Auf Athenes Schild blickt uns der Kopf der Medusa entgegen! Der Stern der Medusa am Himmel ist der zweitgrößte Stern des Sternbilds Perseus, die sogenannte β (Betha) Persei, heute als der Stern Algol (arabisch *al-ġūl)* bekannt. In der Astrologie gilt er seit dem Mittelalter bis heute als einer der bösesten Sterne. Aber

---

[244] Nicht zu verwechseln mit dem sumerischen Gott Enki/Ea und mit dem astrologischen Prinzip Neptun aus der modernen psychologischen Astrologie.

warum? Wer war Medusa wirklich und was symbolisiert sie? Zurück in die Geschichte: Forschend habe ich entdeckt, dass dieser Stern in der sumerisch-babylonischen Überlieferung einen alten Mann darstellt, mit dem Name »der Alte«, »der Greis« bzw. »der Weise« – Šu-Gi (Schu-Gi).[245] Die Bezeichnung Šu-Gi war auch eine Bezeichnung für die Institution des »Ältestenrates« (wie der Senat im Rom), also eine hohe Instanz des weisen Rates und der menschlichen Erfahrung, die im mesopotamischen Raum häufig bezeugt ist.[246] Der Orientalist Fritz Hommel übersetzt den Sternnamen Šu-Gi als »Scheich« – semitisch šîbu.[247]

Einen wichtigen Hinweis für die Bedeutung und die Funktion dieses Sternbildes in der sumerisch-babylonischen Astrologie findet sich in der berühmten Sternliste mit dem Namen Mul Apin – der Pflugstern.[248] In diesem Keilschrifttext, den Assyriologen als »Lehrbuch« oder »Kompendium« bezeichnn, wird das Sternbild Mul Šu-Gi mit dem sumerischen Gott Enmešarra (Enmescharra) gleichgesetzt. Oder genauer gesagt Mul Šu-Gi ist das Sternbild des Gottes

---

245 Sumerisches Lexikon, Planetarium Babylonicum oder die sumerisch-babylonischen Sternnamen, P. Felix Gössmann, Verlag des päpstl. Bibelinstituts, Rom 1950, S. 208–209.

246 H. Klengel, Die Rolle der »Ältesten« ($LU_2^{MEŠ}$ ŠU.GI) in Kleinasien der Hethiterzeit. In: Zeitschrift für Assyriologie und Vorderasiatische Archäologie, Bd. 57, Heft 1, S. 223–236.

247 Fritz Hommel, Aufsätze und Abhandlungen, III, 1. Die Astronomie der alten Chaldäer, Verlag von Hermann Lukaschik, München 1901, S. 466.

248 Die Keilschriftserie trägt den Namen des ersten Sterns, der am Anfang der Tontafel geschrieben steht – Mul Apin, »Mul« als Determinativ für Stern, »Apin« bedeutet auf sumerisch Pflug. Die Keilschriftserie ist darum als die sogenannte »Pflug-Stern-Serie« in der Fachliteratur bekannt. Die Serie stammt aus dem 3. Jahrtausend v. Chr., ist aber nur in Abschriften von späteren Zeiten überliefert. Vgl. auch Artikel: Enmešarra am Himmel in: Ernst F. Weidner, Reallexikon der Assyriologie, Bd. 2, Walter de Gruyter Verlag, Berlin und Leipzig 1938, S. 397, In der I. Tafel der Serie Mul Apin, CT XXXIII, Platte I, Zeile 3. Auch in: Mul.Apin, An Astronomical Compendium in Cuneiform by Hermann Hunger and David Pingree, Archiv für Orientforschung (AfO), Beiheft 24, Verlag Ferdinand Berger & Söhne Gesellschaft M.B.H., Horn 1989, Tablet I, i 3, DIŠ ^{mul} ŠU.GI ^{d} En-me-šár-ra, S. 18.

Enmešarra. Auch in einem astrologischen Kommentar aus Uruk wird Enmešarra als der Gott genannt, der sich in Mul Šu-Gi offenbart.[249] Wer ist der sumerische Gott Enmešarra? Enmešarra ist der sumerische Herr der Vegetation und wird als Repräsentant des gesamten irdischen Alls gesehen, der seine Kraft vom Himmel empfängt. »Das erhabene Band zwischen Himmel und Erde«, wie man diese Verbindung zwischen Himmel und Erde auch nennt, wird also wie alle Himmelsteile vergöttlicht und personifiziert. So wird es hier durch den Gott Enmešarra dargestellt. Dieses »Band zwischen Himmel und Erde« hat wie der Tierkreis eine sehr wichtige Bedeutung im sumerisch-babylonischen Weltbild. Himmel und Erde sind nach der sumerisch-babylonischen Vorstellung durch ein »Band« verbunden, das auf Sumerisch DUR-AN-KI genannt wird und auf Akkadisch markas šamê.

> Diese zunächst ganz einfache kosmisch-biologische Vorstellung – schreibt Alfred Jeremias – ist der Ausgangspunkt für den in die ganze Welt gewanderten Gedanken von einem kosmischen *Nabel* geworden, der das Obere und Untere verbindet, wie der Nabel die Verbindung von Kind und Mutter bildet. In der kosmischen Geographie wird immer der Punkt, der den Zugang zur oberen Welt angibt, als der Zugang zur himmlischen Welt mit einer Omphalosvorstellung verbunden und oft monumental so dargestellt. […] Dass die Wurzel auch hier sumerisch ist, sieht man an der Bezeichnung der Metropole des ältesten sumerischen Reiches, Nippur, als DUR-AN-KI, Band des Himmels und der Erde.[250]

Nach dieser Vorstellung und Tradition wurde jede große Hauptstadt und jedes große geistige Zentrum, sich einander abwechselnd, einmal zum »Band des Himmels und der Erde« – Nippur, Babylon, Delphi, Jerusalem, Rom, Konstantinopel, Bagdad, Mekka usw.

---

[249] Ernst F. Weidner, Ein astrologischer Kommentar aus Uruk, Studia Orientalia I., Societas Orientalis Fennica, Helsinki 1925, S. 353.

[250] Alfred Jeremias, Handbuch der altorientalischen Geisteskultur (HAOG), Walter de Gruyter Verlag, Berlin und Leipzig 1929, S. 141–142.

Enmešarra wurde auch als Unterweltsgott verehrt, als der Gott aller Gesetzte und Kräfte und der 100 ME (der 100 göttlichen Kräfte). Er und seine Gattin Ninmešarra zählen zu den Urahnen von An und Enlil, denen er die Herrschaft übergeben hat. Somit ist Enmešarra Vertreter der alten kosmischen Ordnung und der alten Weltmacht. Enmešarra und Ninmešarra haben sieben Söhne. Diese sieben Šebettu (akkadisch – die Sieben), sind mit Sibi, der Siebengottheit, identisch und bekämpfen die bösen Dämonen.

> In der Bibliothek Assurbanipals fand sich ein religiös sehr interessanter Tempelweihtest, in dem unter dem Namen Enmešarra eine Allgottheit gepriesen wird, von deren Segnung alles im Naturleben abhängt, der Himmlisches und Irdisches vermittelt, von dem die Natur, wie Tempel und Palast abhängen und dem sich die höchsten kosmischen Götter beugen: eine Art babylonischer Brahman.[251]

Das ganze Sternbild Perseus, mit Šu-Gi, also mit Enmešarra identisch, ist von ganz besonderer Bedeutung, denn nach altbabylonischer Tradition bildet dieses den »Ort des Geheimnisses«, »Ort mit höchster Offenbarungskraft«, »ašar niṣirti« (akkadisch), (Hypsoma) des Mondes. Einer der Namen des Mondes in der sumerisch-babylonischen Sprache und im Astralmythos ist Dingir En-Zu, was »der Wissende«, »der Weise« bedeutet. Da im alten Sumer viele weise Frauen, darunter auch solche mit prophetischer Begabung, Priesterinnen waren, musste nach der Einnahme des Landes durch die patriarchalen Stämme diese Ordnung gestürzt werden. So geschah es auch, dass in der babylonischen Zeit, aus den meisten weiblichen Gottheiten, männliche gemacht wurden. Sie wurden umgetauft und ihre Attribute durch männlichen ersetzt. Im besten Fall wurden sie mit den neuen männlichen Gottheiten »verheiratet«. So wurde z.B. anfänglich der sumerischen Göttin Nisaba – Göttin der Landwirtschaft, der Schreibkunst und der Wissenschaft, – der Gott Nabû zuerst als Gatte zugeteilt, um sie dann später langsam ganz aus dem babylonischen Pantheon zu entfernen. Und da die alten

---

[251] Alfred Jeremias, Handbuch der altorientalischen Geisteskultur, S. 149.

Griechen reichlich viel Kulturgut aus dem Vorderen Orient übernahmen sowie sich die Erdgöttinnen aus vorgriechischer Zeit in Südosteuropa und Kleinasien »einverleibten«, wie der Gottvater Zeus es tat, musste die schöne und weise Medusa zu einem »weiblichen Ungeheuer« von der damaligen sich neu etablierten patriarchalen Ordnung »verwandelt« und erklärt werden. Es ist schwer zu glauben, dass das eine Tat der Göttin Athene persönlich gewesen sein soll, da sie ja selbst bekanntlich schon seit ihrer Geburt ein »Opfer ihres Vaters« Zeus war. Für die Araber, die später die astronomischen Namen zum großen Teil von den alten Griechen übernahmen und sie ins Arabische übersetzten, hieß, wie oben schon erwähnt, der Stern der Medusa Algol, »der böse Geist« oder auch der »Teufelsstern«. So wurde Medusa mit dieser Bedeutung von den christlichen Astrologen in Europa des Mittelalters, die ausschließlich Männer waren, unkritisch oder aus Unwissenheit, wie es scheint, ohne jeden Kommentar übernommen. Allen aufgeklärten Menschen ist bekannt, wie frauenfeindlich diese Epoche im *christlichen* Europa und wie lebensgefährlich diese Zeit für denkende und philosophierende Frauen war. Während der römische Stoiker Musonius zu seiner Zeit (30–85 n. Chr.), wie wir gesehen haben, die Frauen dazu ermunterte zu philosophieren und selbstständig zu denken, wäre im Mittelalter eine solche Frau schon eine potenzielle Kandidatin für den Scheiterhaufen gewesen. Welch ein Rückschritt für Europa mit dem Sieg des patriarchalen, frauenfeindlichen Monotheismus! Das ist ein Beweis dafür, dass die Entwicklung der Welt nicht linear, progressiv, also vorwärts in eine positive Richtung verläuft, sondern eine Regression durch das Durchsetzen rückständiger Ideologien erleiden kann. Über die Wirkung des heiligen Augustinus schreibt die ev. Pfarrerin Antje Rösener:

> Die Leib und Frauenfeindlichkeit seiner Umwelt wurde theologisch untermauert, [...]. Die Wirkungsgeschichte einer Theologie, die die eigene Sünde vor allem in den Frauenkörper projiziert, hat verheerende Folgen gehabt. Sie hat die Hexenverfolgung möglich gemacht. Sogar in der heutigen Diskussion um Frauen als Pfarrerinnen, Priesterinnen und Bischofinnen dieses

Gedankengut, dass eine Frau von Natur aus weniger Wert sei als ein Mann, offen oder versteckt immer wieder auf.[252]

Damit unterscheiden sich der Heilige Augustinus, einer der Grundpfeiler der katholischen Kirche sowie viele andere »heilige Männer« aus den Orthodoxen Ostkirchen dieser Epoche, nicht wesentlich von den islamischen Fundamentalisten von früher wie auch von heute. Umso mehr ist die Toleranz gegenüber solchen frauenfeindlichen und ganz allgemein menschenfeindlichen Ideologien bzw. Religionen äußerst fragwürdig.

Ganz treffend hat dieses Thema der amerikanische Soziologieprofessor David Jacobson in einem Interview[253] auf den Punkt gebracht mit dem Satz: »Die Stellung der Frau ist der Lakmustest für jede Gesellschaft.« Diese Sentenz könnte noch verfeinert werden mit dem Zusatz: für jede philosophische Schule, politische Ideologie und Religion. Jede Weltanschauung, die das Naturgesetz der Polarität nicht berücksichtigt und wertschätzt, ist als einseitig und ganz sicher nicht als »Wort Gottes« zu bezeichnen.

Möge es plakativ tönen, doch es sollte nochmals ganz klar formuliert und ausgesprochen werden, dass vom astrologischen Standpunkt her gesehen jede Unterdrückung und Diskriminierung der Geschlechter, d.h. der Polaritäten, gleich von welcher Seite her, von einem fundamentalen Unverständnis über die Schöpfung zeugt und daher als eine *richtige* »Gotteslästerung« bezeichnet werden kann.

Warum also haben die europäischen Astrologen im Mittelalter die monströse Überlieferung über Medusa von den Arabern in der Form übernommen? Das können wir uns nur damit erklären, dass sie schließlich auch nur Menschen waren, nämlich Geschöpfe ihrer Zeit.

---

[252] Antje Rösener, Die Last mit der Lust – Der Kirchenvater Augustin. In: H. Pressler/G. Höft hrsg., Kirchengeschichten. Glaubliches und Unglaubliches aus 2000 Jahren. Kirchengeschichten in WDR 2000, 78–81 (hier S. 80).

[253] Tagesanzeiger, 11. März 2013, von Bettina Weber. Interview zum Buch von David Jacobson: OF VIRGINS AND MARTYRS – WOMAN AND SEXUALITY IN GLOBAL CONFLICT, Johns Hopkins University Press, 2012.

Vor einiger Zeit hatte ich die Möglichkeit den Text eines lateinischen Manuskripts des Hermes Trismegistos zu lesen, der über die astrologische Bedeutung der Fixsterne berichtete.

Und bevor sie nun vor Schreck, vor dieser Gorgone »erstarren« oder gleich den »Kopf verlieren«, wie es so schön in den Astrologie-Büchern über diesen »bösen« Fixstern geschrieben steht, wenn Sie sehen oder hören, dass der Stern der Medusa bzw. Algol auf einem wichtigen Punkt in Ihrem Horoskop steht, möchte ich Ihnen durch Hermes Trismegistos die »Frohe Botschaft« überbringen lassen, was dieser Stern ursprünglich für eine Bedeutung hatte.

> Dixit Hermes – »Ego dicam vobis de rebus fortune unde habebitis letitiam cum eis et habebitis magnum proficuum ex eis … «, also »Ich werde euch etwas von Fortuna, vom Rätsel des Schicksals, erzählen, aus dem ihr Freude und einen großen Nutzen haben werdet«, also so spricht am Anfang seines Traktats über die Fixsterne Hermes Trismegistos, der Dreimalgroße.[254]

In diesem Traktat wird die Bedeutung der Fixsterne im Horoskop erklärt. In der klassischen Astrologie haben die Fixsterne im Horoskop eine besondere Bedeutung. Aus dieser alten Überlieferung durch Hermes, so wir es im vertieften Studium entnehmen können, präsentiert sich uns die Gorgone Medusa mit einem ganz anderen Gesicht! Der Stern der Medusa oder, wie oben schon erwähnt, heute unter dem arabischen Namen Algol bekannt, bedeutet nach Hermes Trismegistos »Reichtum«, mit einem im astrologischen Sinn jupiterischen und saturnischen Charakter (»de natura Iovis et Saturni«). Haben wir richtig gelesen: »Reichtum«?!

Um die ursprüngliche Bedeutung dieses »Reichtums« zu verstehen, möchte ich Ihnen die Bedeutung der Wörter »reich« und »arm« aus dem Bulgarischen erklären. Das Wort »reich« heißt auf Bulgarisch »богат« (bogát). Der Stamm dieses Wortes ist »bog« oder

[254] Liber hermetis de stellis fixis que dicuntur beybenie, Autor: Hermes Trismegistos, ca. 830 v. u. Z.; Codex Vindobonensis Latinus 3124, Blatt 161 recto, Zeilen 7–8 (lateinisch).

»bag«, eine indogermanische Wurzel mit Bedeutung »Gott«, die z.B. im Namen des indischen Epos in Sanskrit, Bhagavadgita oder im persischen Namen der Stadt Bagdad (Geschenk Gottes) enthalten ist. »Bogát«, also »reich«, bedeutet im ursprünglichen Sinn ein Mensch, der mit »Gott oder etwas Göttlichem erfüllt ist«. Es geht also nicht in erster Linie um Gold, Geld oder sonstige materielle Güter.[255] Reichtum bedeutet also in diesem Sinne vor allem eine reiche Seele. Und was ist im bulgarischen Wort für »Armut«, бедност, enthalten? »Bédnost« oder »béden« (arm), entspricht dem altbulgarischen »bedá«, was auf Deutsch »Unglück« bedeutet.

Ein unglücklicher Mensch, auch wenn er reich ist, ist im Sinne des bulgarischen Wortes eigentlich »arm«. Unglück entsteht, wenn etwas aus der Harmonie, aus dem Gleichgewicht gerät oder Unrecht erleidet. Aber schlimmer dran sei der, der die Ungerechtigkeit ausübt, als jener, der es erleidet.

Jetzt sollten wir verstehen, was Hermes Trismegistos mit dem Wort »Reichtum« (mit einem saturnischen und jupiterischen Charakter) in seiner Schrift meinte und so auch die Bedeutung dieses »Teufelssternes«, des Sterns der Medusa richtig verstehen. Und nicht nur das, sondern auch die Botschaft der großen Göttin Athene, die das Antlitz der Medusa auf ihrem Schild trägt! Medusa – die weise Priesterin der Göttin Athene und der alte weise Gott Enmešarra – der Herr des alten Äons, »Das Band des Himmels und der Erde«!

---

[255] Dieser sprachliche Zusammenhang, aus dem Bulgarischen, ist auch einem byzantinischen General, dem Kekaumenos, im 12. Jh. aufgefallen. Er gibt dies als Beispiel in seiner Anleitung für ethisches Verhalten eines Aristokraten, indem er auffordert, großzügig gegenüber den Armen zu sein. In: Vademecum des byzantinischen Aristokraten, Das sogenannte Strategikon des Kekaumenos, Graz 1957, Abschnitt 2, Ratschläge für verschiedene Stände und Ämter, S. 23.

Anhang

Bibliografie

BOLL, Franz, Sternglaube und Sterndeutung, unter Mitwirkung von Carl Bezold, Teubner Verlag, Leipzig und Berlin 1931.

BOLL, Franz, Sphaera – Neue griechische Texte und Untersuchungen zur Geschichte der Sternbilder, Teubner Verlag, Leipzig 1903

DELLITZSCH, Friedrich, Babel und Bibel, Ein Vortrag, Hinrich'sche Buchhandlung, Leipzig 1902.

DENNINGMANN, Susanne, Die astrologische Lehre der Doryophorie, Eine soziomorphe Metapher in der antiken Planetenastrologie, Beiträge zur Altertumskunde, K. G. Sauer Verlag, München und Leipzig 2005.

DIMITROV, Julia, Die Sieben Todsünden und Kardinaltugenden in der Astrologie, Chiron Verlag, Tübingen 2017.

DIO, Cassius, Römische Geschichte, Bd. II, Buch 37 (19, 1–3), Artemis & Winkler Verlag, Patmos Verlag 2007.

Demant, Alexander, Geschichte der Spätantike, C. H. Beck Verlag, München 2018.

DIODOROS, Buch II, 30 (3) über die Chaldäer. Diodoros, Griechische Weltgeschichte, Buch I–X, übers. von Gerhard Wirth, Anton Hiersemann Verlag, Stuttgart 1992.

EDZARD, Dietz Otto, Mesopotamien, Die Mythologie der Sumerer und Akkader, in: Wörterbuch der Mythologie, Teil I. Götter und Mythen im Vorderen Orient, hrsg. von Hans Wilhelm Haussig, Ernst Klett Verlag, Stuttgart 1965.

– Artikel *Me*, in: Reallexikon der Assyriologie (RLA), Bd. 7, Walter de Gruyter, Berlin-New York 1987–1990.

EPPING, Joseph, Astronomisches aus Babylon oder das Wissen der Chaldäer über den gestirnten Himmel, Ergänzungshefte zu den *Stimmen aus Maria Laach*, Herder'sche Verlagshandlung, Freiburg in Breisgau 1889.

GINZEL, F. K., Die astronomischen Kenntnisse der Babylonier und ihre kulturhistorische Bedeutung, Klio, Bd. 1, Dietrich'sche Buchhandlung, Leipzig 1901.

GÖSSMANN, P. Felix, Planetarium Babylonicum (Sumerisch–Babylonische Sternnamen), Roma 1950, in: Sumerisches Lexicon von A. Deimel 4/2.

– Das Era-Epos, Augustinus, Würzburg 1955.

GRONEBERG, Brigitte, Die Götter des Zweistromlandes, Artemis & Winkler Verlag, Düsseldorf/Zürich 2004.

GUNDERMANN, G., Die Namen der Wochentage bei den Römern, Geschichte der Namen der Wochentage, Zeitschrift für Deutsche Wortforschung, Erster Band, Verlag von Karl F. Trübner, Strassburg 1901, S.175–186.

HERODOT, Historien, Bd. 1, Buch I, 98, Tusculum, Heimeran Verlag, München, 1980.

HOMMEL, Fritz, Aufsätze und Abhandlungen, III, 1., Nr. 10 – Die Astronomie der alten Chaldäer, Verlag von Hermann Lukaschik, München 1901.

HROUDA, Berthel, Mesopotamien, C. H. Beck Verlag, München 1997.

HUNGER, Hermann, Astronomical Diaries and related Texts from Babylonia, Abraham J. Sachs and Hermann Hunger, Volume I – Diaries from 652 B.C. to 262 B.C.; Volume II – Diaries from 261 B.C.

to 165 B.C.; Volume III – Diaries from 164 B.C. to 61 B.C., Verlag der Österreichischen Akademie der Wissenschaften, Wien 1988.

— Mul.Apin, An Astronomical Compendium in Cuneiform by Hermann Hunger and David Pingree, Archiv für Orientforschung (AfO), Beiheft 24, Verlag Ferdinand Berger & Söhne Gesellschaft M.B.H., Horn 1989.

— Artikel *Libra*, in: Reallexikon der Assyriologie (RLA), Bd. 7, Walter de Gruyter Berlin 1990.

— Astrological Reports to Assyrian Kings, Helsinki University Press, State Archive of Assyria (SAA), Vol. VIII, 1992.

— Artikel *Planeten*, in: Reallexikon der Assyriologie (RLA), Bd. 10, Walter de Gruyter Verlag, Berlin, New York 2003–2005.

— Artikel *Stern*, in: Reallexikon der Assyriologie (RLA), Bd. 10, Walter de Gruyter Verlag, Berlin, New York 2011–2013.

JENSEN, Peter, Die Kosmologie der Babylonier, Studien und Materialien, Verlag von Karl J. Trübner, Strassburg 1890.

JEREMIAS, Alfred, Im Kampfe um Babel und Bibel, J. C. Hinrich'sche Buchhandlung, Leipzig 1903.

— Das Alte Testament im Lichte des Alten Orients, Handbuch zur Biblisch-Orientalischen Altertumskunde, Hinrich'sche Buchhandlung, Leipzig 1904.

— Das Alte Testament im Lichte des Alten Orients, Hinrich'sche Buchhandlung, Leipzig 1906.

— Artikel *Nebo*, in: Ausführliches Lexikon der griechischen und römischen Mythologie, W. H. Roscher, Band 3, B. G. Teubner Verlag, Leipzig 1897–1909.

— Das Alter der babylonischen Astronomie, Im Kampfe um den Alten Orient, Wehr- und Streitschriften, hrsg. von Alfred Jeremias und Hugo Winckler, Hinrich'sche Buchhandlung, Leipzig 1909.

— Die Weltanschauung der Sumerer, in: Der Alte Orient, Bd. 27, Heft 4, Hinrich'sche Buchhandlung, Leipzig 1929.

— Handbuch der altorientalischen Geisteskultur (HAOG), Walter de Gruyter Verlag, Berlin und Leipzig 1929.

— Der Kosmos von Sumer, Der Alte Orient, Hinrich'sche Buchhandlung, Leipzig 1933.

— Artikel *Sterne*, in: Ausführliches Lexikon der griechischen und römischen Mythologie, Bd. 4, Georg Olms Verlagsbuchhandlung, Hildesheim 1965.

JUNG, Carl Gustav, Briefe, Bd. I, Walter Verlag, 4. Auflage, Olten 1990, S. 82, Brief an Dr. med. L. Oswald, vom 8.12.1928.

— Briefe II, Walter Verlag, Olten 1989, S. 94, Brief vom 6. 9. 1947 an Prof. B.V. Raman aus Bangalore, Indien.

KÄMMERER, Thomas R., Das babylonische Weltschöpfungsepos Enūma elîš' hrsg. von Thomas R. Kämmerer und Kai A. Metzler' Alter Orient und Altes Testament (AOAT), Bd. 375, Ugarit-Verlag,' Münster 2012.

KLENGEL, H., Die Rolle der »Ältesten« ($LU_2^{MEŠ}$ ŠU.GI) in Kleinasien der Hethiterzeit. In: Zeitschrift für Assyriologie und Vorderasiatische Archäologie, Bd. 57, Heft 1, S. 223–236.

KREBERNIK, Manfred, Artikel *Mond*, in: Reallexikon der Assyriologie (RLA), Bd. 8, Walter der Gruyter, Berlin New York 1993–1997.

— Artikel *Pabilsag*, in: Reallexikon der Assyriologie, Bd. 10, 3./4. Lieferung, Walter de Gruyter, Berlin New York 2004.

— Götter und Mythen des Alten Orients, C. H. Beck Verlag, München 2012.

OBERHUBER, Karl, Der numinose Begriff ME im Sumerischen, Innsbrucker Beiträge zur Kulturwissenschaft, Innsbruck 1963.

ORIGENES, Die Kommentierung des Buches Genesis, eingeleitet und übersetzt von Karin Metzler, Origenes, Werke mit deutscher Übersetzung, Band 1/1, De Gruyter Verlag, Berlin und New York 2010.

PONGRATZ-LEISTEN, Beate, *Herrschaftswissen* in Mesopotamien, State Archive of Assyria Studies (SAA), Volumes X, The Neo-Assyrian Text Corpus Project, University Helsinki 1999.

RANKE, Hermann, Das Gilgamesch Epos, in Übersetzung von Hermann Ranke, Marix Verlag, Wiesbaden 2006.

RAWLINSON, Henry, On the Birs Nimrud, or the Great Temple of Borsippa, Journal of the Royal Asiatic Society of Great Britain and Ireland, Vol. 18, 1860, S. 1-34 (hier S. 18–23).

RÖLLIG, Wolfgang, Das Gilgamesch Epos, hrsg. von Wolfgang Röllig, Philipp Reclam Verlag, Stuttgart 2009.

SAYCE, Archibald Henry, The Astronomy and Astrology of the Babylonians, Transactions of the Society of Biblical Archaeology, Vol. III, Part. 1, London 1874.

SELZ, Gebhard J., Nissaba(k), *Die Herrin der Getreidezuteilung*, in: DUMU-E$_2$-E-DUB-BA-A, Studies in Honor of Ake W. Sjöberg, OPBF 11, Philadelphia 1989 (OPBF – Occasional Publications of the Babylonian Fund).

TACITUS, Cornelius, Historien, Bd. II, deutsch und lateinisch, übersetzt von Alfons Städele, Edition Antike, Wissenschaftliche Buchgesellschaft, Darmstadt 2014.

UHLIG, Helmut, Die Sumerer, Volk am Anfang der Geschichte, C. Bertelsmann Verlag, München 1976.

UNGER, Eckhard, Babylonisches Schrifttum, Deutsches Museum für Buch und Schrift, Leipzig 1921.

UNGNAD, Arthur, Besprechungskunst und Astrologie in Babylon, Archiv für Orientforschung (AfO) Bd. 14, Berlin Graz 1911–1944.

– Ursprung und Wanderung der Sternnamen, Kulturfragen, Heft 2, Selbstverlag, Breslau 1923.

VALENS, Vettius Antiochenus, Vettii Valentis Antiocheni anthologiarum libri novem, David Pingree (ed.), B. G. Teubner Verlag, Leipzig 1986.

– Blütensträusse, übersetzt von Otto Schönberger und Eberhard Knobloch, Scripta Mercaturae Verlag, St. Katharinen 2004.

VON SODEN, Wolfram, Sumerische und akkadische Hymnen und Gebete, hrsg. von A. Falkenstein, Artemis Verlag, Zürich-Stuttgart 1953.

– Sprache, Denken und Begriffsbildung im Alten Orient, Abhandlungen der Geistes- und Sozialwissenschaftlichen Klasse, Jg. 1973, Nr. 6, Verlag der Akademie der Wissenschaften und der Literatur, Mainz, in Kommission bei Franz Steiner Verlag GMBH Wiesbaden, 1974.

– Einführung in die Altorientalistik, Wissenschaftliche Buchgesellschaft Darmstadt 1985.

– Aus Sprache, Geschichte und Religion Babyloniens, Istituto Universitario Orientale, Neapel 1989.

WEIDNER, Ernst Friedrich, Die Entdeckung der Präzession, eine Geistestat babylonischer Astronomen, in: Babyloniaca Tome VII, Études de philologie assyro-babylonienne, Ch. Virolleaud, Librarie Paul Geuthner, Paris 1913–1923.

– Orientalische Literaturzeitung, Jg. 16, Nr. 2, J. C. Hinrich'sche Buchhandlung, Leipzig 1913.

– Alter und Bedeutung der babylonischen Astronomie und Astrallehre, Hinrichs'sche Buchhandlung, Leipzig 1914.

– Handbuch der babylonischen Astronomie, Bd. 1, Der babylonische Fixsternhimmel, Hirich'sche Buchhandlung, Leipzig 1915.

– Ein astrologischer Kommentar aus Uruk, Studia Orientalia I., Societas Orientalis Fennica, Helsinki 1925.

– Eine Beschreibung des Sternenhimmels aus Assur, Archiv für Orientforschung (AfO), Berlin 1927.

– Artikel: *Enmešarra am Himmel* in: Reallexikon der Assyriologie (RLA), Bd. 2, Walter de Gruyter Verlag, Berlin und Leipzig 1938.

– Artikel *Ea*, in: Reallexikon der Assyriologie (RLA), Bd. 2, Walter der Gruyter, Berlin und Leipzig 1938.

– Artikel *Fixsterne*, in: Reallexikon der Assyriologie (RLA), Band 3, Walter de Gruyter Berlin und New York 1957–1971, S. 72–82.

WINCKLER, Hugo, Himmels- und Weltenbild der Babylonier, Der Alte Orient, 3. Jahrgang, Heft 2/3, J. C. Hinrich'sche Buchhandlung, Leipzig 1901.

– Die babylonische Kultur in ihren Beziehungen zur unsrigen, J. C. Hinrich'sche Buchhandlung, Leipzig 1902.

– Die babylonische Weltschöpfung, Leipzig 1906, Der Alte Orient, Achter Jahrgang, J. C. Hinrich'sche Buchhandlung, Leipzig 1907.

– Die Babylonische Geisteskultur, Verlag von Quelle & Meyer, Leipzig 1907.

Geografische Positionen der Kultstätten in Sumer und Babylon für astronomische und astrologische Berechnungen

Aus: Tübinger Atlas des Vorderen Orients, Register zu den Karten, General Index, von Horst Kopp und Wolfgang Röllig, Dr. Ludwig Reichert Verlag, Wiesbaden 1994.

[dingir] Babbar – Šamaš – Sonne

Larsa (La-ar-sa), heute Sinkara
geogr. Breite: **31° 17'** Nord
geogr. Länge: **45° 50'** Ost
Kultort der Süd-Sonne, als wirkliche Sonne, zur babylonischen Zeit als Šamaš (Schamasch) – Gott der Gerechtigkeit; im Horoskop MC

Sippar (Sip-par [ki] ša Šamaš), heute Tall Abu Habba
geogr. Breite: **33° 04'** Nord
geogr. Länge: **44° 16'** Ost
Kultort der Nord-Sonne, als Planet Saturn, die Sonne in der Nacht; im Horoskop IC

[dingir] Nannar (Nanna) – Sin – Mond

Ur
geogr. Breite: **30° 50'** Nord
geogr. Länge: **46° 00'** Ost

[dingir] Ea – Enki – Nabu – Merkur

Eridu, [uru] Nun [ki], heute Abu Šahrain
geogr. Breite: **30° 49'** Nord
geogr. Länge: **46° 03'** Ost

dingir An und dingir Inanna – Ischtar – Venus

Uruk, Unu [ki], heute Tulul al Warka
geogr. Breite: **31° 10'** Nord
geogr. Länge: **45° 40'** Ost

Dilbat, uru Dilbat [ki], heute Tall Delam
geogr. Breite: **32° 03'** Nord
geogr. Länge: **45° 19'** Ost
Dilibad, Name der Venus

dingir Neri Gal (Nergal) – Mars

Kutha (Kutta)
geogr. Breite: **33° 00'** Nord
geogr. Länge: **44° 30'** Ost

dingir Enlil – Marduk – Jupiter

Nippur, Nibru (akk.), heute Nuffar
geogr. Breite: **32° 08'** Nord
geogr. Länge: **45° 14'** Ost
Stadt des kulminierenden Enlil–Jupiter, im Horoskop MC = Nibiru (der Überschreitende)

Babylon, (Ka-dingir-ra [ki]) Babilim
geogr. Breite: **32° 33'** Nord
geogr. Länge: **44° 26'** Ost
Stadt des Marduk – Jupiter, zur babylonischen Zeit.

dingir Ningirsu – (Jupiter – Sonne)

Lagaš (Lagasch) (Sir-bur-la [ki]), heute Al-Hiba,
geogr. Breite: **31° 25'** Nord
geogr. Länge: **46° 24'** Ost

Girsu, heute Tall al Lauh (Tello) zum Lagasch Stadt-Staat gehörend
geogr. Breite: **31° 31’** Nord
geogr. Länge: **46° 10’** Ost

Andere Kultstätte

Nina (Sirara), Nina [ki], heute Zurgul
geogr. Breite: **31° 22’** Nord
geogr. Länge: **46° 29’** Ost

Umma, heute Tall Goha
geogr. Breite: **31° 40’** Nord
geogr. Länge: **45° 53’** Ost

Šurupak, heute Fara
geogr. Breite: **31° 46’** Nord
geogr. Länge: **45° 31’** Ost

Kiš, Ingara, heute Uhemir
geogr. Breite: **32°33’** Nord
geogr. Länge: **44°35’** Ost

Aššur, uru Aš-šur, heute Qal at Šarkat
geogr. Breite: **35° 28’** Nord
geogr. Länge: **43° 14’** Ost
Hauptort zur assyrischen Zeit

Borsippa
geogr. Breite: **32° 15’** Nord
geogr. Länge: **44° 15’** Ost

Ebla, heute Tall Mardih
geogr. Breite: **35° 48’** Nord
geogr. Länge: **36° 47’** Ost

Die ältesten Sternlisten

I. ca. 2028–1920 v. Chr.

- Edward Chiera, Sumerian Lexical Texts from the Temple School of Nippur, Oriental Institute Publications 11, The University of Chicago Press, Chicago 1929, Nr. 214, VI, 1–20; Nr. 236, II, 1–10; Nr. 237, I, 3–8.
- dazu Ch. F. Jean, Babyloniaca XIII, S. 69.
- PE. van der Meer, OECT IV, Nr. 161, V, 13–30.
- »Gebet an die Götter der Nacht« (aus der Hamurapizeit), G. Dossin, RA XXXII, S.179–187.

II. ca. 1300 v. Chr.

- Texte aus Boghazköi
- Text KUB IV, Nr. 47 mit der sogenannten Sternliste aus Boghazköi (Rs Z. 43–46, siehe Ernst F. Weidner KAO IV, S.17, noch dazu KUB VIII, Nr. 14, Z. 8, 10. – Keilschrifturkunden aus Boghazköi.

III. ca. 1200 v. Chr.

- Texte aus Nippur aus der Hilprecht-Sammlung in Jena.
- Otto Neugebauer, Quellen und Studien zur Geschichte der Mathematik, Astronomie und Physik, Bd. 3, Julius Springer Verlag, Berlin 1936, S. 274–276.

IV. ca. 1100 v. Chr.

- Aus der Bibliothek Tiglatpilesars I, »Astrolab B«, veröffentlicht vom O. Schröder, KAV, Nr. 218, bearbeitet von Ernst F. Weidner, Handbuch der babylonischen Astronomie, Bd. 1, Der babylonische Fixsternhimmel, Hinrich'sche Buchhandlung, Leipzig 1915, S. 66–68; 76–102.
- »Astrolab B«, bearbeitet von B. L. van der Waerden, The Thirtysix Stars, JNES VIII, S. 6–26, spätere Abschriften vom L.W. King, CT XXVI, Tf. 49., CT XXXIII, Tf. II f. oder Th. G. Pinches, JNES 1900, S. 573–75. In KAV Nr. 218 (Keilschriften aus Assur verschiedenen Inhalts).

Neuassyrisch

Aus der Bibliothek Assurbanipals, Palastarhiv aus Ninive, auch aus Assur.

- Omenwerk Enuma Anu Enlil (Ch. Virolleaud L'Astrologie Chaldiénne)
- Serie Mul Apin (CT XXXIII) Tf. 1–8) und RLA II, S. 410–12 (Ernst F. Weidner, Mul Apin).
- Sternlisten, siehe Ernst F. Weidner, Handbuch der babylonischen Astronomie, Bd. 1, Der babylonische Fixsternhimmel, Hinrich'sche Buchhandlung, Leipzig 1915, S. 6–125.
- Text mit Fixsterndistanzen, CT XXVI, Tf. 50, F. Thureau-Dangin, RA X, S. 215–225.
- Die Rapporte und Briefe an den assyrischen Königshof, CT 23, R.C. Thompson, The Raports of the Magicians and Astrologers of Ninive and Babylon; R. F. Harper, Assyrian and Babylonian Letters (siehe AfO XIV, S. 174–79) – 700 v. Chr.

Abkürzungen

AfO – Archiv für Orientforschung, Berlin, Graz, hrsg. von Ernst F. Weidner.

Babyloniaca – Babyloniaca, Études de philologie assyro-babylonienne, Ch. Virolleaud, Librarie Paul Geuthner, Paris.

CT – Cuneiform texts from Babylonian tablets in the British Museum.

JNES – Journal of Near Eastern studies (Chicago).

KAO – Im Kampfe um den Alten Orient, Wehr- und Streitschriften, herausgegeben von Alfred Jeremias und Hugo Winckler.

KAV – Keilschriften aus Assur verschiedenen Inhalts.

KUB – Keilschrifturkunden aus Boghazköi.

OECT – Oxford editions of cuneiform texts (bzw. inscriptions).

R – Rawlinson, Henry, The Cuneiform Inscriptions of Western Asia.

RA – Revue d'assyriologie et d'archéologie orientale (Paris).

RLA – Reallexikon der Assyriologie.

SLT – Chiera, Edward, Sumerian Lexical Texts from the Temple School of Nippur, Oriental Institute Publications 11, The University of Chicago Press, Chicago 1929.

Astronomische Terminologie in den Keilschrifttexten

Aufgang eines Planeten – sumerisch IGI (Abkürzung von IGI-DU-A), akkadisch tāmartu. Auch sumerisch KUR, akkadisch napāḫu oder nipḫu, »Aufleuchten«.

Untergang eines Planeten – sumerisch ŠU (Schu), akkadisch rību und rabû.

Stillstand eines Planeten – sumerisch UŠ (Usch), akkadisch nēmettu.

Nibiru – akkadisch, (abgeleitet aus der Stadt Nippur) – den Meridian überschreitend, Medium Coeli (MC im Horoskop) überschreitend.

AN-BIL – sumerisch – »Feuergott«, Mittagssonne, Mittagszeit, Mittagshöhe, auch Meridian, Medium Coeli (MC) im Horoskop. (vgl. Ernst F. Weidner, Zur Babylonischen Astronomie, Babyloniaca Tome VI, Études de philologie assyro-babylonienne, Ch. Virolleaud, Librarie Paul Geuthner, Paris 1912. S. 65 ff.). Auch bei Alfred Jeremias, in HAOG, S. 135: Ortsmeridian, »die Mittellinie des Himmels« – akkadisch – ḳabal šamê oder »göttlicher Feuerpunkt« in Bezug auf den Höhepunkt der Sonne und an ihn gebundene Hitzeentwicklung, akkadisch – muṣlâlu.

DUR-AN (akkadisch rikis šame) – Himmelsband – Milchstrasse.

KAŠ-BU (Kaschbu) – ein Zeichen von 30 Grad.

LU-MAŠ (Plural) (Lumasch), akkadisch Lumâšu (lumaši) – »Fleischstück«, »Glied« – Tierkreis*zeichen*, im Unterschied zu den Tierkreis*bildern*. (P. Felix Gössmann, Planetarium Babylonicum,

S. 93, sowie Ernst F. Weidner, Artikel Fixsterne, S. 82).

HA-LA – sumerisch – Teil, Anteil, Glied (gemeint sind die Teile des Tierkreises, in: Ernst F. Weidner, Der Tierkreis und die Wege am Himmel, in: Archiv für Orientforschung (AfO), Bd. 7, Berlin 1931–1932, S. 175; Inim Kiengi, Bd. 1, Sumerisch Deutsches Glossar, B. Hübner, A. Reizammer, S. 428.

1 Danna – sumerisch – 1 Doppelstunde; akkadisch – berû.

1/12 des Kreisumfanges = 30 Grad – danna

UŠ (Usch) – 30 Grad des 360 Kreises.

UŠ (Usch) – Zeiteinheit – 1 UŠ = 4 Minuten.

(1 babylonische Minute war gleich 4 Minuten nach unserer Vorstellung).

Das Medium Coeli (MC) im Horoskop bewegt sich 1 Grad in ca. 4 Minuten.

Über die Autorin

Julia Dimitrov ist am 8. August 1958 in Bulgarien geboren und lebt seit 1974 in der Schweiz. Sie beschäftigt sich seit ihrer Jugend mit Mythologie, Geschichte, Archäologie, Philosophie, Psychologie, Astronomie und Astrologie. Sie ist dipl. Astrologin der *Academia Astrologiae*, selbständige Dentalhygienikerin und Gesundheitsberaterin mit eigener Praxis in Bern.

Die Autorin erforscht seit vielen Jahren die Geschichte der westlichen Astrologie, ihren philosophischen, psychologischen und religiösen Hintergrund. Von 1998 bis 2001 besuchte die Autorin regelmäßig die Vorlesungen und die Seminare über sumerische, akkadische und hethitische Sprache und Literatur sowie die Vorlesungen über Kulturgeschichte an der Fakultät für Vorderasiatische Archäologie und Altorientalische Sprachen in Bern. Inspiriert durch das Studium der Keilschrift und der Sprache der alten Sumerer, hat Julia Dimitrov die ältesten Namen der zwölf Tierkreisbilder, bzw. Tierkreiszeichen, sowie die Namen der »sieben Prinzipien«, d.h. der Sonne, des Mondes und der fünf sichtbaren Planeten, mit von ihr entwickelten Maltechnik, in sumerischer Sprache und in Keilschrift künstlerisch auf Leinwand dargestellt.